UNA HISTORIA DEL PURITANISMO

TEOLOGÍA PARA VIVIR
Fe y Palabra

Edición ampliada y revisada

JOHN BROWN

Editor: Jaime D. Caballero
IMPRESO EN LIMA, PERÚ

UNA HISTORIA DEL PURITANISMO: EDICIÓN AMPLIADA Y REVISADA

Autor: ©John Brown
Traducción y edición: Jaime D. Caballero
Revisión de estilo: Jaime D. Caballero
Diseño de cubierta: Angela L. García-Naranjo
Título original:

John Brown, *The English Puritans* (Cambridge: The University Press, 1910), iii–157.

Editado por:
©TEOLOGIAPARAVIVIR.S.A.C
José de Rivadeneyra 610. Urb. Santa Catalina, La Victoria.
Lima, Perú.
ventas@teologiaparavivir.com
https://www.facebook.com/teologiaparavivir/
www.teologiaparavivir.com
Primera edición: Junio del 2023
Tiraje: 1000 ejemplares

Hecho el Depósito Legal en la Biblioteca Nacional del Perú, N°: 2023-04703
ISBN Tapa Blanda: 978-612-5034-85-4

Se terminó de imprimir en junio del 2023 en:
ALEPH IMPRESIONES S.R.L.
Jr. Risso 580, Lince
Lima, Perú.

TABLA DE CONTENIDOS

La ejecución de Carlos I (1600-1649),
pintura por Jan Weesop

INTRODUCCIÓN A LA EDICIÓN EN ESPAÑOL

Jaime D. Caballero

¿Quiénes fueron realmente los puritanos?

El puritanismo, a menudo malinterpretado, fue un movimiento dentro de la Iglesia Establecida de Inglaterra. Su objetivo era alinear las prácticas eclesiásticas con la reforma protestante continental. Este movimiento surgió en la era isabelina temprana y perduró hasta la Gran Expulsión de 1662. Pero, ¿quiénes eran exactamente los puritanos? Mayormente eran ingleses, con una pequeña fracción irlandesa. Importante destacar que no buscaban una separación de la Iglesia de Inglaterra, sino que en realidad fueron expulsados de ella en 1662. Este punto es crucial para entender el carácter de este grupo religioso y distinguirlo de otros que surgieron en el mismo período histórico. Podemos ofrecer una definición a continuación:

El puritanismo fue un movimiento dentro de la Iglesia Establecida de Inglaterra que buscaba una reforma dentro de la iglesia Establecida, con el fin primario de que sus prácticas eclesiásticas se alinearan más estrechamente con la reforma protestante continental; dicho movimiento tuvo sus inicios a comienzos de la era isabelina hasta la gran expulsión de 1662.

Para proporcionar mayor claridad a esta definición, resulta útil establecer quiénes no eran puritanos. Geográficamente, la mayoría de los puritanos eran ingleses, aunque también había una pequeña fracción irlandesa. El aspecto geográfico excluye a los separatistas que emigraron a las colonias americanas y a los pactistas escoceses. Algunos individuos, como John Cotton (1585-1652) por ejemplo, pueden ser considerados puritanos al inicio de su vida, pero no hacia el final. Cotton, deja de ser considerado puritano al final de su vida cuando opta por separarse voluntariamente de la iglesia de Inglaterra en lugar de ser expulsado de la misma. Los puritanos no buscaban una separación de la Iglesia de Inglaterra, sino que fueron expulsados de la misma en 1662.

Históricamente, los puritanos surgieron al inicio de la era isabelina en 1558 y perduraron hasta la Gran Expulsión durante el reinado de Carlos II en 1662. El periodo desde la Gran Expulsión de 1662 hasta el final de la Revolución Gloriosa de 1689 se considera un periodo transitorio entre el final de la era puritana y el inicio de la era de la Ilustración. Esto implica que, históricamente, los creyentes piadosos que vivieron después de 1689 no eran puritanos, lo que excluye, por ejemplo, a Jonathan Edwards (1703-1758), entre otros creyentes piadosos del siglo XVIII.

Desde una perspectiva religiosa y cultural, los puritanos anhelaban una renovación y reforma desde dentro de la Iglesia Establecida de Inglaterra. Todos eran miembros de esta Iglesia y buscaban, en mayor o menor medida, ser parte de una iglesia nacional. La confesión de fe de Westminster, comisionada por el parlamento inglés, por ejemplo, es considerada la confesión de fe más influyente jamás redacta por la Iglesia Establecida de Inglaterra. Es fundamental entender una distinción que a menudo se pasa por alto: la que existe entre los términos "independiente" y "congregacionalista". Estos términos no son intercambiables. El congregacionalismo se refiere a un sistema de gobierno eclesiástico, tal y como el presbiterianismo o el episcopalismo son sistemas de gobierno eclesiástico. En cambio, el término "independiente", en el contexto del siglo XVII, se refiere a aquellos que buscaban una separación de la Iglesia Establecida.

Frecuentemente, se hace referencia a John Owen (1616-1683) como "independiente", cuando en realidad, el término más apropiado sería "congregacionalista". Si utilizamos "independiente" para referirnos a un sistema de gobierno eclesiástico en el que cada iglesia debe autogobernarse sin una jerarquía entre ellas, entonces sí, personalidades como John Owen, Thomas Goodwin (1600-1680) y Jeremiah Burroughs (1600-1646) serían considerados "independientes". Sin embargo, si usamos "independiente" para aludir a una iglesia completamente separada del aparato estatal y en oposición a un establecimiento eclesiástico, entonces ninguno de ellos sería "independiente" en este sentido. Contrario a lo que se suele creer, el separatismo estatal no fue una doctrina que los puritanos de los siglos XVI y XVII defendieran.

Esta definición del puritanismo excluye a los pactistas escoceses, y a los separatistas ingleses de las colonias norteamericanas. Los puritanos pertenecían ante todo a la Iglesia Establecida de Inglaterra, y como tal, buscaban una reformada desde dentro; teniendo como base una iglesia nacional establecida. Estas definiciones son cruciales para entender un movimiento que a menudo ha sido malinterpretado, tanto por sus seguidores como por sus detractores.

La relación entre los pactistas escoceses y los puritanos

Los Pactistas Escoceses (Scottish Covenanters), surgieron como un colectivo de cristianos protestantes en Escocia durante el siglo XVII. Este nombre, "pactistas", se derivó de dos pactos históricos: el "Pacto Nacional" de 1638 y la "Liga y Pacto Solemnes" de 1643. Estos pactos fueron juramentos realizados por sus miembros para oponerse a los intentos de modificación e intervención en la iglesia escocesa por parte del rey Carlos I de Inglaterra.

El "Pacto Nacional" de Escocia de 1638, también conocido como el "Pacto Escocés", fue un documento de gran importancia en la historia escocesa. Este pacto fue firmado por un gran número de escoceses como un acto de resistencia en respuesta a los intentos del rey Carlos I de Inglaterra de imponer una forma de culto y gobernanza eclesiástica anglicana en la Iglesia de Escocia, que era predominantemente presbiteriana. Los firmantes del pacto se comprometían a mantener la fe y la organización de la Iglesia de Escocia, resistiendo cualquier cambio no aprobado por la Asamblea General de la Iglesia y el Parlamento escocés. Esencialmente, este documento representaba una protesta contra el intento del rey Carlos I de establecer una forma de gobierno eclesiástico episcopal, es decir, gobernado por obispos, en Escocia.

La Liga y Pacto Solemnes de 1643 fue un acuerdo entre los líderes de Escocia y los del Parlamento inglés durante las

Guerras de los Tres Reinos. Este acuerdo buscaba la unión de los dos países en sus esfuerzos por reformar la religión en Inglaterra y Escocia, en términos de la Confesión de Fe de Westminster, y para asegurar la paz entre los dos reinos. El acuerdo se creó en respuesta a la Guerra Civil Inglesa, en la que los Parlamentarios, en su mayoría puritanos, estaban luchando contra las fuerzas realistas leales al rey Carlos I. Los Parlamentarios ingleses se encontraban en una situación desesperada con grandes probabilidades de perder la guerra en contra del monarca, por lo cual solicitaron la ayuda de los escoceses contra el rey y prometieron, al menos de manera tacita, implementar una forma presbiteriana de gobierno en la Iglesia de Inglaterra a cambio de su apoyo miliar.

Sin embargo, aunque el acuerdo fue firmado por el Parlamento inglés, nunca fue aceptado plenamente en Inglaterra y no logró su objetivo de establecer un gobierno presbiteriano en lugar de un gobierno episcopal. Los Pactistas se veían a sí mismos como defensores de la fe protestante "auténtica". Luchaban contra los cambios impuestos por la monarquía y participaron en una serie de conflictos armados en el siglo XVII, agrupados bajo el nombre de las Guerras de los Tres Reinos, que englobaban como un todo a la Revolución Inglesa.

Por otro lado, los puritanos ingleses se destacaron como un movimiento reformista desde dentro de la Iglesia de Inglaterra teniendo sus inicios durante el siglo XVI. Su objetivo principal era "purificar" la iglesia, eliminando elementos que consideraban demasiado parecidos a los de la Iglesia Católica. Al igual que los Pactistas, los puritanos tuvieron confrontaciones con la monarquía en diversas ocasiones y desempeñaron un papel crucial en la revolución inglesa, conocida como la primera guerra civil inglesa.

En lo que respecta a las creencias, tanto los puritanos como los Pactistas compartían la fe protestante reformada. Ambos enfatizaban la importancia de la Biblia, la doctrina de la predestinación, y las principales creencias teológicas de la reforma protestante. Sin embargo, mientras que los puritanos intentaban reformar la Iglesia de Inglaterra desde dentro, los Pactistas seguían la tradición presbiteriana, abogando por una iglesia sin jerarquías y gobernada por una asamblea de ancianos. En términos políticos, también existían diferencias notables entre los puritanos y los Pactistas. Los puritanos ingleses, en su vasta mayoría, no estaban en contra de la idea de una iglesia nacional estatal, la cual, aunque no estaba bajo el control estatal, tampoco estaba fuera de la jurisdicción del Estado. John Owen (1616-1683), por ejemplo, creía que una separación por completo en la iglesia y estado solo traería como consecuencia el declive de la religión cristiana en el país, la perdida de una gracia general, y eventualmente el ateísmo en el mismo. Por otro lado, aunque los Pactistas rechazaban cualquier interferencia del rey en asuntos eclesiásticos, pedían una intervención real mucho más fuerte en la creación de un establecimiento religioso mucho más uniforme que los puritanos.

A pesar de que los puritanos ingleses y los Pactistas escoceses compartían ciertas creencias protestantes y ambos estaban en conflicto con la monarquía, tenían diferencias significativas en cuanto a su enfoque hacia la iglesia y el estado; diferencias tan profundas que eventualmente los llevó a una guerra armada.

Quizás, la mayor diferencia entre los puritanos ingleses y los Pactistas escoceses se encuentra en su percepción de la tolerancia religiosa. Aunque ambos grupos se oponían fuertemente a lo que hoy conocemos como "libertad religiosa", había diferencias profundas entre ambos sobre la "tolerancia religiosa" y sus límites. Ambos grupos estaban totalmente en contra de la noción de que cualquier tipo de religión, independientemente de sus creencias, fuera tolerada en una nación. Sin embargo, mientras que los Pactistas escoceses buscaban con el apoyo de la corona la imposición del presbiterianismo como *único* sistema de gobierno eclesiástico en las islas británicas, los puritanos ingleses generalmente tenían un esquema de tolerancia más amplio, que incluía a otros grupos dentro del cristianismo protestante, como por ejemplo los bautistas, o aquellos que sostenían un sistema congregacional de gobierno eclesiástico, entre otros grupos.

Otro punto importante de diferencia era en su creencia *de juro divino*, es decir, por mandato divino. Tanto las fuerzas del rey Carlos I (1600-1649), como los Pactistas escoceses creían que sus respectivos sistemas de gobierno eclesiástico – el episcopal como el presbiteriano respectivamente – poseían una base *de juro divino,* es decir, habían sido divinamente adjudicados por Dios. Mientras que, por otro lado, la mayoría de los puritanos ingleses no sostenían una base *de juro divino* para un sistema de gobierno eclesiástico particular, sino que preferían una iglesia nacional establecida que toleraba diferentes gobiernos eclesiásticos de acuerdo con la consciencia y claridad de las Escrituras.

La creencia en *de juro divino* fue una de las razones por las que los Pactistas escoceses se unieron al rey Carlos II (1630-1685) en contra de los puritanos ingleses durante la tercera guerra civil (1650-1652), bajo la promesa de este ultimo de establecer el presbiterianismo a través de la espada como la religión única, y único sistema de gobierno en los tres reinos (Inglaterra, Escocia e Irlanda). El lema de guerra de los Pactistas

"For Crown and covenant" (Por la Corona [de Carlos II] y el Pacto [Solemne]), encapsula bien el apoyo de estos a la corona de Carlos II con el fin del establecimiento presbiteriano en las islas británicas teniendo como base los dos pactos nacionales escoceses de 1638 y 1643.[1] Finalmente, los Pactistas escoceses fueron derrotados por los puritanos ingleses en una serie de sangrientas batallas dando lugar al establecimiento del Protectorado bajo Oliver Cromwell (1599-1658) en Inglaterra. A su vez los Pactistas tuvieron un mayor arraigo en la provincia de Ulster el norte de Irlanda, lo que es el día de hoy Irlanda del Norte.

Es importante también hacer una distinción entre el presbiterianismo como sistema de gobierno eclesiástico, y los Pactistas escoceses. Aunque los Pactistas eran presbiterianos, no todos los presbiterianos eran Pactistas. De hecho, los Pactistas representan una minoría dentro del presbiterianismo del siglo XVII en Europa. Los Pactistas era un grupo casi exclusivo de Escocia, mientras que el presbiterianismo se extendía a grandes sectores de Inglaterra y el continente europeo.

Para entender a fondo la controversia puritana, es esencial considerar su comprensión del principio regulador de la adoración. A riesgo de una sobre simplificación, este principio sostiene que, en la adoración congregacional pública, la iglesia sólo está llamada a hacer lo que Dios explícitamente manda en las Escrituras. La mayoría de los teólogos reformados de los siglos XVI y XVII se adherían a este principio. Es incorrecto afirmar que sólo los puritanos se adherían al principio regulador

---

[1] Este lema de los pactistas "Por la Corona de *Carlos II* y el Pacto *Solemne*", ha sido cambiado en español por la frase "Por la Corona de Cristo y el Pacto", desvirtuando el contexto histórico en el cual la frase fue primeramente usada.

de la adoración, y que todos sus oponentes no lo hacían. En realidad, la diferencia entre los puritanos y los no puritanos radicaba más en una interpretación y aplicación diferente de este principio que en la negación del mismo. En general, la mayoría de los puritanos tenían una interpretación más estricta del principio regulador en comparación con el resto de sus contemporáneos reformados. Es decir, al hablar del principio regulador, el puritanismo y la teología reformada son mejor entendidos como un rango de interpretaciones que varían desde una aplicación estricta hasta una aplicación más laxa.

Un caso ilustrativo es el de la imposición de vestimentas clericales por parte del gobierno. Para la mayoría de los teólogos reformados, tanto para los británicos como Richard Hooker (1554-1600) y John Jewel (1522-1571), como para los continentales como Heinrich Bullinger (1504-1575) y Peter Martyr Vermigli (1499-1562), no había objeción a la regulación estatal sobre el uso de vestimentas clericales en el contexto de la adoración pública, era considerado adiáfora, es decir un asunto en el cual las Escrituras daban libertad.

Sin embargo, la mayoría de puritanos se oponían a su uso, basados en su interpretación del principio regulador. Pero incluso dentro del movimiento puritano, había grados de adherencia estricta al principio regulador, siendo los puritanos presbiterianos ingleses más estrictos en su interpretación que los puritanos ingleses no presbiterianos; y los pactistas escoceses los más estrictos. Es importante distinguir aún más entre estos grupos. La mayoría de los Pactistas sostenía que el uso de vestimentas clericales contradecía el principio regulador, y, por lo tanto, era una práctica que debía ser abolida. Por otro lado, para la mayoría de los puritanos, el problema con las vestimentas clericales radicaba en su imposición. Creían que en este asunto debería haber libertad de consciencia y de decisión en cada parroquia o iglesia. En otras palabras, aunque tanto los puritanos como los Pactistas rechazaban la imposición de vestimentas clericales, lo hacían por razones diferentes y tenían opiniones distintas con respecto a la permisividad de estas. Es importante aclarar que estas son generalizaciones, y no significa que no haya habido excepciones en ambos grupos.

"Los puritanos ingleses" de John Brown desde una perspectiva histórica

Los puritanos ingleses, obra de John Brown (1830–1922), se publicó bajo el auspicio de la Universidad de Cambridge en 1910. Este texto tiene como objetivo ofrecer una introducción concisa al puritanismo, vista desde una lente histórica, al tiempo que analiza ciertos sucesos sociales y políticos que influyeron en el nacimiento, apogeo y final del puritanismo.

Aunque la historia, como disciplina académica de estudio, ha existido desde la antigüedad, el desarrollo de esta bajo los estándares académicos modernos no se dio sino hasta inicios del siglo XIX. Antes del siglo XIX la disciplina de la historia se entendía como un proceso narrativo en el cual se enfatizaba la narrativa histórica como medio de autentificar, o promover una visión particular de la historia. Quizá la figura más importante en este desarrollo fue Leopold von Ranke (1795-1886), quien es a menudo considerado como el padre de la historia moderna. Ranke, un historiador alemán, es conocido por su enfoque en la historia empírica y su énfasis en el uso de fuentes primarias. Su metodología estableció nuevos estándares para la escritura y la investigación histórica.

El desarrollo de la disciplina de la historia como estudio académico en Inglaterra desde finales del siglo XIX hasta principios del siglo XX fue un proceso fascinante y transformador. Durante este período, la historia se consolidó como una disciplina académica rigurosa en universidades prestigiosas como Oxford y Cambridge, marcando un cambio significativo en la forma en que se estudiaba y entendía el pasado. Desde inicios del siglo XIX, comenzó a surgir una nueva concepción de la historia como una disciplina científica. Este cambio fue impulsado en gran medida por la influencia de la filosofía alemana y la creciente importancia de la investigación empírica.

En Oxford y Cambridge, este cambio se reflejó en la introducción de nuevos programas de estudio y en la creación de cátedras de historia. En 1884, Oxford estableció la cátedra de historia moderna, marcando un hito en el reconocimiento de la historia como disciplina académica. Cambridge siguió un camino similar, con la creación de la cátedra de historia medieval y moderna en 1898.

Estos cambios no solo reflejaron la creciente importancia de la historia como disciplina académica, sino que también marcaron un cambio en la forma en que se enseñaba la historia. Se puso un mayor énfasis en el uso de fuentes primarias y en la investigación empírica, y se alentó a los estudiantes a desarrollar habilidades críticas y analíticas. Además, durante este período, la historia comenzó a diversificarse y a especializarse. Se desarrollaron nuevos campos de estudio, como la historia económica y social, y se puso un mayor énfasis en el estudio de períodos y regiones más amplios. Este proceso de especialización y diversificación continuó en el siglo XX, llevando a la rica y variada disciplina de la historia que conocemos hoy.

La obra de Brown *Los puritanos ingleses* es la primera obra introductoria a los puritanos escrita desde una perspectiva académica moderna de la historia. En otras palabras, el propósito de la obra no es la de maquillar a los puritanos, o a sus adversarios, tampoco es la de promover una agenda teológica, o fomentar la fe de los creyentes. Aunque este tipo de literatura sin duda es importante, no es el propósito principal de la escritura de la historia desde una perspectiva académica. El propósito de la disciplina de la historia es presentar una narrativa coherente y cohesiva, explicando las causas y consecuencias de un evento histórico particular, prestando atención a diversas disciplinas y factores sociales, políticos y económicos.

La disciplina de la historia ha avanzado mucho desde los días de Brown, incorporando en las últimas décadas disciplinas como la antropología y la psicología al estudio histórico. Por lo cual, esta obra tiene el propósito de ser una introducción histórica a los puritanos, desde una perspectiva histórica, teniendo en cuenta los diversos factores políticos, sociales y económicos, que afectaron al desarrollo del movimiento puritano entre los siglos XVI al XVII.

Sobre John Brown (1830–1922)

John Brown (1830–1922) fue un destacado historiador y pastor británico, nacido en Manchester, y conocido por su profundo interés y estudio de los puritanos ingleses; y como uno de los lideres principales de la Iglesia Congregacional en Inglaterra. Brown realizo estudios Manchester, y Lancashire; y realizo estudios de postgrado en la prestigiosa Universidad de Londres, graduándose en 1853. No solo fue un académico, sino también pastor. Su obra e interés por los puritanos comenzó en 1864 cuando se convirtió en pastor de la histórica iglesia de Bunyan en Bedford, siendo el noveno pastor de la iglesia. Aunque muchos suponen que Bunyan fue el fundador y primer pastor de la iglesia, en realidad fue el tercero, siendo John Gifford el primero. Brown es mejor recordado por su obra biográfica de John Bunyan, la primera biografía moderna de Bunyan. Esta obra biográfica sobre Bunyan le valió el título de Doctor en Divinidad, otorgado por la Universidad de Yale en 1885.

Brown también jugó un papel importante en la asociación de Iglesias congregacionales "Unión Congregacional", de la cual fue presidente en 1891, y contribuyó significativamente al congregacionalismo moderno en Inglaterra. Participó activamente en los tres Consejos Internacionales en 1891 (Londres), 1899 (Boston, EE.UU.) y 1903 (Edimburgo). Pasó su retiro en Hampstead, donde su presencia e influencia se hizo bien conocida. Durante su vida, Brown escribió un gran número de libros, la mayoría de los cuales fueron parte de conferencias dictadas a pastores.

Entre sus obras más populares están: *Conferencias sobre el Apocalipsis* (1866), *El libro de Dios para la vida del hombre* (1882), *John Bunyan: su vida, su época y su obra* (1885), *Los padres peregrinos de Nueva Inglaterra y sus sucesores puritanos* (1895), *La sucesión apostólica a la luz de la historia y de los hechos* (1898), *La predicación puritana en Inglaterra* (1900), *De la Restauración a la Revolución* (1904), *La Inglaterra de la Commonwealth* (1904), *Los puritanos ingleses* (1910), *Historia de la Biblia inglesa* (1911).

Resumen y síntesis del libro

La obra Los puritanos ingleses consisten en seis capítulos. A continuación, se provee de un breve resumen de cada uno de ellos:

1. Los orígenes del puritanismo

Este capítulo se centra en los orígenes del puritanismo y su evolución en Inglaterra durante los siglos XVI y XVII. Brown destaca que el puritanismo no era un sistema organizado, sino una orientación religiosa y moral que podría adaptarse y alinearse de varias maneras, y que el término abarcó tanto a aquellos que permanecieron dentro de la Iglesia de Inglaterra como a los que se separaron de ella.

A lo largo del capítulo, se muestra cómo el puritanismo adquirió connotaciones políticas y eclesiásticas, especialmente durante el siglo XVII. Se hace hincapié en la autoridad suprema de las Escrituras en el puritanismo y su impacto en el carácter moral de sus seguidores. El autor también aborda la Reforma protestante en Inglaterra y cómo difirió en su origen y desarrollo de las reformas en otros países protestantes. Al final, se destaca que, aunque el puritanismo se manifestó de diversas maneras a lo largo de diferentes períodos, hubo un período específico en la historia inglesa, desde 1558 hasta 1658, que se reconoce como el período propiamente puritano.

2. Vestimentas y ceremonias

Este capítulo explora la aplicación de las leyes de la Reforma en la Inglaterra Isabelina y la lucha por la uniformidad en la Iglesia de Inglaterra. Los comisionados fueron asignados para supervisar la implementación de la Acta de Supremacía y la Acta de Uniformidad, dos leyes fundamentales promulgadas por el Parlamento. La primera reemplazó la autoridad papal con la de la Reina, impactando a los católicos romanos contrarios a la Reforma. La segunda buscaba regular y unificar las formas de culto, particularmente entre los protestantes.

Sin embargo, la implementación de estas leyes generó resistencias y divisiones, particularmente en torno a cuestiones de ritual y vestimenta. La "Controversia Vestiaria" resurgió, con debate sobre el uso de vestimentas tradicionales en la Iglesia. Además, se abordó el desafío de establecer una uniformidad religiosa en medio de tensiones entre diferentes sectores protestantes. Este capítulo destaca la complejidad y las tensiones inherentes a la reforma religiosa en la Inglaterra del siglo XVI.

3. Los puritanos y la jerarquía

Este capítulo aborda la división en el clero durante el siglo XVI en Inglaterra, con énfasis en la separación en el Palacio de Lambeth y sus consecuencias. El autor describe cómo la decisión de las autoridades eclesiásticas de dividir el clero entre los que aceptaban y los que rechazaban ciertas prácticas y rituales llevó a una división más profunda sobre la estructura jerárquica de la Iglesia. Algunos clérigos destituidos se dedicaron a la medicina, se convirtieron en capellanes de familias nobles, se unieron a la Iglesia presbiteriana de Escocia, emigraron a los Países Bajos, o desafiaron el edicto y continuaron predicando.

La retirada de tantos ministros provocó la interrupción de los servicios religiosos y el cierre de algunas iglesias. El capítulo también aborda la revolución puritana en Cambridge y el papel de Thomas Cartwright, un destacado líder puritano. Finalmente, se discute el cambio crucial en la lucha puritana por la reforma de la Iglesia de Inglaterra, con la destitución de alrededor de cien ministros y la emigración de algunos a Nueva Zelanda.

4. El presbiterio en el episcopado

Este capítulo aborda la transición de la Iglesia de Inglaterra durante el siglo XVI, enfocándose en el conflicto puritano y la sucesión de John Whitgift como arzobispo de Canterbury en 1583. Whitgift, a diferencia de sus predecesores, era hostil a las ideas puritanas, lo que intensificó la amargura del conflicto dentro de la Iglesia. A pesar de su inicial simpatía por el puritanismo, Whitgift se volvió contra este movimiento, alineándose con la Reina en su aversión a las ideas puritanas. Como arzobispo, Whitgift se esforzó por restaurar la disciplina y la uniformidad en la Iglesia, emitiendo artículos dirigidos a los puritanos y realizando visitas para garantizar su cumplimiento. Sin embargo, muchos clérigos se resistieron, lo que resultó en suspensiones y prohibiciones.

A pesar de la represión, los puritanos continuaron buscando reformas dentro de la Iglesia, con la esperanza de establecer un gobierno de pastores y ancianos gobernantes en lugar del sistema jerárquico existente. La tensión entre los puritanos y la Iglesia de Inglaterra se intensificó con la publicación de la "Disciplina Eclesiástica", un manifiesto puritano que abogaba por una reforma centrada en la disciplina eclesiástica.

5. *Absolutismo y libertad*

Este capítulo examina la evolución del puritanismo y el separatismo religioso en Inglaterra durante el período de 1564 a 1590. El autor describe cómo las medidas represivas del arzobispo Whitgift no lograron erradicar el deseo de una reforma más profunda hacia el puritanismo.

A pesar de la persecución y el encarcelamiento, el movimiento puritano se extendió, con al menos 500 de los 2000 ministros de la Iglesia suscribiendo el Libro de la Disciplina en 1590. El autor también destaca el surgimiento del separatismo, una forma más enérgica de puritanismo, que llevó a la creación de iglesias autónomas. Este movimiento se originó principalmente en Londres y los condados del este, con figuras clave como Henry Barrow, John Greenwood y Robert Browne. Browne, en particular, es notable por su adopción del congregacionalismo, que sostiene que solo los miembros espiritualmente renovados pueden formar una verdadera Iglesia cristiana.

A pesar de la severa represión, incluyendo la ejecución y el exilio, el puritanismo y el separatismo persistieron, sentando las bases para futuras reformas religiosas.

6. *El puritanismo en su triunfo y caída*

El capítulo describe cómo las tensiones aumentaron entre el monarca y el Parlamento, exacerbadas por las políticas autoritarias del arzobispo Laud. Las fuerzas opositoras, impulsadas por cuestiones constitucionales y religiosas, se fortalecieron, culminando en la convocatoria del Largo Parlamento en 1640. A medida que el Parlamento buscaba reparar agravios, surgieron peticiones contra el episcopado, y la opresión eclesiástica. La creciente similitud entre la Iglesia de Inglaterra y la Iglesia de Roma fue particularmente criticada. A pesar de las protestas, el Parlamento aprobó el sistema presbiteriano en 1645. Sin embargo, la batalla de Naseby en 1646, ganada por los independientes, marcó un cambio hacia la libertad religiosa. A pesar de los esfuerzos por suprimir la herejía y la blasfemia, la lucha por la libertad religiosa continuó, marcando una división entre presbiterianos e independientes.

Importancia del libro

Los puritanos ingleses de John Brown es una obra de relevancia incuestionable en el campo de los estudios históricos y religiosos. Su importancia radica en su capacidad para proporcionar una visión académica rigurosa y matizada de los puritanos ingleses, un grupo que ha sido a menudo malinterpretado y estereotipado.

El libro de Brown es una obra pionera en su campo. Fue la primera obra introductoria a los puritanos escrita desde una perspectiva académica moderna de la historia. En lugar de buscar promover una agenda teológica o fomentar la fe de los creyentes, Brown se propuso presentar una narrativa coherente y cohesiva que explicara las causas y consecuencias del movimiento puritano en Inglaterra durante los siglos XVI y XVII. Su enfoque se centró en la consideración de diversos factores políticos, sociales y económicos, lo que permitió una comprensión más completa y equilibrada del puritanismo.

Además, *Los puritanos ingleses* se distingue de otras obras sobre el mismo tema por su accesibilidad. Aunque es riguroso en su enfoque académico, el libro está escrito en un lenguaje no académico, lo que lo hace accesible al público en general. Esto es especialmente relevante en el contexto latinoamericano, donde existe un interés creciente por la literatura puritana y donde a menudo existen distorsiones sobre quiénes eran y qué creían los puritanos. La obra de Brown también ha tenido un impacto significativo en la forma en que los académicos y el público en general comprenden a los puritanos ingleses. Al proporcionar una visión más matizada y académica de los puritanos, Brown ha ayudado a desafiar los estereotipos y a fomentar una comprensión más completa y equilibrada de este grupo. Su trabajo ha influido en la forma en que se enseña y se estudia la historia del puritanismo, y ha contribuido a una mayor apreciación de la diversidad y la complejidad del movimiento puritano.

Acerca de esta obra

Esta obra destaca por poseer varios elementos que la diferencian y enriquecen, situándola como una versión excepcionalmente más completa en comparación con la original en inglés. Existen tres elementos clave que marcan la diferencia entre esta versión y la versión inglesa.

El primer elemento es que, aparte de ser una traducción completa y fiel del trabajo original de Brown sin ningún tipo de abreviaciones o reducciones, esta edición incorpora una abundante cantidad de material adicional ausente en la versión original. Se han añadido más de sesenta notas explicativas al texto de Brown, que no solo esclarecen y amplían la información presentada en el texto, sino que también proveen datos valiosos acerca del contexto histórico, político y social de varios eventos clave. Estas notas al pie de página representan un recurso esencial para una exploración más profunda del tema, expandiendo la información proporcionada por Brown.

El segundo elemento es la inclusión de un apéndice y una breve introducción provenientes del libro de Nick Needham, "2000 Años del poder de Cristo: La era del conflicto religioso – Vol. 4".[2] Esta adición sirve para contrarrestar algunas de las deficiencias y omisiones de la obra original de Brown, actualizando de manera notable su precisión histórica con los hallazgos más recientes en esta área de estudio. Invitamos al lector a leer la introducción y apéndice de Nick Needham al momento de iniciar la lectura de este libro.

El tercer y último elemento es la inclusión de títulos y subtítulos a lo largo de toda la obra, segmentando cada capítulo en secciones más breves para facilitar la lectura y la comprensión de los conceptos presentados. Adicionalmente, se ha integrado un índice de nombres al final de la obra para mejorar la navegación temática del libro. Todos estos factores contribuyen a enriquecer la calidad de esta obra, posicionándola como incomparable respecto a lo publicado hasta ahora en español sobre este tema.

---

[2] Nick Needham, *2000 Years of Christ's Power: The Age of Religious Conflict*, vol. 4 (Ross-shire, Scotland: Christian Focus, 2016), 177–182.

PURITANISMO: EL PROBLEMA DE LA DEFINICIÓN

Nick Needham[1]

Los puritanos son, posiblemente, el grupo de cristianos ingleses más admirados, especialmente por los creyentes reformados, y a la vez, el más denigrado. Pero ¿quiénes eran realmente? Responder a esta pregunta no es sencillo. Algunas posibles respuestas deben descartarse. Por ejemplo, no podemos definir el puritanismo simplemente por su adhesión a la teología reformada, ya que esto abarcaría a todos los calvinistas, incluidos los franceses, suizos, alemanes y holandeses, que no eran puritanos. Incluso en Inglaterra, muchos calvinistas ingleses no se identificaban con el movimiento conocido como "puritano", como el arzobispo Whitgift, llamado el "martillo de los puritanos" y de teología calvinista impecable, o Richard Hooker, un teólogo muy creativo de la Iglesia Anglicana, con una visión esencialmente reformada de la salvación.

---

[1] Esta sección es una adaptación de: Nick Needham, *2000 Years of Christ's Power: The Age of Religious Conflict*, vol. 4 (Ross-shire, Scotland: Christian Focus, 2016), 177–182.

Además, había personas que, en cierto sentido, se identificaban con el movimiento puritano y respaldaban gran parte de su agenda, pero no eran calvinistas en teología, como John Goodwin y John Milton, ambos arminianos. Milton es frecuentemente descrito como "el poeta puritano" o "el poeta del puritanismo". Por lo tanto, una definición teológica centrada en el calvinismo no es adecuada, ya que distorsiona la historia. Si lo que se admira es la teología reformada, sería mejor mencionarlo explícitamente, en lugar de confundir la cuestión al introducir la palabra "puritano".

Algunos podrían centrarse en un cierto tipo de espiritualidad como el núcleo del puritanismo. Sin embargo, resulta difícil identificar cuál era exactamente esta espiritualidad distintiva. Si se entiende como tomar en serio la Biblia y la predicación, insistir en una experiencia auténtica de Dios y esforzarse por la santidad, entonces, humildemente sugiero que estas han sido características distintivas de la mayoría de las formas de cristianismo vital a lo largo de la historia cristiana. De acuerdo con esta definición, figuras como Basilio de Cesárea, Agustín, Simeón el Nuevo Teólogo, Bernardo de Claraval y los jansenistas católicos serían todos puritanos. Nuevamente, la palabra se vuelve tan amplia que pierde su valor efectivo.

¿Podríamos combinar ambas definiciones y decir que un puritano era alguien que se adhería tanto a la teología reformada como a una espiritualidad centrada en la experiencia de Dios? No, aún sería demasiado amplio. Había un vasto número de calvinistas ingleses, genuinamente piadosos, que no se identificaban con la etiqueta de "puritano". Richard Hooker es un ejemplo, y también lo son John Jewel, John Davenant, Daniel Featley, el arzobispo Ussher y Samuel Ward, entre muchos otros.

Podríamos estar más cerca de una respuesta si afirmamos que el puritanismo tenía una visión distintiva del culto congregacional. La mayoría de los estudiosos de este periodo saben que los conflictos en la Iglesia Inglesa desde 1559 hasta 1662 giraban a menudo en torno al culto y que los puritanos creían en el "principio regulador": que nada debía hacerse en el culto a menos que estuviera autorizado por las Escrituras. Sin embargo, este era un ideal más amplio dentro de la Reforma, y la historia de aquellos tiempos en Inglaterra, Escocia y Europa continental muestra que el principio regulador en sí mismo admitía interpretaciones muy variadas. Los primeros puritanos ingleses en la década de 1560 se sorprendieron al descubrir que sus héroes reformados europeos, como Heinrich Bullinger y Peter Martyr Vermigli, no compartían en absoluto su interpretación del principio regulador en lo que respecta a las vestimentas clericales.

Parece, entonces, que los puritanos podrían haber adoptado no simplemente el principio regulador reformado, sino una comprensión particular de cómo se aplicaba. Aun así, había diferencias entre los propios puritanos sobre su aplicación. Por ejemplo, ¿permitía o no permitía dicho principio liturgias, himnos, el Padre Nuestro, el Credo de los Apóstoles, sermones fúnebres o un sermón especial el día de Navidad? Los puritanos no hablaban con una sola voz sobre estos temas, las fuertes controversias en estos temas dentro de la Asamblea de Westminster, por ejemplo, es una evidencia de este desacuerdo.

Una creencia teológica interesante que muchos historiadores consideran casi exclusivamente puritana es el sabatarianismo: la idea de que el domingo cristiano era esencialmente idéntico al sábado del Antiguo Testamento y debía ser respetado rigurosamente como un día de descanso y adoración, sin permitir trabajo ni recreación. Sin embargo, esta creencia se desarrolló bastante tarde; la publicación en 1595 del tratado *The Doctrine of the Sabbath* [La doctrina del sábado] de Nicholas Bownde, rector puritano de Norton en Suffolk, se considera comúnmente como decisiva para el sabatarianismo puritano.

Aun así, debemos ser cautelosos, ya que algunos anti-puritanos como Lancelot Andrewes eran sabatistas, y en la segunda mitad del siglo XVII, el sabatarianismo era la convicción común de prácticamente todos los protestantes ingleses, fueran "puritanos" o no. Sin embargo, sólo en la primera parte del siglo XVII, parece haber sido un indicativo probable de simpatías puritanas.

En lugar de crear nuestras propias definiciones, quizás deberíamos intentar un enfoque diferente y utilizar la palabra "puritano" tal como se usó en los siglos XVI y XVII. ¿A quiénes consideraban las personas de esa época como puritanos? Incluso aquí nos enfrentamos a un problema. A nivel más educado, el establecimiento anglicano empleó la palabra "puritano" para describir a aquellos anglicanos que querían reformar aún más la Iglesia de Inglaterra, por ejemplo, eliminando ciertas ceremonias o introduciendo un gobierno eclesiástico presbiteriano.

También se usaron otras palabras para etiquetar a estas personas; "los precisos"[2] (alguien que era demasiado preciso) era, con mucho, la alternativa más común. Según esto, los puritanos eran, por definición, anglicanos. Eran el grupo desde dentro del anglicanismo, es decir, la Iglesia Establecida, que buscaba reformar su Iglesia más allá de lo que se había logrado en el acuerdo isabelino de 1559.

---

[2] El termino original es: "precisian".

Thomas Fuller (1608-1661), escritor e historiador del siglo XVII y realista monárquico moderado durante la Guerra Civil Inglesa, nos ofrece la definición anterior de puritano. Añade que, dentro del campo de estos aspirantes a reformadores del anglicanismo, había dos tipos: "algunos suaves y moderados, satisfechos con disfrutar de su propia conciencia; otros ferozmente ardientes, hasta el punto de perturbar la iglesia y el estado".

Por lo tanto, enfrentar "puritano" con "anglicano", como lo hacen algunos intérpretes modernos, no tiene ningún sentido en la forma en que las personas de esa época entendían los asuntos. Esta distinción solo adquiere cierto sentido después de la Gran Expulsión de 1662, cuando el anglicanismo ya no toleraba a ningún clérigo que no renunciara abiertamente a todas las aspiraciones puritanas. Incluso el término "anglicanismo" es dudoso; pues fue un invento del siglo XIX. Probablemente había una mentalidad a la que se podría aplicar el término "anglicanismo" antes, pero una vez más, esa mentalidad solo surgió realmente en el contexto de lo que sucedió después de la Gran Expulsión de 1662. Sin embargo, cediendo al uso general, usaré el término para describir la Iglesia nacional inglesa establecida por ley, excepto durante la confusión de la Guerra Civil y el período de Cromwell.

Pero ahora debemos considerar cómo se usó la palabra "puritano" (o "precisian") a un nivel más popular y básico. Aquí se aplicó simplemente a cualquiera que tomara en serio su cristianismo e intentara vivir una vida piadosa. No significaba más que un "santo", un "miembro del escuadrón de Dios", un "golpeador de la Biblia" y otras etiquetas abusivas similares en la actualidad.

El ilustre Richard Baxter en el siglo XVII testificó que su propio padre fue insultado como "puritano" de esta manera, aunque Baxter Senior no tenía ninguna disputa con la Iglesia de Inglaterra, sino que simplemente buscaba vivir una vida cristiana auténtica. Según Baxter, a cualquiera se le llamaba abusivamente "puritano" si tan solo "hablaban de Dios, del cielo, de las Escrituras y de la santidad".

Al llegar a la Guerra Civil (1642-1653), las definiciones casi se desmoronan por completo. En el lenguaje de la época, las diversas facciones religiosas que surgieron del lado parlamentario del conflicto dejaron de llamarse puritanos (como nos indica Richard Baxter) y comenzaron a adoptar etiquetas más específicas: presbiterianos, independientes, bautistas ("anabaptistas" o "sumergidores" en la jerga contemporánea), cuáqueros, buscadores, quintos monarquistas. El lenguaje de una época posterior, sin embargo, ha proyectado la etiqueta monolítica "puritano" en muchas de estas facciones. Nos parecería extraño hoy en día, por ejemplo, si no llamáramos a John Owen puritano, aunque era un independiente en la jerga de la época. Justo antes del estallido de la Guerra Civil, un escritor (ya sea Henry Parker o John Ley) en su *A Discourse Concerning Puritans* (Un discurso sobre los puritanos), publicado en 1641, distinguió entre "puritanos de política eclesiástica", "puritanos religiosos", "puritanos estatales" y "puritanos morales". Claramente, para entonces la palabra había dejado de tener un significado único u obvio.

Nuestro análisis hasta ahora parece haber dejado el término "puritano" casi tan nebuloso como siempre. Sin embargo, dado que este volumen difícilmente puede evitar usar el término por completo, se debe tomar una decisión. Mi elección es la siguiente: cuando se hable de puritanos antes de la Primera

Guerra Civil Inglesa (1642-1646), se debe referir como puritanos a aquellos anglicanos dentro de la iglesia establecida que buscaban una mayor reforma desde dentro de la Iglesia de Inglaterra. Aquí acepto el uso más preciso y educado de la palabra puritano dentro del establecimiento anglicano de la época, en lugar de la jerga callejera que llamaba puritano a cualquier persona con mentalidad espiritual.

Durante la Guerra Civil y la era de Cromwell (1649-1660), podríamos mantener cierta continuidad con el uso anterior y moderno del término si acordamos lo siguiente: podríamos llamar puritanos sólo a aquellos dispuestos a trabajar dentro de una Iglesia Nacional establecida bajo la autoridad de un régimen parlamentario o cromwelliano, adoptando su ideal de un protestantismo más avanzado en cuanto a la reforma protestante, y consciente de sí mismo de lo que había caracterizado al régimen monárquico-episcopal anterior. Tal definición abarcaría tanto a presbiterianos como a muchos independientes (¡incluso a algunos bautistas!). Es, sin duda, una definición algo arbitraria, pero el historiador enfrenta el desafío de comunicarse con las suposiciones abrumadoras de los creyentes modernos, quienes han aprendido a ver una especie llamada "los puritanos" donde las personas de esa época no necesariamente los veían.

Después de la Restauración de la monarquía (1660) y la expulsión de los puritanos de la Iglesia nacional en 1662, las cosas son mucho más sencillas. Seguiré el uso contemporáneo del siglo XVII y me referiré a los protestantes no anglicanos como inconformistas o disidentes, independientemente de su tipo de teología, espiritualidad o gobierno eclesiástico.

A aquellos que abandonaron la Iglesia establecida por voluntad propia, y la dejaron por completo *antes* del régimen de Restauración posterior a 1660, se les llama separatistas, no puritanos. Aunque ocasionalmente podrían ser llamados puritanos en el lenguaje de la época; el término separatista era mucho más común, y este es el que se debe usar. Por supuesto, es posible que hayan sido puritanos antes de convertirse en separatistas. Pero debemos tener en cuenta que un gran número de separatistas eran en realidad arminianos en su teología.

Debemos estar preparados para el espectáculo de un calvinista anglicano persiguiendo a un arminiano separatista. Eso puede desafiar nuestras preconcepciones, pero la historia a menudo lo hace.

PREFACIO ORIGINAL

La obra que se presenta en este libro tiene como objetivo mostrar, de manera concisa y basándose en investigaciones recientes, la historia del nacimiento, desarrollo y declive del movimiento puritano que influyó de manera significativa en la vida nacional durante un siglo. Esta obra ocupa un espacio intermedio entre las monografías históricas centradas en aspectos específicos del movimiento y las historias más extensas que abarcan el movimiento en su totalidad. Las monografías resultaban parciales e incompletas, mientras que las historias más amplias eran demasiado extensas para aquellos lectores con poco tiempo disponible pero interesados en obtener un conocimiento sólido del tema. Este libro pretende satisfacer las necesidades de estos lectores.

El puritanismo es un tema relevante, ya que tuvo un gran impacto tanto en la vida religiosa como en la historia constitucional de Inglaterra. Aunque los primeros puritanos no tenían ideas políticas, sus opiniones religiosas derivaron en consecuencias políticas. Borgeaud argumenta que la democracia moderna es descendiente de la Reforma, no de los reformadores en sí.

Durante la Reforma, se utilizaron dos principios clave para romper la autoridad de la Santa Sede: la libre investigación y el sacerdocio de todos los creyentes. Estos principios contenían los gérmenes de la revolución política que se produjo más adelante.

Estos principios hicieron que la comunidad se convirtiera en el centro visible de la Iglesia y que el pueblo fuera el principal factor en la vida social. Por lo tanto, la historia de los puritanos ingleses merece ser estudiada de manera interna y coherente, dentro de los límites impuestos por el espacio disponible en este libro.

John Brown
Hampstead, Inglaterra
20 de junio de 1910

I. LOS ORÍGENES DEL PURITANISMO

1. Las múltiples facetas del puritanismo

El término "puritanismo" comenzó a utilizarse como un concepto descriptivo reconocible alrededor de 1564, según Thomas Fuller.[1] Sin embargo, aunque hubo reformadores previos a la Reforma, también existieron puritanos antes del período que se considera especialmente puritano. El puritanismo no era un sistema organizado, sino un carácter religioso y una fuerza moral que podía combinarse y aliarse de diversas maneras. Puede aplicarse con justicia a personajes como

---

[1] Thomas Fuller (1608-1661) nació en Aldwincle, Northamptonshire, Inglaterra. Fue educado en la Universidad de Cambridge, donde se distinguió tanto en teología como en historia. Fue ordenado en la Iglesia de Inglaterra en 1631. Fuller escribió numerosos trabajos durante su vida, incluyendo "Historia de la Guerra Sagrada" (1639), una narración de las Cruzadas, y "Historia del valor de la Iglesia de Gran Bretaña" (1655), una historia de la Iglesia en Gran Bretaña desde los tiempos de los apóstoles hasta el siglo XVII. Quizás su obra más famosa fue "La Historia del valor de Inglaterra" (1642), que proporciona una visión detallada y a menudo humorística de la vida y la historia de Inglaterra. Fuller es conocido por su estilo de escritura detallado y por su uso de aforismos y analogías. A pesar de vivir durante un período de intensa lucha política y religiosa, Fuller se esforzó por mantener una postura neutral y equilibrada en sus escritos. Falleció el 16 de agosto de 1661 en Londres, dejando un legado duradero en la historiografía y la literatura inglesa.

Wycliffe y los lolardos, así como a los reformadores protestantes posteriores; a John Hooper (1495-1555) y Hugh Latimer (1485-1555) en tiempos de Eduardo VI, y a Thomas Cartwright (c. 1535-1603) y Walter Travers (1548-1635) durante el reinado de Isabel.

El término puritano abarcó tanto a quienes permanecieron dentro de la Iglesia de Inglaterra como a aquellos que se separaron de ella. No se limitó solo a presbiterianos y congregacionalistas, pues algunos obispos anglicanos también podrían describirse como puritanos. Además, no debía asociarse únicamente con la doctrina calvinista, ya que el arzobispo Whitgift, un firme oponente de los puritanos, creía en la predestinación en su forma más extrema, como lo demuestran sus Artículos de Lambeth.[2]

---

[2] Los Artículos de Lambeth son una serie de nueve declaraciones de creencias teológicas que fueron emitidas por el arzobispo de Canterbury, John Whitgift, en 1595. Los artículos se redactaron en respuesta a una consulta del canciller de la Universidad de Cambridge sobre ciertas doctrinas que estaban siendo enseñadas allí, particularmente en el Emmanuel College, que era conocido por su orientación puritana. Los Artículos de Lambeth refuerzan la predestinación y la elección, conceptos clave en la teología calvinista, y en muchos aspectos, se asemejan a las doctrinas de la gracia que se encuentran en la teología reformada. Los nueve artículos incluyen afirmaciones como que Dios ha predestinado a ciertas personas para la vida eterna y a otras para la muerte eterna, y que aquellos que están predestinados para la vida no pueden desviarse de ella. Los Artículos de Lambeth son importantes por varias razones. Primero, representan un intento de proporcionar una mayor claridad y definición a ciertos aspectos de la teología anglicana, en un momento en que la Iglesia de Inglaterra estaba lidiando con tensiones internas y debates sobre su identidad y sus creencias. Segundo, aunque los Artículos de Lambeth nunca fueron oficialmente adoptados por la Iglesia de Inglaterra, ejercieron una influencia considerable y fueron vistos por muchos como una declaración autoritativa de la teología anglicana en relación con la predestinación y cuestiones relacionadas. En términos de origen, los Artículos de Lambeth se redactaron en el contexto de las luchas teológicas y políticas de finales del siglo XVI en Inglaterra. En ese momento, la Iglesia de Inglaterra estaba tratando de trazar un curso medio entre el catolicismo

El término puritanismo también adquirió un significado político y eclesiástico. Si bien en el siglo XVI describía a quienes buscaban llevar la Reforma protestante más allá, en el siglo XVII se convirtió en el nombre del partido en el Estado que luchaba por los derechos y libertades constitucionales del pueblo frente a las intromisiones de la Corona.

Aún no hemos mencionado todas las aplicaciones posibles del término "puritano". Este término se usaba de manera despectiva para referirse a personas meticulosas en cuanto a formas y ceremonias religiosas, pero también se aplicaba de manera seria a algunas de las figuras más destacadas de la historia y la literatura, como Oliver Cromwell (1599-1658), John Milton (1608-1674), Richard Baxter y John Bunyan.[3] No fue más

romano y las formas más radicales de protestantismo, y estaba lidiando con tensiones internas entre aquellos que favorecían una visión más conservadora y tradicional de la iglesia y aquellos que abogaban por reformas más radicales, incluyendo muchos puritanos. Los Artículos de Lambeth son un producto de este período de tensión y debate.

[3] John Milton (1608-1674) fue un poeta, escritor y funcionario público inglés, conocido principalmente por su poema épico "El Paraíso Perdido", una obra maestra de la literatura inglesa que relata la caída del hombre y la rebelión de Satanás contra Dios. Además de su poesía, Milton escribió extensivamente sobre política, teología, historia y filología, y se considera una de las figuras literarias y teológicas más importantes de la era de la Commonwealth de Inglaterra (1649-1660). Entre los puntos teológicos más controversiales de Milton, los siguientes son especialmente destacados:

Antitrinitarismo: Milton tenía opiniones no convencionales sobre la naturaleza de Dios y Jesucristo. Rechazó la doctrina trinitaria de la Iglesia establecida, que afirma que Dios es tres personas (el Padre, el Hijo y el Espíritu Santo) en una única esencia. En cambio, Milton defendió una forma de antitrinitarismo, creyendo que el Padre era superior al Hijo y que el Espíritu Santo no era una entidad separada sino una expresión del poder de Dios.

El libre albedrío: En "El Paraíso Perdido", Milton expresa una fuerte creencia en el libre albedrío humano. Según su visión, Dios creó a los seres humanos con la capacidad de elegir entre el bien y el mal. Esta postura fue

que un paso de aquellos que se consideraban rigurosos en cuanto al culto religioso, a los hombres que se creían estrictos en cuanto a la vida y la moral.

Richard Baxter menciona que se burlaban de su padre por ser considerado puritano, aunque seguía fielmente la Iglesia Establecida y el Libro de Oración Común, simplemente porque leía la Biblia con su familia los domingos por la tarde y se negaba a participar en las festividades alrededor del palo de mayo cerca de su casa. Un escritor de la época afirmó que, en boca de un borracho, un puritano es quien rechaza beber; en boca de un jurista, quien teme jurar; y en boca de un libertino, quien tiene escrúpulos sobre pecados comunes.

Sin embargo, aunque el nombre varió en sus aplicaciones según la época, las personas y los eventos, encontramos un elemento común característico en todas las variaciones. La idea

---

muy polémica durante su época, ya que muchos contemporáneos creían en una visión más calvinista de la predestinación.

Monismo materialista: En contraposición a la creencia cartesiana dualista de la separación entre cuerpo y alma, Milton apoyó una postura monista que sostenía que los seres humanos y el universo están compuestos por una única sustancia material. Esta postura era bastante radical y controversial en su época.

La naturaleza del mal: Milton también tuvo una visión no convencional sobre la naturaleza del mal, la cual presentó en su obra "El Paraíso Perdido". En lugar de ver al mal como una fuerza positiva existente, lo presentó como la ausencia de bien, un estado de privación más que una entidad en sí misma.

El divorcio: Milton escribió varios tratados defendiendo el derecho al divorcio, una postura extremadamente controversial en su época. Argumentaba que el matrimonio debe basarse en la compatibilidad emocional y espiritual, y no solo en el contrato social o las obligaciones físicas. Si esas compatibilidades no existen, sostenía, entonces debería permitirse el divorcio.

Cabe destacar que las opiniones de Milton fueron a menudo objeto de intensos debates y críticas durante su vida y después de su muerte. A pesar de esto, su influencia en la literatura, la teología y el pensamiento político sigue siendo fuerte hasta hoy.

fundamental del puritanismo, en todas sus manifestaciones, era la autoridad suprema de las Escrituras, en oposición a la confianza ciega en el sacerdocio y las ordenanzas externas de la Iglesia. El puritano, ya sea en un sentido estricto o amplio, equivocado o ilustrado, buscaba, al menos según su propia percepción, obedecer a ese orden espiritual superior que prevalece en el universo, que reconocía como la expresión de la voluntad de Dios y, por lo tanto, de mayor autoridad que las meras disposiciones y requisitos humanos. Bajo todas sus formas, la reverencia a las Escrituras y la majestuosidad soberana de Dios, una moral rigurosa, simpatías populares y un ferviente compromiso con la causa de la libertad civil han sido los rasgos distintivos del espíritu puritano.

Al afirmar esto, no queremos negar que hubo puritanos que no comprendieron la magnitud de su propia idea. Entre ellos, algunos no tenían una concepción amplia de la acción del Espíritu de Dios en la vida humana, que lleva a una persona a valorar el conocimiento, la erudición, el arte y la belleza como cosas sagradas. Quizás no siempre escucharon la voz de Dios hablando a través de las fuerzas de la historia y los eventos de la vida cotidiana, así como en las páginas de la revelación, y es posible que no reconocieran lo suficiente los avances de la naturaleza más rica del ser humano como dones de Dios, la forma en que Dios desarrolla al hombre mismo, enriqueciendo su cultura y endulzando su vida. Sin embargo, esto solo es cierto en un sentido limitado y restringido.

Tanto en el siglo XVI como en el XVII, los líderes puritanos estaban entre los más destacados de su tiempo en términos de aprendizaje y fuerza intelectual. En su mayoría, eran hombres educados en universidades, y por su cultura y refinamiento no tenían que temer compararse con sus oponentes en la Iglesia o el Estado. Es cierto que había entre ellos hombres de poca envergadura, amargados, de mente cerrada y vulgares, pero también los había en el otro bando. A pesar de todo, cuando se han considerado todos los matices y se ha dicho todo lo que se puede decir en forma de caricatura y desprecio, sigue siendo cierto que la noble causa de la libertad debe mucho a estos hombres, y que la influencia puritana se encuentra en gran parte de lo mejor de nuestra vida y literatura nacionales.

Aunque ha habido manifestaciones del espíritu puritano en diferentes épocas y de manera variable, existió un período específico y definido en la historia inglesa que ha llegado a ser reconocido como el del puritanismo propiamente dicho. Este período abarcó cien años, desde la llegada de la reina Isabel en 1558 hasta la muerte de Oliver Cromwell en 1658. Antes de la primera de estas fechas, la controversia era entre católicos romanos y protestantes, mientras que durante el siglo mencionado, la lucha fue entre anglicanos y puritanos. Podemos seguir el puritanismo como un movimiento histórico siguiendo una línea definida que incluye su surgimiento, desarrollo, ascenso y caída final.

Con la llegada de la reina Isabel, el pueblo inglés experimentó lo que podríamos denominar la división de caminos, marcando una nueva era tanto para la Iglesia como para el Estado. Enrique VIII ascendió al trono en 1509, mientras que Isabel lo hizo poco antes del inicio de 1559. En el medio siglo transcurrido entre estos dos acontecimientos, Inglaterra fue gobernada por tres monarcas de la Casa Tudor y experimentó tres revoluciones en su vida eclesiástica nacional.

Cuando Enrique VIII llegó al poder, la Iglesia en Inglaterra formaba parte de la Iglesia Occidental, siendo una extensión en

Inglaterra de la gran Iglesia Católica Romana de Occidente. En ella, el Papa era supremo en todas las cuestiones eclesiásticas, el Tribunal de Apelaciones más alto se encontraba en Roma, y los funcionarios eclesiásticos de mayor rango eran nombrados por el Papa. Desde el largo reinado de Enrique III, el Papa había designado a eclesiásticos italianos no solo para cargos eclesiásticos ingleses, sino también para otros cargos dentro de la Iglesia.

Luego, en 1534, la Reforma llegó a Inglaterra, y la Iglesia en Inglaterra se convirtió en la Iglesia de Inglaterra. Varias leyes del Parlamento, en particular la Ley de Supremacía, transfirieron la autoridad papal al Rey, convirtiendo a Enrique VIII, en casi todos los aspectos, en el Papa de Inglaterra. Solo restaba que el Papa Paulo III completara el proceso, lo cual hizo al emitir una bula de excomunión y deposición contra el Rey y sus cómplices.

2. El amanecer de la reforma protestante en Inglaterra

Existió una diferencia significativa entre cómo se originó la Reforma en Inglaterra y el rumbo que tomó en las naciones protestantes del continente. En Suiza y Alemania, el movimiento comenzó con el pueblo, mientras que en Inglaterra, surgió principalmente de la acción del Estado y luego se extendió entre el pueblo. Esto explica por qué, cuando Eduardo VI ascendió al trono en 1547, los aspectos externos de la adoración no habían cambiado mucho en comparación con su forma anterior.[4] Los

---

[4] Eduardo VI de Inglaterra (1537-1553) fue el hijo de Enrique VIII y su tercera esposa, Jane Seymour. Nació el 12 de octubre de 1537 y se convirtió en rey a la edad de nueve años, tras la muerte de su padre en 1547. Su corto reinado, que duró solo seis años, fue marcado por la

altares de las iglesias permanecían en su lugar como antes, los sacerdotes lucían sus ornamentados atuendos y celebraban sus misas igual que siempre. Mientras tanto, el servicio eclesiástico continuaba como lo había hecho durante toda su vida y la de sus antepasados, el pueblo en general prestaba poca atención a los cambios en la legislación.

Sin embargo, no pasó mucho tiempo después de que Eduardo VI se convirtiera en rey para que surgieran nuevas formas de adoración. En la primavera de 1548, se elaboró un libro de servicios en inglés en lugar de latín, que se publicó con autorización real al año siguiente. El primer Libro de Oración Común en inglés reemplazó a la misa, un hecho trascendental en

---

consolidación de la Reforma Protestante en Inglaterra. Aunque era demasiado joven para gobernar por sí mismo, Eduardo estaba rodeado de consejeros y regentes, particularmente su tío, Edward Seymour, duque de Somerset, quien se desempeñó como Lord Protector y gobernó en su nombre durante los primeros años de su reinado. Bajo la influencia de Seymour y otros consejeros protestantes, Eduardo presidió una serie de cambios significativos en la Iglesia de Inglaterra. Durante su reinado, se produjo un alejamiento aún mayor de las prácticas y doctrinas católicas. El Libro de Oración Común, compilado por Thomas Cranmer, Arzobispo de Canterbury, fue introducido en 1549 y revisado en 1552. Este libro estableció la liturgia y las oraciones de la Iglesia de Inglaterra en inglés (en lugar de latín), una señal clara del cambio hacia el protestantismo. Además, en 1553, se publicó una revisión de las "Cuarenta y dos Artículos" de Cranmer, que establecía una doctrina protestante más clara para la Iglesia de Inglaterra. Sin embargo, su implementación se vio interrumpida por la muerte prematura de Eduardo. Eduardo VI murió el 6 de julio de 1553 a la edad de 15 años, probablemente de tuberculosis. Su muerte desató una crisis sucesoria, ya que se intentó invalidar la sucesión de sus medias hermanas, María (católica) e Isabel (protestante), a favor de su prima protestante, Lady Jane Grey. Sin embargo, este intento fracasó y María I ascendió al trono, revirtiendo muchas de las reformas protestantes de Eduardo durante su propio reinado. A pesar de su corto reinado, Eduardo VI jugó un papel crucial en la consolidación de la Reforma en Inglaterra, y sus reformas sentaron las bases para el establecimiento de la Iglesia de Inglaterra como una iglesia protestante bajo el reinado de su hermana, Isabel I.

sí mismo, y los altares de piedra fueron sustituidos por mesas de comunión. Además, los líderes de la Iglesia inglesa establecieron relaciones cercanas y amistosas con los ministros de las iglesias reformadas del continente. Tanto es así que Pedro Mártir Vermigli y Martín Bucero fueron invitados por Thomas Cranmer para ayudar en la elaboración de los Artículos y en la revisión del Primer Libro de Oración de 1549, como preparación para el de 1552.[5]

---

[5] Martín Bucero (1491-1551) fue un importante teólogo y reformador de la Iglesia durante la Reforma protestante en el siglo XVI. Nacido en Alemania, Bucero jugó un papel crucial en la expansión de la Reforma tanto en su país natal como en Suiza e Inglaterra. Bucero nació en la ciudad de Schlettstadt en Alsacia, la cual era entonces parte del Sacro Imperio Romano. Estudió en la Universidad de Heidelberg, donde se familiarizó con el humanismo y la teología escolástica. En 1516, se unió a la orden de los dominicos y fue ordenado sacerdote. La vida de Bucero cambió drásticamente en 1518, cuando asistió a una serie de conferencias dadas por Martín Lutero en Heidelberg. Las enseñanzas de Lutero sobre la justificación por la fe tuvieron un profundo impacto en Bucero, que se convirtió en uno de los primeros y más fervientes seguidores de Lutero. Bucero trabajó incansablemente para propagar las enseñanzas de la Reforma en su ciudad natal, Estrasburgo, donde fue nombrado predicador en la iglesia de San Nicolás en 1523. Bajo su liderazgo, Estrasburgo se convirtió en uno de los principales centros de la Reforma en Alemania. Sin embargo, Bucero no se limitó a propagar las enseñanzas de Lutero. Desarrolló sus propias ideas teológicas y fue particularmente influyente en sus esfuerzos por lograr una reconciliación entre las diferentes ramas del protestantismo. Trabajó para mediar entre Lutero y Ulrico Zwinglio en su disputa sobre la presencia de Cristo en la Eucaristía, y jugó un papel crucial en la elaboración de la Confesión de Augsburgo y el Consenso de Wittenberg. La influencia de Bucero se extendió más allá de Alemania. En 1549, fue invitado a Inglaterra por Thomas Cranmer, el arzobispo de Canterbury, para ayudar en la reforma de la Iglesia de Inglaterra. Bucero aceptó la invitación y se convirtió en profesor de teología en la Universidad de Cambridge. En Inglaterra, Bucero tuvo un impacto significativo en la redacción del Libro de Oración Común y los Treinta y nueve artículos, dos de los documentos fundacionales de la Iglesia de Inglaterra. También influyó en la educación de varios líderes protestantes ingleses, incluyendo a John Jewel y Matthew Parker. Bucero murió en Cambridge en 1551. Después de su muerte, su cuerpo fue exhumado y quemado durante el

Una nueva revolución llegó cuando la reina María ascendió al trono inglés en 1553. En su primera proclamación del 18 de agosto, expresó su deseo de que su pueblo siguiera la antigua religión, 'la que siempre había profesado desde su infancia hasta ahora'. Una de las primeras leyes de su primer Parlamento fue la Ley de Derogación, que derogó nueve leyes aprobadas durante el reinado de Eduardo VI y restableció la situación de la Iglesia a como estaba al morir Enrique VIII. Su segunda Ley de Derogación, de 1554, abolió dieciocho leyes de Enrique VIII relacionadas con la Iglesia y una de Eduardo, restaurando así la Iglesia a la condición en que se encontraba en 1529 antes de la ruptura con Roma.

Inglaterra se reconcilió nuevamente con la Santa Sede y recibió la absolución por su supuesto pecado de alejarse de la verdadera fe. Con humildad y docilidad, volvió a la obediencia romana, y el poder del clero católico se restauró a lo que había sido cuando el Papa otorgó a Enrique VIII el título de Defensor de la Fe. Sin embargo, mientras María devolvía a la antigua Iglesia su antiguo predominio, lo hizo con un espíritu tan despiadado que, al final, resultó haberse derrotado a sí misma.

La reina María indignó a la nación al quemar en la hoguera a hombres y mujeres dignos, de tal manera que, aunque derrocó la obra de su padre y de su hermano, su propia obra también fue derrocada a su vez. Sus crueldades y la quema de mártires, que generaron un gran odio en las mentes de los ingleses, hicieron más para establecer la Reforma que cualquier otra causa individual.[6]

---

reinado de la reina María I debido a sus creencias protestantes. Sin embargo, su influencia perduró y tuvo un impacto duradero en el desarrollo del protestantismo en Europa.

[6] María I de Inglaterra (1516-1558), a menudo conocida como "María la Sanguinaria" (Bloody Mary) debido a las persecuciones que realizó

Al mismo tiempo, otras causas estaban en juego. Incluso en los primeros días de Enrique VIII, el nuevo conocimiento había comenzado a influir en las mentes de la gente y a cambiar su actitud hacia las ideas antiguas. En su conflicto con las viejas instituciones y modos de pensamiento, tenía como poderoso aliado el recién descubierto poder de la imprenta. Un nuevo mundo estaba naciendo. Se dice que la mayoría de los jóvenes con inteligencia y energía que alcanzaron la mayoría de edad durante el reinado de María se alejaron del catolicismo, y las mujeres educadas lo hicieron cada vez más rápido.

Un hecho importante relacionado con el reinado de María, que es fundamental para el desarrollo histórico del puritanismo, es que muchos hombres destacados que habían adoptado el protestantismo en los reinados de Enrique y Eduardo se dieron

---

contra los protestantes, fue la reina de Inglaterra e Irlanda desde 1553 hasta su muerte en 1558. María era la hija del rey Enrique VIII y su primera esposa, Catalina de Aragón, y fue la primera mujer en reinar con pleno derecho en Inglaterra. Aunque su padre rompió con la Iglesia Católica y estableció la Iglesia de Inglaterra, María permaneció fiel a su fe católica a lo largo de su vida. Cuando María asumió el trono en 1553 después de la muerte de su medio hermano, Eduardo VI, se propuso revertir las reformas protestantes que se habían implementado durante el reinado de su padre y su hermano. Intentó restaurar la comunión con la Iglesia Católica Romana y revocó leyes que habían llevado a la disolución de los monasterios y a la confiscación de las propiedades de la Iglesia. Una de las primeras acciones de María como reina fue la reinstauración de la misa en latín y la abolición del Libro de Oración Común, que era un elemento central del culto protestante en la Iglesia de Inglaterra. También reinstauró las leyes de herejía que su padre había abolido, y que hacían ilegal negar las enseñanzas de la Iglesia Católica. Durante su reinado, María llevó a cabo una serie de persecuciones contra los protestantes, que le valieron el apodo de "María la Sanguinaria". Se estima que unos 300 protestantes fueron quemados en la hoguera durante su reinado, incluyendo a figuras prominentes como Thomas Cranmer, el arzobispo de Canterbury. Sin embargo, los esfuerzos de María para revertir la Reforma no tuvieron éxito a largo plazo. A su muerte en 1558, fue sucedida por su media hermana, Isabel I, quien reestableció la Iglesia de Inglaterra y consolidó la Reforma en Inglaterra.

cuenta de que Inglaterra ya no era un lugar seguro para ellos tan pronto como la nueva reina ascendió al trono.

Burnet menciona que más de mil de estos hombres buscaron refugio en las iglesias reformadas del continente. Strype añade que entre estos exiliados había cinco obispos, cinco decanos, cuatro archidiáconos y cincuenta y siete doctores en divinidad y predicadores que habían ocupado cargos en la Iglesia bajo Eduardo VI. Es interesante observar que estos hombres no buscaron refugio en las ciudades luteranas del norte de Alemania, sino entre los pueblos zwinglianos y calvinistas de Suiza y el Alto Rin. Este hecho se cree que indica que la Iglesia inglesa en la época de Eduardo VI tenía una visión de los sacramentos más zwingliana que luterana, a diferencia de lo que a veces se piensa.

Aunque los exiliados encontraron hogar en diversas ciudades como Frankfurt, Estrasburgo, Bâle, Zúrich y Ginebra, Zúrich parece haber sido su centro más importante. Durante los cinco años del desafortunado reinado de María, establecieron amistades llenas de cariño cristiano, como lo demuestra la amplia correspondencia conservada en los archivos de la ciudad. Estas cartas fueron escritas a Heinrich Bullinger y a otros hermanos tras su regreso.[7] Lo más importante para nuestro propósito es que

---

[7] Heinrich Bullinger (1504-1575) fue un teólogo suizo y una figura prominente en la Reforma Protestante temprana. Es menos conocido que su predecesor, Ulrich Zwingli, y su contemporáneo, Juan Calvino, pero Bullinger tuvo una influencia considerable en la propagación y el desarrollo de las ideas de la Reforma, tanto en Suiza como en otros lugares. Bullinger nació en Bremgarten, Suiza, el 18 de julio de 1504. Estudió en las universidades de Colonia y Emmerich antes de regresar a Suiza en 1522, donde se unió al movimiento de la Reforma que estaba ganando terreno. Tras la muerte de Zwingli en 1531, Bullinger lo sucedió como jefe de la iglesia y ministro de la Grossmünster en Zúrich. Durante su liderazgo, Zúrich se convirtió en un centro de la Reforma Protestante y Bullinger en un líder influyente de la iglesia reformada suiza. Aunque Bullinger nunca

entraron en estrecho contacto con las doctrinas y la disciplina de los reformadores extranjeros. Les impresionó favorablemente la política eclesiástica más sencilla a la que se acostumbraron y se sintieron atraídos por las formas de culto que consideraban más bíblicas y espirituales. Las influencias recibidas y las opiniones que adquirieron tuvieron un impacto directo en los eventos próximos.

3. El ascenso de Isabel y la reforma de la Iglesia Inglesa

Finalmente, llegó el momento de su regreso cuando María falleció el 17 de noviembre de 1558 e Isabel fue proclamada reina en su lugar. Sandys, que se encontraba en Estrasburgo, se enteró de la noticia el 19 de diciembre y la transmitió a sus hermanos en Zúrich y Ginebra. Todos se prepararon para regresar de inmediato. Sin embargo, el invierno fue inusualmente severo, los caminos en algunos lugares eran casi intransitables y el Rin estaba congelado, lo que impedía la navegación. Los que partieron de Zúrich tardaron hasta cincuenta y siete días en el viaje de regreso.

---

visitó Inglaterra, tuvo una influencia considerable en la Reforma inglesa a través de su correspondencia y escritos. Muchos de sus sermones y tratados teológicos fueron traducidos al inglés y circulados ampliamente. Sus ideas influenciaron a teólogos y líderes de la iglesia como Thomas Cranmer, el arzobispo de Canterbury, y John Hooper, obispo de Gloucester y Worcester. Bullinger también jugó un papel crucial en la formación del consenso protestante a través de su colaboración en documentos confesionales como la Confesión de Fe Helvética de 1566, que articuló la fe de las iglesias reformadas en Suiza y fue influencial en otras partes de Europa. Bullinger murió el 17 de septiembre de 1575 en Zúrich. Aunque es menos conocido que otras figuras de la Reforma, su papel en la consolidación y difusión de las ideas de la Reforma fue considerable, y su influencia se sintió en toda Europa, incluyendo Inglaterra.

A pesar de lo difícil y tedioso que fue ese viaje, les animaba la esperanza creciente de poder enseñar y practicar el verdadero conocimiento de la Palabra de Dios que habían aprendido durante su exilio y que, gracias a la misericordiosa providencia de Dios, habían visto en las mejores iglesias reformadas. Es decir, estos exiliados protestantes regresaron a Inglaterra con ideales extranjeros en sus mentes, esperando poder llevarlos a cabo en el gobierno y el culto de la Iglesia inglesa en casa. Mientras tanto, Isabel había sido recibida en el trono como la esperanza más preciada de la parte protestante de la nación.[8]

---

[8] Isabel I de Inglaterra (1533-1603), conocida también como "la Reina Virgen", fue una de las monarcas más influyentes de la historia inglesa. Reinó desde 1558 hasta su muerte en 1603, un período conocido como la "Era Isabelina". Fue la hija de Enrique VIII y su segunda esposa, Ana Bolena. Isabel llegó al trono tras la muerte de su media hermana, María I, quien había tratado de revertir la Reforma Protestante iniciada por su padre. Isabel, sin embargo, era una protestante convencida y rápidamente puso en marcha políticas que restablecieron la Iglesia de Inglaterra y la independencia de la Iglesia Católica Romana. En 1559, el Parlamento aprobó el Acta de Supremacía, que confirmaba a Isabel como "gobernadora suprema" de la Iglesia de Inglaterra, y el Acta de Uniformidad, que establecía el uso del Libro de Oración Común en todos los servicios religiosos. Estas leyes establecieron la base para una Iglesia de Inglaterra protestante y autónoma. Durante su reinado, Isabel se enfrentó a numerosos desafíos, incluyendo la amenaza de invasión por parte de la Católica España. Sin embargo, bajo su liderazgo, Inglaterra resistió con éxito estos desafíos y se convirtió en una potencia mundial. Isabel también patrocinó una edad dorada de la cultura y las artes, incluyendo el florecimiento del drama inglés con figuras como William Shakespeare y Christopher Marlowe. A pesar de los muchos desafíos que enfrentó, su habilidad para mantener a Inglaterra unificada y prosperar durante un período de cambio religioso y político significativo es parte de su duradero legado. En términos de la Reforma, Isabel adoptó un enfoque de "vía media" o camino intermedio, tratando de mantener un equilibrio entre las facciones protestantes y católicas en su reino. Aunque ella misma era protestante, no estaba interesada en la persecución religiosa y prefería la tolerancia dentro de los límites definidos por la ley. En este sentido, su enfoque pragmático y moderado fue clave para el establecimiento de la Iglesia de Inglaterra como una Iglesia protestante independiente.

A pesar de su juventud, había vivido situaciones inusuales y había enfrentado experiencias difíciles. Sin embargo, adoptó las ideas de la política posterior de su padre, se adentró en el espíritu de la "Nueva Enseñanza" y expresó su aprobación de una reforma de la Iglesia conforme a una comprensión más completa de las Escrituras y la antigüedad cristiana. En el servicio celebrado el día de Navidad, solo unos días después de su ascenso al trono, Isabel prohibió la elevación de la Hostia. Al negarse a obedecer el obispo Oglethorpe, que oficiaba, se retiró después de la lectura del Evangelio. Su postura fue aún más evidente en la ocasión más importante del Servicio de Coronación celebrado el 13 de enero. Oglethorpe volvió a oficiar, ella le ordenó celebrar sin la elevación y él se negó de nuevo. Entonces, ella también tomó su propia línea de acción y justo antes del momento en que tendría lugar la elevación, se retiró a su "traverso" o camarín. En otra ocasión de estado, en la apertura del Parlamento, cuando fue recibida por el último abad de Westminster con monjes y velas, les dijo sin rodeos: "¡Apaguen esas antorchas; podemos ver lo suficientemente bien!"

A pesar de estas manifestaciones, los protestantes más experimentados no podían estar seguros de ella. Había dicho al embajador español, De Feria, que reconocía la presencia real en el sacramento y que ocasionalmente rezaba a la Virgen María. En otra ocasión, también le explicó que su religión era la de todas las personas sensatas que consideraban las diferencias entre las distintas versiones del cristianismo como poco más que palabrería. El sentimiento de incertidumbre sobre ella, creado por estas situaciones, se refleja en las cartas de Inglaterra conservadas en los archivos de Zúrich.

Uno de los exiliados que regresó escribió a un amigo en esa ciudad, diciendo: "Si la Reina misma desterrara la misa de su capilla privada, todo el asunto podría ser eliminado fácilmente". John Jewell, quien después sería obispo de Salisbury, expresó una opinión similar: "En cuanto a las ceremonias y las máscaras, hay demasiadas tonterías. Esa pequeña cruz de plata de origen maligno todavía mantiene su lugar en la Capilla de la Reina". En otra carta a Pedro Martyr Vermigli añadió: "El aparato escénico del culto divino está ahora en debate, y esas cosas de las que tú y yo nos hemos reído tan a menudo son ahora consideradas seriamente por ciertas personas como si la religión cristiana no pudiera existir sin algo chabacano. No podemos dar mucha importancia a estas tonterías".[9]

---

[9] Pietro Martire Vermigli (1499-1562), conocido en inglés como Peter Martyr Vermigli, fue un teólogo italiano y figura influyente en la Reforma Protestante. Nació en Florencia, Italia, el 8 de septiembre de 1499. Recibió su educación temprana en Florencia y se unió a la Orden de los Canónigos Regulares de San Agustín a los 16 años. Vermigli se convirtió en profesor de teología en la Universidad de Padua en 1537, donde sus ideas comenzaron a ser influenciadas por la Reforma Protestante. Debido a sus creencias reformistas, Vermigli huyó de Italia en 1542 para escapar de la persecución de la Inquisición. Después de pasar algún tiempo en Zúrich y Estrasburgo, Vermigli fue invitado a Inglaterra en 1547 por Thomas Cranmer, arzobispo de Canterbury, quien estaba buscando teólogos reformistas para reforzar la Reforma en Inglaterra bajo el rey Eduardo VI. Vermigli se convirtió en profesor de teología en la Universidad de Oxford y desempeñó un papel significativo en la consolidación de las reformas protestantes en Inglaterra. En particular, Vermigli fue influencial en la redacción de los Artículos de la Religión de la Iglesia de Inglaterra, que se establecieron formalmente durante el reinado de la reina Isabel I. Sus discusiones teológicas con otros líderes de la iglesia también ayudaron a formar el pensamiento anglicano sobre la Eucaristía y otros sacramentos. Tras la ascensión al trono de María I, una católica, Vermigli huyó de Inglaterra en 1553 y regresó al continente, donde continuó su trabajo teológico hasta su muerte en 1562. La influencia de Vermigli en la Reforma Inglesa fue significativa. Sus enseñanzas y escritos ayudaron a moldear la teología de la Iglesia de Inglaterra, y sus contribuciones al desarrollo del

El primer acto público de Isabel, al igual que el de María, fue emitir una proclamación que prohibía cualquier cambio en las formas de culto hasta que el Parlamento se reuniera y estableciera el orden definitivo por ley. Este primer Parlamento del reinado de Isabel se reunió el 25 de enero de 1559 y sesionó hasta el 8 de mayo, para comenzar las "modificaciones de la religión". Después de devolver a la Corona las primicias y los diezmos que María había reembolsado a la Iglesia, y de derogar las leyes penales que se habían promulgado contra el servicio utilizado bajo Eduardo VI, las dos Cámaras del Parlamento aprobaron las siguientes dos grandes leyes memorables: el Acta de Supremacía y el Acta de Uniformidad, los dos pilares sobre los que ha descansado la Iglesia de Inglaterra hasta nuestros días.

El Acta de Supremacía derogó el Acta de Derogación de María y restauró las antiguas jurisdicciones y preeminencias pertenecientes a la Corona Imperial, pero con un cambio importante. Enrique VIII y Eduardo VI habían reclamado ser cada uno el Jefe Supremo de la Iglesia de Inglaterra. Isabel no estaba dispuesta a ser calificada así, sosteniendo que este honor pertenece a Cristo y solo a Cristo. Por lo tanto, se le dio el título de Gobernadora Suprema, y el juramento prescrito para todas y cada una de las personas eclesiásticas era que "Su Alteza la Reina es la única gobernadora suprema de este reino, tanto en todas las cosas o causas espirituales o eclesiásticas como en las temporales, y que ningún príncipe o prelado extranjero tiene ninguna autoridad eclesiástica o espiritual dentro de sus dominios".

A pesar de que la Reina renunciaba al título de Jefatura de la Iglesia, el Acta de Sumisión del Clero fue restaurada en su

---

pensamiento protestante fueron reconocidas tanto en su tiempo como en los siglos posteriores.

totalidad, de modo que solo se renunció al mero título y todo el poder eclesiástico quedó reservado a la Corona. Durante dos meses enteros, desde el 9 de febrero hasta el 29 de abril, hubo una intensa batalla en torno al proyecto de ley de la supremacía. Sin embargo, después de nuevos debates, cambios y concesiones, finalmente fue aprobado. Cualquier persona que se negara a prestar el juramento prescrito en esta ley perdería todos sus cargos eclesiásticos, espirituales, temporales y laicos, y sus remuneraciones cesarían como si hubiera muerto.

Había una sección en el Acta de Supremacía (1 Eliz. cap. i., sec. 18) de gran importancia para tiempos futuros.[10] La Reina y

---

[10] El Acta de Supremacía de 1559 fue una de las piezas legislativas más importantes del reinado de Isabel I de Inglaterra y jugó un papel crítico en el establecimiento del anglicanismo como la religión oficial de Inglaterra. Esta ley, aprobada por el Parlamento inglés en 1559, reinstauró la legislación anterior de Enrique VIII que había declarado al monarca inglés como el jefe supremo de la Iglesia de Inglaterra, revocando la autoridad papal en los asuntos religiosos ingleses. Sin embargo, el lenguaje de la ley fue modificado ligeramente en deferencia a Isabel: se la titulaba "gobernadora suprema" en lugar de "cabeza suprema" de la Iglesia. La ley también requería que todos los funcionarios públicos juraran lealtad a Isabel como la cabeza de la Iglesia. El Acta de Supremacía tuvo un impacto profundo en la Reforma protestante en Inglaterra. Aseguró la independencia de la Iglesia de Inglaterra de la Iglesia Católica Romana y consolidó el control de la Corona sobre la Iglesia. Esto permitió a Isabel y a sus sucesores determinar la doctrina y la liturgia de la Iglesia, y abrió el camino para la evolución del protestantismo inglés en una forma distintiva que se conoce como anglicanismo. El Acta de Supremacía también fue significativa en el origen del puritanismo inglés. Aunque el anglicanismo incorporó algunos elementos de la Reforma protestante, como la creencia en la justificación por la fe y el uso del inglés en los servicios religiosos, también mantuvo muchas características de la tradición católica, incluyendo la episcopado y ciertos elementos de la liturgia y los rituales. Esto descontentó a aquellos que buscaban una reforma más radical de la Iglesia en una dirección más claramente protestante. Estos reformadores, que se convertirían en los puritanos, estaban particularmente insatisfechos con las provisiones del Acta de Uniformidad que se aprobó junto con el Acta de Supremacía y que establecía el uso del Libro de Oración Común. Consideraban que muchas de las prácticas y rituales

sus sucesores tendrían el poder de nombrar comisionados, mediante cartas patentes bajo el Gran Sello, para ejercer bajo la Corona todo tipo de jurisdicciones y corregir y enmendar todos los errores, herejías y cismas en el ámbito del poder espiritual o eclesiástico. En otras palabras, mientras las dos grandes leyes mencionadas revolucionaron la constitución eclesiástica, los miembros de esta comisión debían realizar visitas en nombre de la Reina y hacer cumplir sus mandatos, sin autoridad ni referencia a ninguna autoridad clerical o eclesiástica, excepto la que pertenecía a la propia Corona.

Estas comisiones se renovaban periódicamente, derivando su autoridad directamente de la Corona bajo el Gran Sello y siendo responsables ante el Consejo Privado del Rey, no ante la Iglesia ni el Parlamento. Estas comisiones, ya fueran temporales, como la primera, que completó su tarea a finales de octubre de 1559, o permanentes, como el Tribunal de la Alta Comisión de 1583, se convirtieron en el método reconocido para aplicar la supremacía del soberano al gobierno de la Iglesia de Inglaterra, independientemente del Parlamento o la Convocatoria.

4. La implementación del Acta de Uniformidad

Durante la época de los Tudor, el control personal de la Iglesia por parte del soberano era completo, siendo igual de completo bajo el reinado de Isabel como lo fue bajo Enrique VIII, Eduardo VI y la Reina María. El primer Parlamento de Isabel es memorable en la historia inglesa no solo por el Acta de

---

especificados en el Libro de Oración Común eran demasiado "papistas" o católicos. Como resultado, comenzaron a abogar por una mayor "purificación" de la Iglesia de Inglaterra de estas influencias católicas, lo que llevó al origen y desarrollo del movimiento puritano.

Supremacía, sino también por el Acta de Uniformidad que la acompañó. El partido reformista de la Iglesia estaba de acuerdo en la doctrina, pero no en la disciplina y las ceremonias eclesiásticas. Esta Acta buscaba asegurar la uniformidad en ambos aspectos. Sin embargo, se descubrió, como ha ocurrido en varias ocasiones desde entonces, que aquellos más decididos a imponer la uniformidad son quienes crean las divisiones más profundas.

Lo primero que se debía asegurar era la base o norma. Antes de que el Parlamento se reuniera, se llevó a cabo una consulta privada en la casa de Sir Thomas Smith en Cannon Row para discutir cuál Libro de Oración, el de 1552 o el de 1549, debía presentarse al Parlamento y con qué cambios sugeridos. Una vez que se acordó el Libro de Oración de 1552, se introdujeron algunos cambios en él, probablemente para satisfacer los deseos de la Reina. En el Servicio de Comunión, las palabras antiguas de entrega se antepusieron a las nuevas; se eliminó la rúbrica que negaba la "presencia real y esencial de Cristo"; también se omitió la cláusula de la Letanía que pedía la liberación del Obispo de Roma y todas sus detestables atrocidades.

Otro cambio realizado a instancias de la Reina, desagradable para los puritanos, fue la introducción de lo que ahora se conoce como la rúbrica de los ornamentos, enmarcada en el mantenimiento de las vestimentas sacerdotales tal y como estaban en 1548, antes de la publicación del Primer Libro de Oración de 1549.[11]

---

[11] El Primer Libro de Oración Común de 1549 fue un hito en la Reforma de la Iglesia de Inglaterra. Fue compilado por Thomas Cranmer, Arzobispo de Canterbury, durante el reinado del rey Eduardo VI, y estableció la liturgia de la iglesia en inglés por primera vez. Antes de la publicación del Primer Libro de Oración, la liturgia de la Iglesia de Inglaterra se realizaba en latín y variaba según la localidad. La

Este fue un paso claramente revolucionario, según la opinión de los protestantes más adelantados, al dejar de lado la legislación de 1553 que prohibía el uso del alba, la vestimenta y la copla en la rúbrica prefatoria de la Orden de Oración Diaria. El Acta de Uniformidad, al restablecer así el Segundo Libro de Oración de 1552, con alteraciones y adiciones como el orden reconocido del culto público, también hizo que su uso fuera obligatorio bajo la presión de ciertas penas y castigos que, sin duda, no eran poco rigurosos.

Estipulaba que un ministro que utilizara cualquier otra forma de servicio o cualquier otra manera de celebrar la Cena del Señor debería, a la primera infracción, perder un año de ingresos y ser encarcelado durante seis meses; a la segunda infracción, sufrir la privación completa del beneficio, y a la tercera, el encarcelamiento de por vida. En cuanto a los laicos, la inasistencia al culto público sin una excusa legal o razonable hacía que el infractor se viera sometido a la censura de la Iglesia y a una multa de doce peniques para el uso de los pobres de su parroquia.

---

introducción del Libro de Oración Común significó que todos los servicios de la iglesia, incluyendo el bautismo, la comunión, los matrimonios y los funerales, se realizarían en inglés y seguirían un formato consistente en todo el país. Además de traducir la liturgia al inglés, el Primer Libro de Oración también introdujo cambios significativos en el contenido de los servicios de la iglesia, reflejando las creencias teológicas de la Reforma. Por ejemplo, en la comunión, se hizo hincapié en la participación de todos los fieles, no solo del sacerdote, y se eliminaron ciertas prácticas y oraciones asociadas con la creencia católica en la transubstanciación. El Primer Libro de Oración Común fue un paso importante en la transformación de la Iglesia de Inglaterra de una iglesia católica a una iglesia protestante. Sentó las bases para la liturgia y la práctica de la iglesia en los siglos siguientes y fue seguido por una serie de revisiones y nuevos libros de oración. La versión actual de la Iglesia de Inglaterra, el Libro de Oración Común de 1662, es en gran medida una evolución del original de 1549.

Estas fueron algunas de las disposiciones del Acta de Uniformidad que entró en vigor el 24 de junio de 1559, un día después del Acta de Supremacía.[12] Una vez que el Parlamento estableció las directrices legislativas, la Reina, en virtud de los poderes otorgados por el Acta de Supremacía, nombró un grupo de comisionados para realizar una visita general a todo el territorio del reino y garantizar el cumplimiento de las leyes. Estas comisiones se organizaron en compañías según los distritos, cada una de las cuales estaba formada por varios nobles y caballeros, un teólogo, un doctor en derecho civil y uno o más

---

[12] El Acta de Uniformidad de 1559 fue una ley del Parlamento de Inglaterra que establecía la forma de culto público en la Iglesia de Inglaterra y prescribía el uso del Libro de Oración Común (Book of Common Prayer). Fue aprobada como parte del paquete de leyes de reforma religiosa bajo el reinado de la Reina Isabel I, junto con el Acta de Supremacía. El propósito principal del Acta de Uniformidad era garantizar que todos los servicios religiosos en Inglaterra se llevaran a cabo de una manera que fuera coherente con los principios de la Reforma protestante. La ley requería que todos los servicios religiosos se realizaran de acuerdo con lo establecido en el Libro de Oración Común, y que todos los clérigos debían utilizar este libro para dirigir los servicios en sus iglesias. También estipulaba que la gente debía asistir a la iglesia los domingos y días festivos, y que se impondrían multas a aquellos que no lo hicieran. El impacto del Acta de Uniformidad en la Reforma protestante en Inglaterra fue significativo. Ayudó a consolidar el anglicanismo como la forma oficial de cristianismo en Inglaterra y proporcionó una guía detallada para la práctica religiosa que reflejaba los principios protestantes, al tiempo que mantenía algunos aspectos de la tradición católica. Esta mezcla de protestantismo y catolicismo que definió al anglicanismo fue un resultado directo de las disposiciones del Acta de Uniformidad y del Libro de Oración Común que prescribía. Sin embargo, no todos estuvieron satisfechos con las disposiciones de la ley. Aunque estableció una forma de culto protestante, también conservó algunos elementos de la liturgia y los rituales católicos, lo que descontentó a aquellos que buscaban una reforma más radical de la Iglesia en una dirección más claramente protestante. Estos reformadores, que se convertirían en los puritanos, estaban particularmente insatisfechos con algunos elementos litúrgicos del Libro de Oración Común y las formas de culto que prescribía, que consideraban demasiado "papistas" o católicos..

abogados. Para orientación y acción conjunta, se elaboraron ciertas instrucciones conocidas como los Mandatos de Isabel. Estos se basaban en los mandatos previos emitidos por el Rey Eduardo en 1547 y constaban de cincuenta y tres artículos.

Los mandatos, redactados probablemente por los revisores del Libro de Oración, tenían un enfoque claramente protestante. Por ejemplo, los mandatos 2 y 18 exigían la eliminación de toda parafernalia antigua relacionada con las formas de culto anteriores y la abolición de todas las procesiones eclesiásticas. Su propósito era regular la vida del clero y los temas de sus sermones. Se requería que todas las personas eclesiásticas encargadas del cuidado de las almas declararan, al menos cuatro veces al año y con el máximo de sus habilidades, conocimientos y saberes, que todo poder extranjero había sido eliminado y abolido, y que el poder de la Reina en sus reinos era el más alto bajo Dios. Se les prohibía promover o enaltecer la dignidad de cualquier imagen, reliquia o milagro, y debían predicar un sermón sobre otros temas al menos una vez por trimestre.

Se les instruyó a eliminar, extinguir y destruir todos los santuarios, cubiertas de santuarios, mesas, candelabros, trindales, rollos de cera, imágenes, pinturas y demás monumentos de milagros fingidos, peregrinaciones, idolatría y superstición, para que no quedara ningún vestigio de ellos.

Dado que en tiempos anteriores se habían ordenado sacerdotes a niños sin educación e incapaces de leer maitines o misas, estos ya no debían ser admitidos en ningún cargo o función espiritual. Se debía emplear "un canto modesto y claro en todas las partes de las oraciones comunes en la Iglesia, de tal manera que se entendiera tan claramente como si se leyera sin cantar".

Además, "para consuelo de los amantes de la música", al principio o al final de la oración común, se permitía que "se cantara un himno o una canción similar en alabanza de Dios Todopoderoso, con la mejor melodía y música posible", siempre y cuando "la frase del himno pudiera ser entendida y percibida". Bajo la protección de estas y otras leyes similares, y guiados por estos mandatos, los comisionados designados comenzaron su labor en el verano de 1559 para reformar y reconstruir la vida religiosa en la Inglaterra de aquel tiempo.

II. VESTIMENTAS Y CEREMONIAS

1. La aplicación de las leyes de la Reforma en la Inglaterra Isabelina

Los comisionados fueron asignados a realizar una visita eclesiástica a través de varios condados, poco después de la disolución del Parlamento. John Jewell escribió a Pedro Martyr Vermigli en agosto de 1559, indicando:

> Estoy a punto de emprender una larga y tediosa comisión para establecer la religión a través de Reading, Abingdon, Gloucester, Bristol, Bath, Wells, Exeter, Cornwall, Dorset y Salisbury, un viaje de aproximadamente setecientas millas y que tomará unos cuatro meses.

Su tarea era observar cómo se aplicaban las dos leyes principales del reciente Parlamento. La Acta de Supremacía, que reemplazaba la autoridad papal con la de la Reina, afectaba principalmente a los católicos romanos de la nación que se oponían a la Reforma. La Acta de Uniformidad tenía como objetivo regular y uniformar las formas de culto de los protestantes más comprometidos, quienes deseaban que la Reforma avanzara aún más.

Al inicio del reinado de Isabel, el número de obispos católicos romanos había disminuido considerablemente debido a la muerte. Los que quedaban, con la única excepción de Kitchin de Llandaff, optaron por renunciar a sus cargos y rechazar el Juramento de Supremacía en lugar de aceptar a la Reina como gobernadora de la Iglesia. Su ejemplo fue seguido por un abad y una abadesa, cuatro priores, doce decanos, catorce archidiáconos, sesenta canónigos o prebendarios y un centenar de clérigos benéficos, junto con quince directores de colegios en Oxford y Cambridge. La mayoría del clero no beneficiado prestó el juramento y mantuvo sus posiciones, como lo había hecho durante todos los cambios en los últimos tres reinados. Se estima que en ese momento había alrededor de 9.400 clérigos, de los cuales solo 192 rechazaron el juramento. El vicario de Bray era un ejemplo de esta clase.

Anthony Kitchin logró mantener la posición de obispo de Llandaff desde 1545 hasta 1567, prestando todos los contradictorios juramentos exigidos por Enrique VIII, Eduardo VI, María e Isabel. Jewell, después de informar a Pedro Martyr que el Dr. Smith, el Profesor Regius de Teología, se había retractado por quinta vez, le dijo: "¡Ahora ve y niega la transubstanciación si puedes!".

La Acta de Uniformidad, que afectaba tanto a católicos romanos como a puritanos, se aplicó con cierto rigor. En el caso de la propia Reina, hubo pocos cambios en el ritual de su capilla privada. Aficionada a la pompa y la magnificencia en el culto y en todo lo demás, no se desprendió del altar ni del crucifijo; los coristas y los sacerdotes seguían usando sus cofias; el altar estaba decorado con platos ricos, candelabros dorados con velas encendidas y un gran crucifijo de plata en el centro; en las festividades solemnes había música especial; y las ceremonias observadas por los caballeros de la liga en su adoración al altar, ceremonias que habían sido abolidas por el rey Eduardo y restauradas por la reina María, se mantenían. Así, el servicio en la propia capilla de la Reina, excepto porque se realizaba en inglés en lugar de latín, era tan ostentoso y espléndido como en los días del ritual romano.

Sin embargo, independientemente de los gustos personales de Isabel en materia de culto, no hay duda de que en la segunda mitad de 1559, los comisionados a los que ella otorgó poderes introdujeron grandes cambios en las iglesias de Londres en general, y especialmente en la catedral de San Pablo. Según Strype, se aseguraron de que todos los instrumentos y utensilios de idolatría, como los crucifijos, a veces conocidas como cruces triunfales, con María y Juan y las imágenes de los santos patronos, fueran demolidos y destruidos. Ordenaron a los prebendados y al arcediano que se aseguraran de que San Pablo fuera despojado de todas las imágenes e ídolos, y que en lugar del altar se proporcionara una mesa adecuada para la celebración de la Cena del Señor. También el pueblo, recordando las hogueras de Smithfield, se unió a la cruzada.[1]

---

[1] Las Hogueras de Smithfield se refieren a una serie de ejecuciones públicas que tuvieron lugar en Smithfield, un distrito de Londres, durante el reinado de la reina María I de Inglaterra (1553-1558). María, una católica devota, intentó revertir las reformas protestantes implementadas por su predecesor, su medio hermano Eduardo VI, y restaurar el catolicismo como la fe oficial de Inglaterra. Como parte de este esfuerzo, María y sus partidarios persiguieron a los protestantes y a otros que consideraban herejes. Muchos fueron condenados a muerte por herejía y quemados en la hoguera en lugares públicos, incluyendo Smithfield. Entre los ejecutados en las Hogueras de Smithfield estaban figuras notables de la Reforma como los obispos Hugh Latimer, Nicholas Ridley y el arzobispo de Canterbury, Thomas Cranmer. Las Hogueras de Smithfield se han convertido en un símbolo de la persecución religiosa durante el reinado de María, que a menudo se conoce como el período de la "María Sangrienta". Estos eventos fueron traumáticos y divisivos, y dejaron una impresión

Los comisionados fueron acompañados a Cheapside, al patio de la iglesia de San Pablo y a Smithfield, donde llevaron crucifijos, vestimentas sacerdotales, cálices y sotanas, estandartes y manteles de altar, libros y sepulcros de Viernes Santo; y todo lo que se pudo quemar fue reducido a cenizas. En cuanto a los protestantes y cómo el Acta de Uniformidad les afectó, ya encontramos dos partidos en ese momento, que podemos describir como reformadores de la corte y puritanos. Aunque había diferencias entre ellos en ciertos aspectos, en un punto había un acuerdo total: ambos estaban en contra de la tolerancia religiosa; ambos creían no solo en la uniformidad religiosa, sino también en su aplicación mediante la espada del poder civil. Lo que difería entre ellos era cuál era la norma de uniformidad, ya que un grupo defendía la supremacía de la Reina y la ley del país, mientras que el otro abogaba por las Escrituras y los decretos de los sínodos provinciales y nacionales.

El partido de los reformadores de la corte y la mayoría de los obispos, aunque admitían que las Escrituras eran la regla perfecta de la fe, sostenían que no eran también la norma autorizada para el gobierno de la iglesia y su administración, ya que estos asuntos habían sido dejados a la discreción del magistrado civil por nuestro Señor y sus apóstoles. Los puritanos, por el contrario, afirmaban que no se debía imponer nada en la institución y la doctrina que no se pudiera demostrar en las Escrituras.

---

duradera en la conciencia nacional. En un sentido más amplio, las Hogueras de Smithfield contribuyeron a la consolidación del protestantismo en Inglaterra. Aunque María intentó revertir la Reforma, su persecución de los protestantes provocó una reacción en contra y fortaleció la determinación de muchos para resistir el restablecimiento del catolicismo.

Sostenían que el hombre no debe insistir en lo que Cristo ha dejado indiferente, ya que se nos ordena mantenernos firmes en la libertad con la que Cristo nos ha liberado. No podían aceptar como indiferentes, sino que rechazaban como ilícitos, los ritos y ceremonias que, como mostraba la experiencia, conducían a la idolatría y la superstición. Cristo, decían, es el único legislador en su Iglesia, y las cosas que son realmente necesarias, Él mismo ha ordenado que se observen hasta el fin del mundo. Su propia experiencia de la interferencia real en asuntos religiosos no había estado exenta de lecciones.

No podían olvidar el Acta de los Seis Artículos de Enrique, conocida también como el látigo de las seis cuerdas; los atemorizantes recuerdos del reinado de María, todos aún dolorosamente recientes.[2] Los puritanos se sentían atraídos por

---

[2] El Acta de los Seis Artículos, también conocida como "el látigo con seis cuerdas", fue una ley promulgada durante el reinado de Enrique VIII de Inglaterra en 1539. A pesar de que Enrique VIII había roto con la Iglesia Católica Romana y establecido la Iglesia de Inglaterra solo unos años antes, en muchos aspectos sus creencias teológicas personales seguían siendo bastante ortodoxas desde el punto de vista católico. El Acta de los Seis Artículos fue una afirmación de estas creencias y marcó un retroceso temporal en el proceso de la Reforma en Inglaterra. Los seis artículos de la ley reafirmaban las siguientes creencias y prácticas católicas:

- La presencia real de Cristo en la Eucaristía (la doctrina de la transubstanciación).
- La necesidad de tomar ambos elementos (pan y vino) en la Comunión solo para el sacerdote, no para todos los fieles.
- La obligación del celibato para el clero.
- Los votos de castidad en el matrimonio.
- La práctica de la misa privada.
- La importancia de las confesiones auriculares (a un sacerdote).

Cualquier persona que negara estos artículos se consideraba culpable de herejía y podía ser castigada con la pena de muerte. La ley tuvo un efecto de enfriamiento en la Reforma en Inglaterra y llevó a algunos reformadores, como Thomas Cranmer, a ocultar o moderar sus puntos de

las formas de política eclesiástica que prevalecían en las Iglesias Reformadas de Suiza, con las que habían disfrutado tan recientemente de la comunión cristiana. De esta manera, en el protestantismo de esta primera etapa, existía un ala derecha y otra izquierda, no muy diferente de las diferencias que a veces se encuentran en un partido político moderno.

A pesar de que los nuevos decretos de Isabel habían introducido grandes cambios en las formas de culto, y eso en dirección protestante, había una disposición en el artículo 30 que generaba gran preocupación. En dicho artículo se exigía que: "Todas las personas admitidas en cualquier vocación eclesiástica, o en cualquier sociedad de aprendizaje en cualquiera de las Universidades, debían usar y llevar los hábitos y vestimentas y las gorras cuadradas que se recibían más comúnmente u ordenadamente en el último año del reinado de Eduardo VI."

Esta disposición representaba en realidad un resurgimiento de la llamada Controversia Vestiaria, que había provocado gran conmoción desde el día en que John Hooper, al ser nombrado obispo de Gloucester, se negó a llevar las vestimentas que habitualmente llevaban los obispos en su consagración.[3] Los

---

vista. Sin embargo, el Acta de los Seis Artículos fue finalmente derogada en 1547, durante el reinado de Eduardo VI, el hijo de Enrique VIII, que era más favorable a la Reforma. Aunque el Acta de los Seis Artículos solo estuvo en vigor durante un corto periodo de tiempo, es importante porque muestra la tensión y la incertidumbre que existían en Inglaterra durante este periodo de transición religiosa.

[3] John Hooper (c.1495-1555) fue un obispo y teólogo inglés, conocido por su fuerte defensa de las ideas protestantes y su rechazo a las tradiciones y prácticas católicas. Durante el reinado de la reina María I, conocida como María la Sangrienta, fue uno de los protestantes más prominentes que fueron perseguidos y finalmente quemados en la hoguera por su fe. Hooper estudió en la Universidad de Oxford y luego se convirtió en monje en la Abadía de Cleeve en Somerset. Sin embargo, sus

consideró como artimañas del Anticristo, e incluso obtuvo el permiso del Rey para rechazar el obispado por esa razón. Finalmente, cedió ante las fervientes súplicas de otros obispos y con la condición de que podría dejar de lado las vestimentas después de usarlas en su consagración. Para él y para aquellos que compartían sus ideas, las vestimentas usadas en el servicio religioso eran un símbolo significativo de la tendencia eclesiástica, al igual que la bandera de una nación es un símbolo representativo de la nacionalidad apreciada. Era el signo externo y visible de un sistema que, en lo más profundo de sus almas, habían rechazado.

---

puntos de vista comenzaron a cambiar después de leer obras de reformadores continentales como Zwingli y Bucer. Dejó su monasterio y huyó a Suiza para evitar la persecución. Durante su tiempo en Suiza, Hooper se asoció con otros reformadores como John Calvin y Heinrich Bullinger. Estos encuentros solidificaron aún más sus puntos de vista protestantes, y adoptó una postura particularmente firme en contra de las vestimentas eclesiásticas, que asociaba con la Iglesia Católica y la idolatría. Regresó a Inglaterra en 1549, durante el reinado del rey Eduardo VI, cuando los protestantes tenían más libertad para practicar su fe. Fue nombrado obispo de Gloucester y luego de Worcester. Sin embargo, inicialmente rechazó su consagración debido a la necesidad de llevar las vestimentas tradicionales. Finalmente, se llegó a un compromiso y Hooper fue consagrado, pero continuó hablando en contra de las vestimentas y de otras prácticas que consideraba reminiscencias del catolicismo. Su postura sobre las vestimentas fue parte de una controversia más amplia conocida como la "Controversia Vestimentaria" que involucró a varios otros clérigos reformistas. Cuando María I llegó al trono en 1553 y restauró el catolicismo como la fe oficial de Inglaterra, Hooper fue uno de los primeros líderes protestantes en ser arrestados. Fue condenado por herejía y quemado en la hoguera en 1555. John Hooper es recordado como un mártir de la fe protestante y como una figura importante en la Reforma inglesa. Su resistencia a las vestimentas eclesiásticas y otras prácticas católicas fue un ejemplo de la resistencia a la autoridad católica que caracterizó gran parte de la Reforma.

2. La lucha por la uniformidad en la Iglesia de Inglaterra

Esta controversia nunca se extinguió por completo, como lo demuestran las cartas enviadas a los amigos de Zurich. Jewell, quien más tarde sería obispo de Salisbury, le comenta a Pedro Martyr Vermigli que la doctrina de la Iglesia es purísima, "pero en cuanto a las ceremonias y las máscaras, hay demasiadas tonterías... Sólo Dios sabe cuál será el resultado. Los caballos de paso lento retrasan el carro".[4] Sampson, que posteriormente sería decano de la Iglesia de Cristo, pregunta al mismo amigo: "¿No deberíamos abandonar el ministerio de la Palabra y los Sacramentos, antes de admitir estas reliquias de los amorreos?"

---

[4] John Jewel (1522-1571) fue un obispo y teólogo inglés que desempeñó un papel importante en la Reforma de la Iglesia de Inglaterra durante el siglo XVI. Nacido en Devonshire, Inglaterra, Jewel estudió en la Universidad de Oxford, donde se destacó por su erudición. Fue influenciado por las ideas de la Reforma y se convirtió en un firme defensor de las mismas. Durante el reinado de la reina María I, una católica devota, huyó a Alemania para evitar la persecución. Cuando Isabel I ascendió al trono en 1558, Jewel regresó a Inglaterra. En 1560, fue nombrado obispo de Salisbury por la reina. En este cargo, se convirtió en una de las voces líderes de la iglesia reformada y trabajó para consolidar la Reforma en Inglaterra. Jewel es quizás mejor conocido por su "Apología de la Iglesia de Inglaterra", una defensa de la Reforma Inglesa que fue publicada en 1562. En este trabajo, argumentó que la Iglesia de Inglaterra, en su rechazo de la autoridad papal y su adopción de la justificación por la fe, estaba regresando a las enseñanzas originales del cristianismo. La "Apología" fue uno de los primeros trabajos sistemáticos de teología anglicana y tuvo una gran influencia en la formación de la identidad de la Iglesia de Inglaterra. Además de su "Apología", Jewel también es conocido por su "Desafío Jewel", una oferta de debate público sobre las doctrinas de la iglesia, que provocó una serie de respuestas y contra-respuestas y llevó a un animado debate teológico. Jewel murió en 1571, pero su influencia perduró. Su "Apología" continuó siendo leída y citada por los teólogos anglicanos, y su liderazgo ayudó a establecer la dirección de la Iglesia de Inglaterra en los años posteriores a la Reforma.

Thomas Lever, maestro del St John's College, Cambridge, en tiempos de Eduardo, escribe que las órdenes de Isabel: "Habiendo prescrito al clero algunos ornamentos como los que los sacerdotes de la misa tenían antiguamente y todavía conservan, un gran número de clérigos están ahora adoptando hábitos similares, como ellos dicen, en aras de la obediencia." Y finalmente, Edwin Sandys, más tarde obispo de Worcester, escribió a Pedro Martyr Vermigli en 1560, comentándole, entre otras cosas, que "las vestimentas papales permanecen en nuestra Iglesia, me refiero a las copas, que, sin embargo, esperamos que no duren mucho".

Tal fue la actitud mental de estos hombres entre el primer Parlamento de Isabel en 1559 y su segundo Parlamento, que comenzó el 12 de enero de 1563. No obstante, lo que es importante es que, al mismo tiempo que se llevó a cabo este segundo Parlamento, también se realizó una Convocatoria que estaba destinada a dejar una marca duradera en la Iglesia de Inglaterra. El Parlamento se reunió en la Iglesia de San Pablo y, en virtud de las cartas de consejo de la Reina que solicitaban una revisión de la doctrina y la disciplina de la Iglesia, comenzó primero con el tema de la doctrina.

El arzobispo Parker, entusiasmado con la idea de que había llegado el momento en que se permitiría a la Iglesia legislar por sí misma, inició los procedimientos con el optimista comentario: "¡He aquí la oportunidad de reformar la Iglesia de Inglaterra!".[5]

---

[5] Matthew Parker (1504-1575) fue un importante arzobispo de Canterbury durante el reinado de la reina Isabel I de Inglaterra. Su contribución a la Reforma inglesa fue esencial y su papel fue particularmente significativo en lo que respecta a la mediación entre diferentes facciones de la Iglesia de Inglaterra, incluyendo la controversia puritana. Durante el reinado de la reina María I, Parker se mantuvo alejado de la vida pública debido a su fe protestante, pero con la ascensión de

Lo primero que se hizo fue revisar los Artículos de Cranmer de 1551, como guía teológica para el clero en su enseñanza pública. Tras ser reducidos al número de treinta y nueve, que aún permanecen, estos Artículos fueron enviados a la Reina para obtener la autoridad requerida bajo el Gran Sello. Hasta aquí todo era sencillo, pues en materia de doctrina ambas partes estaban bastante de acuerdo. Pero después de esto, la Convocatoria procedió a discutir la cuestión más espinosa de los ritos y las ceremonias. Al reabrir todo el acuerdo eclesiástico en su lado ceremonial, la fuerza relativa de las partes quedó claramente expuesta. Para empezar, se presentó una propuesta con treinta y tres firmas, incluyendo las de cinco decanos, el rector de Eton, doce archidiáconos y catorce proctores o representantes.

Entre otras cosas, exigía que en la celebración de la Cena del Señor se dejara como algo indiferente la postura de rodillas,

---

Isabel I al trono en 1558, regresó a un papel prominente. Isabel lo nombró Arzobispo de Canterbury en 1559, convirtiéndose en el líder de la Iglesia de Inglaterra. Parker es conocido por su papel en la consolidación de la Iglesia de Inglaterra y la promoción del "camino medio" o "vía media" del anglicanismo, que buscaba una posición intermedia entre el catolicismo y lo que se consideraba las formas más radicales de protestantismo. Este camino medio se refleja en la redacción de los Treinta y Nueve Artículos de la fe anglicana, que Parker ayudó a formular. La controversia puritana surgió durante este tiempo debido a que un grupo dentro de la Iglesia de Inglaterra, conocidos como puritanos, buscaban reformas adicionales para eliminar cualquier rastro de prácticas y rituales católicos. Parker, aunque era un protestante comprometido, se oponía a las demandas de los puritanos de una mayor reforma. Apoyaba el uso de las vestimentas sacerdotales y defendía el Libro de Oración Común. Esta postura lo puso en conflicto directo con los puritanos. Durante su tiempo como arzobispo, Parker también supervisó la producción de la Biblia de los Obispos, una traducción de la Biblia al inglés que fue autorizada para su uso en las iglesias. Después de su muerte, la controversia puritana continuó y eventualmente llevó a la Guerra Civil Inglesa y la formación de iglesias puritanas y no conformistas separadas de la Iglesia de Inglaterra.

por sugerir la adoración de los elementos. También que se eliminara la señal de la cruz en el bautismo y que se aboliera el uso de copas y sotanas, de modo que todos los ministros usaran "una vestimenta seria y elegante" o una toga de predicación. Además, que no se les obligara a llevar gorras y togas como el clero romano.

Al no aprobarse esta propuesta, se presentó una moción en la que se establecía que, si bien los domingos y las festividades especiales relacionadas con los acontecimientos de la vida de nuestro Salvador debían observarse religiosamente, todos los demás días festivos debían suprimirse. Asimismo, que en todas las iglesias parroquiales, el ministro, en la oración común, debía enfrentarse al pueblo. También que se omitiera la señal de la cruz en el bautismo; que se dejara a la discreción del ministro el arrodillarse ante el sacramento; y que bastara con que llevara la túnica una vez, a condición de que ningún ministro dijera el servicio o administrara los sacramentos si no era con una vestimenta elegante o un hábito.

Después de algunas discusiones, esta moción fue llevada a votación, en la que se vio que había una mayoría a favor por cuarenta y tres contra treinta y cinco. Sin embargo, cuando se contaron los votos de los representantes, éstos revirtieron la decisión por un solo voto, habiendo ahora cincuenta y ocho a favor de la moción y cincuenta y nueve en contra. Así que, por el voto de un hombre, que no estaba presente en el debate -ese "hombre extraño y tímido" como se le ha llamado-, se decidió no hacer ninguna alteración en las ceremonias, y el partido de la Corte ganó su punto en esa memorable Convocatoria.

Ahora quedaba por ver qué efecto tendría esta decisión en el país en general. Como en 1563 hubo una epidemia de peste, no se hizo mucho ese año para imponer la uniformidad en el tema de las vestimentas. Muchos de los clérigos parroquiales tenían aversión a los hábitos prescritos; a veces los llevaban, pero más frecuentemente no lo hacían. Ocasionalmente, un ministro rebelde era citado ante los tribunales espirituales y allí era amonestado, y así terminaba el asunto. Pero al final se tomaron medidas más contundentes. Se presentó a la Reina un documento fechado el 14 de febrero de 1564 en el que se exponían las irregularidades existentes en el orden del servicio eclesiástico. La Reina se sintió muy indignada por este informe, y especialmente por el hecho de que se prestara tan poca atención a sus leyes, ya que consideraba a la Iglesia como suya y sostenía que en todos los asuntos relacionados con ella, su voluntad debía ser primordial. Por lo tanto, dirigió una carta a los dos arzobispos ordenándoles que indagaran sobre las diferencias de doctrina, ritos y ceremonias que prevalecían entre el clero, y que adoptaran métodos eficaces para asegurar un orden y una uniformidad exactos.

Los puritanos trataron de evitar la tormenta que veían acercarse. Uno de sus líderes de mayor confianza, el Dr. James Pilkington, obispo de Durham, expuso su caso ante el conde de Leicester, buscando su apoyo ante la Reina. Sostuvo que no se debía recurrir a la coerción en cuestiones de libertad, y exhortó a su señoría a tener en cuenta que todos los países protestantes habían abandonado las vestimentas papales junto con el Papado, mientras que Inglaterra se empeñaba en conservarlas como reliquias sagradas. Aseguró que muchos ministros preferirían perder la vida antes que cumplir con esto, y además, en un momento en el que había una gran falta de maestros, puesto que muchos lugares no tenían ninguno. Sin embargo, todas las súplicas resultaron inútiles.

La Reina ordenó al arzobispo Matthew Parker que impusiera de inmediato la uniformidad, instrucción que él siguió con energía y determinación. La agitación fue tal que el obispo Jewell, en un sermón pronunciado en la Cruz de San Pablo, intentó calmar las tensiones. Explicó que no estaba allí para defender los hábitos prescritos; su objetivo era más bien demostrar que las cosas impuestas eran, en última instancia, simplemente asuntos indiferentes. No obstante, se insistió en su aplicación. Bajo el título de "Los Anuncios" o Libro de los Anuncios, el arzobispo Matthew Parker publicó ciertos artículos aparentemente sin la aprobación o autoridad real. Estos fueron descritos como "ciertas normas u órdenes que se consideraron adecuadas y convenientes, aunque no se prescribieron como leyes equivalentes a la Palabra eterna de Dios, ni como obligatorias para la conciencia, sino como reglamentos temporales, puramente eclesiásticos".

A pesar de esta descripción amable, los Anuncios eran bastante imperativos. Todas las licencias para predicar con fecha anterior al 1 de marzo de 1564 debían considerarse nulas y sin efecto. Sin embargo, se renovarían para aquellos que reunieran los requisitos para el cargo.

En relación con las vestimentas, se estableció que, en catedrales e iglesias colegiadas, el ministro que oficiara la comunión debía usar una capa; los decanos y prebendados debían llevar un camisón con capucha de seda en el coro; todos los ministros que rezaran en público o administraran sacramentos debían portar un camisón elegante con mangas, que sería proporcionado por la parroquia. En su atuendo exterior común, todos los decanos de las iglesias catedrales, los rectores de los colegios, los archidiáconos y otros dignatarios que recibieran algún beneficio económico eclesiástico debían vestir togas laterales con mangas rectas en la banda, sin ninguna capa que cayera, y llevar encajes de zarcillo.

3. La lucha puritana contra las normas eclesiásticas en la Inglaterra Isabelina

Para algunos obispos, aplicar los Anuncios resultó ser una tarea muy desagradable. El obispo Jewell, escribiendo a su amigo Bullinger en 1566, comenta:

> La disputa sobre el atuendo aún no está resuelta. Deseo que todo, incluso el más mínimo vestigio de papismo, sea eliminado de nuestras iglesias y, sobre todo, de nuestras mentes. Pero la Reina en este momento es incapaz de soportar la menor alteración en materia de religión.

Los puritanos no conformistas se sentían con derecho a afirmar que los obispos, al imponer las órdenes a su clero, lo hacían solo por obligación y no por convicción. Estaban aplicando una solución temporal, pero ellos mismos no podían aceptar una solución temporal. No podían considerar estas vestimentas como algo indiferente, ya que estaban asociadas al romanismo y a los tiempos difíciles del reinado de María. En julio de 1566, Lawrence Humphrey y Thomas Sampson escribieron a Heinrich Bullinger preguntando:

> ¿Cómo se puede pensar que ese atuendo es compatible con el ministerio sencillo de Cristo y que solía destacar la pompa teatral del sacerdocio romano? Nuestros oponentes son los verdaderos innovadores. En tiempos del rey Eduardo, la Cena del Señor se celebraba con sencillez en muchos lugares sin la

capa. La capa fue entonces derogada por ley y ahora está siendo restaurada después de su derogación. No se trata de erradicar el papismo, sino de volver a implantarlo; no se trata de avanzar en la religión, sino de retroceder. ¿Por qué deberíamos tomar algo prestado del papismo? ¿Por qué no estar de acuerdo tanto en los ritos como en la doctrina con las otras Iglesias reformadas? Hace solo siete años que recuperamos nuestra libertad, ¿por qué deberíamos volver a la servidumbre? Hay peligro en estas prácticas; son insidiosas; no se manifiestan de repente, sino que se infiltran poco a poco. ¿Por qué los obispos no nos toleran a nosotros, que antes llevábamos la misma cruz con ellos y que ahora predicamos al mismo Cristo? ¿Por qué nos encarcelan? ¿Por qué nos persiguen por los trajes? ¿Por qué nos despojan de nuestros bienes y medios de subsistencia?

De esta manera urgente, el presidente del Magdalen College y el decano de Christ Church expusieron el caso en nombre de ellos mismos y de sus hermanos puritanos. Turner, decano de Bath y Wells, un hombre de conocimientos versátiles y aún recordado como uno de los primeros fundadores de la ciencia, al predicar en su catedral preguntó, con un sentimiento de indignación: "¿Quién dio a los obispos más autoridad sobre mí que yo sobre ellos, ya sea para prohibirme o privarme, a menos que la tengan de su santo padre el Papa?"

Los clérigos no conformistas sostenían que tenían el mismo derecho que los conformistas a afirmar que la Iglesia de Inglaterra era suya. De hecho, no les faltaba la esperanza de que el futuro de esa Iglesia estuviera con ellos. Recordaban que cuando la decisión de la Asamblea fue contraria a ellos en 1563, lo hizo por un solo voto, y por un voto por poder; así que al menos los partidos demostraron tener una fuerza casi igual.

Y no faltaban indicios de que en la comunidad en general, su fuerza e influencia estaban en aumento. Entre los laicos, había no pocos que eran tan reacios a las túnicas como ellos mismos. Con el crecimiento de la aversión al papismo, aumentó la aversión a las vestimentas, y muchos se negaban a ir a las iglesias donde se usaban. Incluso Whitgift registró que los clérigos que las llevaban a veces eran atacados groseramente en las calles como si fueran servidores del tiempo y papistas disfrazados.

Había algunas personas que no podían olvidar que solo diez años antes, amigos y vecinos suyos habían sido quemados en la hoguera durante el reinado de María. Por lo tanto, las vestimentas les parecían casi como si estuvieran manchadas con la sangre de los mártires. Y los puritanos tenían razones para saber que no solo había simpatía entre la gente común, sino también en las altas esferas, incluso en la propia Corte, con hombres como el secretario William Cecil, el conde de Leicester, Sir Francis Knollys y los condes de Bedford y Warwick. Mientras tanto, el arzobispo Parker persistió en su política de coerción. Entre los convocados en Lambeth estaban Sampson y Humphrey, con quienes discutió sobre los puntos en cuestión.[6]

---

[6] Laurence Humphrey (1527-1589) fue un prominente teólogo, académico y reformador inglés durante el período de la Reforma en Inglaterra. Nacido en Newport Pagnell, Buckinghamshire, Humphrey estudió en la Universidad de Cambridge, donde obtuvo un Bachelor of Arts en 1546 y un Master of Arts en 1549. Más tarde, se trasladó a la Universidad de Oxford, donde obtuvo un Bachelor of Divinity en 1553 y un Doctor of Divinity en 1560. Durante el reinado de la reina María I, una católica ferviente, Humphrey se vio obligado a exiliarse en Suiza debido a sus creencias protestantes. Allí, estudió en la Academia de Ginebra y se relacionó con líderes reformistas como John Calvin y Heinrich Bullinger. A su regreso a Inglaterra en 1559, después de la ascensión de la reina protestante Isabel I, Humphrey asumió diversos cargos académicos y eclesiásticos. Fue nombrado presidente del Magdalen College en Oxford y, posteriormente, en 1566, se convirtió en decano de la Catedral de Winchester. Humphrey desempeñó un papel importante en la Reforma

Posteriormente, ambos apelaron por carta, argumentando que la conciencia es algo muy delicado y que todos los hombres no pueden considerar las mismas cosas como indiferentes. También apelaron a la antigüedad, a la práctica de las otras Iglesias reformadas en su época e incluso a la conciencia de los propios obispos. Sucedió que justo en el momento en que estas reuniones se llevaban a cabo, Sampson y Humphrey fueron seleccionados como predicadores en la Cruz de San Pablo durante la Cuaresma, un nombramiento considerado como un signo de excelencia. El arzobispo se indignó y, escribiendo a William Cecil, le dijo: "Este nombramiento no ha sido hecho por mí; no sé por quién: si por el obispo de Londres o por el alcalde". Así, indignado, hizo comparecer de nuevo a los dos hombres y les ordenó tajantemente que se conformaran o abandonaran sus puestos.

Ellos simplemente respondieron que sus conciencias no les permitirían cumplir con sus órdenes, ocurriera lo que ocurriera. En ese momento, fueron encarcelados y, dado que el decanato de Sampson estaba en manos de la Corona, fue destituido de su cargo de inmediato. Humphrey sufrió una experiencia similar poco tiempo después. Cuando también fue destituido, envió una apasionada protesta a los comisionados, en la que afirma:

Dado que los atuendos de la misa son tan estrictamente impuestos, pronto podemos esperar la misa misma. Ahora se

---

inglesa y la controversia puritana al abogar por una Iglesia de Inglaterra más reformada y basada en las Escrituras. Aunque no era un puritano en el sentido estricto, compartía muchas de sus preocupaciones en cuanto a la simplificación del culto y la eliminación de vestimentas y prácticas consideradas "papistas" o no bíblicas. Sus obras teológicas, como "De Religione Veterum Britannorum" (1560) y "Optimates, sive de Nobilitate" (1563), tuvieron un gran impacto en la teología reformada en Inglaterra.

le da una espada a aquellos que bajo la Reina María la desenfundaron para favorecer el papismo. El predicador esforzado es castigado por su trabajo, mientras que el prelado que no predica y comete ofensas mayores escapa sin castigo. El hombre erudito que no lleva gorra es afligido, mientras que el hombre con gorra pero sin conocimientos no es tocado. ¿No es esto violar directamente las leyes de Dios? ¿No es esto preferir la voluntad del hombre antes que la fe, el juicio y la misericordia, y las tradiciones humanas antes que las ordenanzas de Dios? Confesamos una sola fe en Jesucristo, predicamos una sola doctrina y reconocemos un solo gobernante en la tierra sobre todas las cosas. ¿Debemos ser tratados así por un uniforme? ¿Perseguirán los hermanos a los hermanos por un gorro ideado por la singularidad de aquel que es nuestro enemigo extranjero? ¡Oh, si alguna vez viera este día, en que nuestros adversarios se rieran al ver a los hermanos enfrentarse entre sí!

Los procesos de Sampson y Humphrey, destacados hombres de Oxford, concluyeron hacia finales de abril de 1565.[7] Luego,

---

[7] Thomas Sampson (1517-1589) fue un teólogo y reformador inglés, conocido por su papel en la Reforma Protestante durante el siglo XVI en Inglaterra. Sampson estudió en la Universidad de Oxford, donde se destacó por su inteligencia y capacidad de debate. Durante este tiempo, se convirtió en un firme defensor de las ideas de la Reforma, lo que le causó problemas más adelante. Durante el reinado del rey Eduardo VI (1547-1553), un periodo de reformas protestantes en Inglaterra, Sampson se convirtió en un líder prominente de la iglesia. Fue nombrado decano de la Capilla Real y luego de la Catedral de la Santa Cruz en Oxford. Sin embargo, la situación cambió con la ascensión al trono de la reina María I en 1553. María, una católica devota, intentó revertir las reformas protestantes y restaurar el catolicismo en Inglaterra. Sampson, debido a sus creencias protestantes, fue destituido de su cargo y finalmente se vio obligado a huir a Europa continental para evitar la persecución. Sampson pasó la mayor parte del reinado de María en el exilio, estudiando y enseñando en ciudades como Ginebra y Estrasburgo. Durante este tiempo, estuvo en

hacia mediados de octubre de ese mismo año, se examinó la situación en la Universidad hermana de Cambridge. Allí, el movimiento a favor de la Reforma Protestante tomó forma tempranamente. Ya en 1510, Erasmo, después de haber estado en Lovaina y Oxford, llegó a Cambridge en busca de un nuevo campo de trabajo, estableciendo su residencia bajo la protección de Fisher en el Queens' College. Entre 1511 y 1515, escribió allí su *Novum Instrumentum*, que contribuyó en gran medida a preparar el camino para el protestantismo, y la luz que encendió se mantuvo viva.

Más tarde, un pequeño grupo de académicos de Cambridge se reunió en secreto para discutir los primeros tratados de Martín Lutero. Uno de ellos fue William Tyndale, el siempre recordado traductor de la Biblia inglesa, que residió en la Universidad de 1514 a 1521. Un historiador reciente de la Universidad sostiene que, aunque sus adversarios se burlaban de que los miembros de esta hermandad eran en su mayoría jóvenes, la verdad es que estaban entre los más capaces y diligentes estudiantes de la época, y su influencia generó numerosos conversos.[8] Además,

---

contacto con otros líderes de la Reforma, como John Calvin y Heinrich Bullinger. Cuando Isabel I subió al trono en 1558, Sampson pudo regresar a Inglaterra. Sin embargo, se encontró en desacuerdo con algunas de las políticas religiosas de Isabel, en particular su decisión de mantener ciertos elementos de la liturgia tradicional en la Iglesia de Inglaterra. Aunque Sampson fue nombrado decano de la Catedral de Christ Church en Oxford, finalmente fue destituido de su cargo debido a su resistencia a estas políticas. Thomas Sampson murió en 1589. A pesar de las controversias que lo rodearon durante su vida, su papel en la Reforma Protestante de Inglaterra fue significativo.

[8] La Universidad de Cambridge jugó un papel fundamental en el desarrollo de la Reforma Protestante en Inglaterra, y fue particularmente importante en el surgimiento y desarrollo del puritanismo. Durante el siglo XVI, Cambridge se convirtió en un centro de enseñanza y debate teológico que ayudó a promover las ideas de la Reforma. Figuras clave de la Reforma, como Thomas Cranmer, Nicholas Ridley y Hugh Latimer,

afirma que la mejor erudición de la Universidad estaba representada entre ellos, como lo demuestra el hecho de que cuando el Cardenal Wolsey fundó su colegio en Oxford y seleccionó a los profesores y conferenciantes más eficientes de Cambridge, no menos de seis de los ocho elegidos eran notorios defensores de la doctrina de la Reforma.

La levadura había estado actuando durante más de una generación cuando, en el otoño de 1565, la prevalencia del puritanismo se convirtió en objeto de una seria investigación. Surgió, en primer lugar, en relación con ciertas licencias para predicar. El Papa Alejandro VI, durante su ocupación de la Sede de Roma (1492-1503), concedió a la Universidad de Cambridge el privilegio de otorgar licencias a doce ministros anualmente para predicar en cualquier lugar de Inglaterra sin necesidad de obtener licencia de ninguno de los obispos. Estos fueron

---

estudiaron en Cambridge, y la universidad se convirtió en un punto de encuentro para aquellos interesados en las nuevas ideas religiosas que surgían de Europa continental. Cambridge también tuvo un papel clave en la diseminación de las ideas protestantes en Inglaterra. La universidad fue una de las primeras en adoptar y enseñar las ideas de Martin Lutero y Juan Calvino, y muchos de los primeros reformadores ingleses eran miembros del cuerpo docente o estudiantado de Cambridge. La universidad también fue responsable de la traducción y publicación de muchos textos protestantes importantes.

En cuanto al puritanismo, la Universidad de Cambridge también jugó un papel importante en su desarrollo. Muchos de los líderes puritanos más prominentes, como Thomas Cartwright y William Perkins, eran miembros de la universidad, y Cambridge se convirtió en un centro de educación puritana. A través de su enseñanza y publicaciones, la universidad ayudó a difundir las ideas puritanas, que enfatizaban la importancia de la vida piadosa y la adhesión estricta a las enseñanzas de la Biblia.

Sin embargo, la relación de la universidad con el puritanismo no siempre fue fácil. Muchos de los líderes puritanos enfrentaron la oposición de la administración universitaria y de la Iglesia de Inglaterra, que veían las ideas puritanas como una amenaza al orden establecido. Sin embargo, a pesar de esta oposición, la universidad continuó siendo un lugar importante para el desarrollo y diseminación de las ideas puritanas.

autorizados bajo el sello común de la Universidad, y este privilegio fue renovado en las cartas patentes otorgadas por la Reina Isabel. Fue retenido y utilizado para promover las formas más avanzadas de la Reforma.

George Withers, uno de los predicadores así autorizados, llegó tan lejos en su celo protestante que rompió ciertas ventanas pintadas "supersticiosas" en las capillas de la universidad donde se ordenaba el uso de oraciones por los muertos. Como resultado, fue citado para comparecer ante el arzobispo en Lambeth, donde "se negó a entrar al recinto por llevar la gorra doblada".

Esto condujo a una investigación posterior que demostró de forma concluyente que la disconformidad en materia de vestimenta estaba más extendida en la Universidad de lo que se suponía. Por lo tanto, se tomaron medidas de inmediato y, a la espera de una proclamación de cumplimiento, se envió una petición a William Cecil, en ese momento canciller de la Universidad, rogándole que utilizara su influencia con la Reina para que no se vieran obligados a revivir un hábito papista que habían dejado de lado. Aseguraron, como en presencia de Dios, que solo la razón y el tranquilo disfrute de sus conciencias les habían llevado a tomar el rumbo que habían tomado.

4. El impacto de la controversia puritana en la Universidad de Cambridge

Muchos en la Universidad de piedad y aprendizaje estaban convencidos de la ilegalidad de los hábitos, por lo tanto, si se insistiera en la conformidad, se verían obligados a renunciar a sus puestos, y así, tanto la religión como el aprendizaje sufrirían. La primera de las firmas de esta petición fue la del vicecanciller, el Dr. Beaumont, maestro de Trinity, que había sido uno de los

5656565565656565656565656565656565656565565656565656565565656565656565656565656565656565565565

exiliados en Zurich en tiempos de María. Otras firmas fueron las de Kelk, maestro de Magdalene, Hutton, maestro de Pembroke, y Longworth, maestro de St John's. Curiosamente, también se adjuntó a esta petición la firma de John Whitgift, compañero de Peterhouse y profesor de Lady Margaret, que en años posteriores, como arzobispo de Canterbury, iba a ser el perseguidor decidido de los puritanos. Esta petición fue mal recibida por el canciller, quien escribió al vicecanciller exigiéndole que convocara a los directores de los colegios y les hiciera saber que si valoraban el cristianismo, el honor de la Universidad y el favor de la Reina debían continuar con el uso de los hábitos.

Fue en el colegio de San Juan donde el descontento se manifestó por primera vez en un brote violento. Un joven llamado Fulke había "dejado de usar una capa cuadrada y usaba un sombrero", y tanto en Santa María como en la capilla del colegio había predicado en términos fuertes contra el uso del hábito.

A raíz de esto, el colegio alcanzó un alto grado de agitación, y "en fin, se acaloraron tanto que no podían soportar tal prenda sobre ellos". El clímax se alcanzó en un festival en octubre, cuando Longworth, el maestro, estuvo -se sugiere que intencionalmente- ausente del colegio. La noche del sábado 12 de octubre, al primer toque de campana para las oraciones, varios jóvenes de la casa se precipitaron a la capilla sin sotana, y más aún, silbaron a los que venían detrás con la sotana puesta. El maestro, al regresar, al enterarse de lo que había ocurrido, prácticamente se puso, junto con la Universidad, del lado de los descontentos. El otro bando envió una serie de artículos acusatorios e instó al rector a tomar medidas, pero William Cecil fue lento y Longworth parecía bastante indiferente, diciendo que conocía la verdadera mente del rector más que la mayoría de la gente.[9]

Sin embargo, él y varios de los estudiantes rebeldes fueron enviados a Londres, pero llegó a oídos de la gente de Cambridge que el maestro había sido agasajado muy favorablemente tanto por William Cecil como por el obispo de Londres. Al final, William Cecil redactó un sencillo formulario de retractación que Longworth firmó con la promesa de que sería leído ante el colegio a su regreso. Pero como el brote se extendió a otras

---

[9] William Cecil, 1er Barón Burghley (1520-1598), fue un estadista inglés que desempeñó un papel crucial en la Reforma Inglesa y fue el principal consejero de la Reina Isabel I durante su reinado. Nacido en una familia de clase media en Lincolnshire, Cecil fue educado en el St. John's College en Cambridge. A lo largo de su vida, Cecil demostró un compromiso con la educación, siendo fundador del Trinity College, Cambridge, y el Stamford School. Cecil entró al servicio de Enrique VIII en 1543 y rápidamente ascendió en la administración real. Sirvió brevemente a Eduardo VI antes de que María I ascendiera al trono. Debido a su protestantismo, Cecil cayó en desgracia durante el reinado de María, una católica devota, pero regresó al favor real cuando Isabel I, protestante, asumió el trono en 1558. Como Secretario de Estado y posteriormente como Lord Tesorero, Cecil fue una figura clave en la administración de Isabel I. Durante su tiempo en el poder, ayudó a consolidar el protestantismo en Inglaterra y jugó un papel crucial en la supervivencia de la naciente Iglesia Anglicana. Su política exterior centrada en la seguridad y prosperidad de Inglaterra también ayudó a mantener la estabilidad del país durante un período de intensa rivalidad religiosa y política en Europa. En términos de la Reforma Inglesa, Cecil apoyó firmemente la creación de una Iglesia de Inglaterra independiente del Papado. Trabajó para fortalecer la posición de la Iglesia Anglicana y luchó contra los intentos de reintroducir el catolicismo. También desempeñó un papel en la redacción de los Treinta y Nueve Artículos, un documento clave que definió la doctrina de la Iglesia de Inglaterra. A pesar de su compromiso con la Reforma, Cecil no era un puritano y a menudo se encontró en conflicto con aquellos que buscaban una reforma más radical de la Iglesia. En general, su enfoque tendía a ser moderado, buscando un equilibrio entre las tradiciones católicas y las reformas protestantes para evitar la desunión y la guerra civil. Cecil murió en 1598, habiendo desempeñado un papel fundamental en la configuración de la Inglaterra isabelina y en la consolidación del protestantismo en el país.

facultades, y especialmente a Trinity, William Cecil se tomó el asunto más en serio. Entonces escribió al vicerrector describiendo esta disconformidad como "una ruptura deliberada del orden común, una lepra lasciva de los libertinos", y pidiéndole que reuniera a los jefes de las casas, instándoles a la unidad, y recomendando además que los predicadores que se habían opuesto al uso de las vestimentas fueran inhibidos durante un tiempo de predicar y dar conferencias. Sin embargo", dice Neal, "la Universidad de Cambridge seguía siendo un santuario para los puritanos".

Una vez resuelto el asunto de los colegios, el arzobispo comenzó a idear estrategias para hacer de Londres una ciudad menos puritana. Edmund Grindal, que en ese momento era obispo de esta importante diócesis, aunque había sido uno de los exiliados de Zurich y simpatizaba con formas de culto más sencillas, se unió al arzobispo en su cruzada a favor de la uniformidad debido a las irregularidades prevalecientes y la indignación de la Reina por ello.

En ese momento, Beaumont, el maestro de Trinity, planteó directamente a Cecil si, según la Ley, tenía poder para privar a alguien simplemente por negarse a usar una sotana, ya que esa pena no había sido adjuntada a la desobediencia en las Ordenanzas de la Reina. El arzobispo también debatía este punto en su mente y no lo tenía claro. Buscó asesoría legal en relación con el despojo, pero recibió poca guía: "Debo decir que algunos abogados opinan que es difícil proceder al despojo sin tener más orden que la palabra de la Reina".

No obstante, tras reflexionar mucho y consultar con sus colegas obispos, decidió arriesgarse. Convocaría a todos los párrocos y coadjutores de la ciudad ante él y el obispo de Londres, intentaría persuadirlos para que se conformaran explicando la pena por la desobediencia; luego los examinaría individualmente y obtendría, si era posible, una promesa de conformidad en el ministerio, respaldada por la firma de sus manos; después suspendería a todos los que se negaran. Sabía que estaba tomando una medida audaz y no estaba exento de dudas. Para fortalecer su propia determinación vacilante, buscó el respaldo de destacados laicos. Cecil escribió: "Confiamos en que la Majestad de la Reina enviará a algún honorable para unirse a nosotros dos, para autorizar mejor su mandato y voluntad". La víspera de la reunión, volvió a escribir esperando la presencia del propio Cecil, así como la del Lord Keeper Bacon y la del Marqués de Northampton, invitándoles a cenar con él y solicitando que le confirmaran su llegada. Sin embargo, ellos no accedieron. Estuvieron de acuerdo en que era tarea del arzobispo, no la suya, y decidieron dejarlo en sus manos.

El martes 26 de marzo de 1566 fue la fatídica fecha en la que el clero de Londres fue citado para comparecer ante Parker y el obispo de Londres en Lambeth. Como no pudo convencer a ningún laico, noble o miembro del consejo para que le acompañaran, obtuvo la presencia del decano de Westminster y de algunos canonistas para la ocasión. En respuesta a su convocatoria, se presentaron alrededor de 110 ministros, con nueve o diez ausencias. Para asegurarse de que la demanda que iba a hacer fuera clara y definitiva, se proporcionó para su inspección un clérigo vestido adecuadamente según el modelo prescrito por las normas.

Robert Cole, el rector de St. Mary le Bow, un ministro disconforme que había sido llevado a la conformidad, consintió en estar allí para mostrar cómo la Reina deseaba que se vistieran en el desempeño de sus funciones eclesiásticas. Es difícil contener una sonrisa ante la narración, pues parece un pasaje de sátira mordaz de Sartor Resartus.[10] Tras algunos esfuerzos preliminares de persuasión, el canciller de la diócesis de Londres se convirtió en el portavoz de la ocasión. Dijo:

Mis señores y los ministros de Londres, el placer del Consejo es que guardéis estrictamente la unidad de vestimenta como la de este hombre, tal como lo veis: es decir, un gorro cuadrado, una toga de erudito como la de los sacerdotes, o una cofia, y en la Iglesia un camisón de lino: y observad inviolablemente la rúbrica del Libro de Oración Común, y las Ordenanzas de la Majestad de la Reina y el Libro de Convocatoria. Los que quieran suscribirse, escriban Volo. Los que no se suscriban, escriban Nolo. Sed breves: no digáis nada.

Algunos intentaron hablar. 'Paz, paz', dijo el canciller. "Convocador, llama a las iglesias. Los maestros responden en seguida *sub poena contemptus*: y poned vuestros nombres". El *apparitor*, o convocador, llamó los nombres de las iglesias; primero de los párrocos de Canterbury; luego de los titulares de Southwark en la diócesis de Winchester; luego del clero de

<hr>

10 "Sartor Resartus" es una obra del escritor y filósofo escocés Thomas Carlyle, publicada por primera vez en serie en la revista Fraser's Magazine entre 1833 y 1834 antes de ser publicada como un solo volumen en 1838. El título "Sartor Resartus" se traduce aproximadamente del latín como "el sastre remendado" o "el sastre re-hecho". La obra es a la vez una sátira y una obra de filosofía seria, y juega con las convenciones de diferentes géneros literarios. "Sartor Resartus" se presenta como un análisis y comentario sobre un libro ficticio titulado "La Filosofía de los Trajes" escrito por un profesor alemán ficticio llamado Diógenes Teufelsdröckh. El "libro dentro de un libro" describe cómo la ropa es una metáfora de las estructuras humanas de significado y la sociedad. A través de este marco, Carlyle ofrece sus propias reflexiones sobre temas que van desde la espiritualidad hasta la sociedad y la cultura de su tiempo.

Londres. Parker escribió a Cecil el mismo día diciéndole que treinta y siete se negaron a conformarse, "de los cuales los mejores y algunos predicadores". El resto se sometió. De los que se negaron, dice: "En fin, los suspendimos y confiscamos sus beneficios y todo tipo de ministerio. Mostraron una razonable tranquilidad y modestia, más de lo que yo esperaba. Creo que algunos de ellos vendrán cuando sientan su necesidad."

Así pensaba fríamente el arzobispo Parker, midiendo inconscientemente a sí mismo mientras los evaluaba. En eso se equivocó. Eran ingleses decididos, habían contado el coste y no pensaron ni por un momento en volver sobre sus pasos. No es que no sintieran vivamente las consecuencias: "Nos matan en el alma", decían, "por no poder cumplir en la soledad de nuestros corazones este nuestro ministerio". Era esto y no la mera molestia de una posible necesidad corporal lo que les afectaba. Sin embargo, todo debe ser afrontado. Dicen, además:

Hemos considerado bueno entregarnos en manos de los hombres, para sufrir todo lo que Dios nos ha asignado por preferir los mandamientos de Dios y una conciencia clara antes que los mandamientos de los hombres. ... Por lo tanto, no despreciando a los hombres, sino confiando sólo en Dios, procuramos servirle con la conciencia tranquila mientras vivamos aquí, asegurándonos de que las cosas que sufriremos por hacerlo serán un testimonio para el mundo, de que nos espera una gran recompensa en el cielo, donde no dudamos de descansar para siempre con los que han sufrido antes de nuestros días por lo mismo.

PETER MARTIR VERMIGLI (1499-1562),
por Hans Asper (1499-1571)

Vermigli tuvo una profunda influencia en la teología
desarrollada en Inglaterra durante los siglos XVI y XVII.

III. LOS PURITANOS Y LA JERARQUÍA

1. El cisma en el palacio de Lambeth y su impacto en la iglesia

La separación realizada en el Palacio de Lambeth entre el clero que consintió y el que no consintió tuvo más importancia y consecuencias de mayor alcance de lo que se pudo percibir en ese momento. La decidida acción tomada por las autoridades de la Iglesia condujo a un avance aún más decidido por parte de los disidentes, de modo que la cuestión pronto se convirtió en una cuestión, no sólo de vestimentas y formas de ritual, sino de todo el sistema jerárquico en el que se basaba la Iglesia. Una línea divisoria, con los partidos alineados en lados separados, puede ser trazada desde ese día hasta nuestros tiempos.

De los clérigos destituidos el 26 de marzo de 1566, algunos se dedicaron al estudio y la práctica de la medicina, otros se convirtieron en capellanes de familias de la nobleza y la alta burguesía puritana; algunos se fueron al norte y se unieron a la Iglesia presbiteriana de Escocia, mientras que otros emigraron a los Países Bajos. Es de temer que no pocos se vieran reducidos, con sus familias, a graves apuros de pobreza. De los restantes, no contabilizados, cinco se esforzaron por desafiar el edicto que se les había impuesto, yendo a sus iglesias y predicando como antes. Por este acto de desobediencia fueron convocados ante la Reina en Consejo. Se les dio ocho días para visitar a sus amigos, después de lo cual fueron enviados como prisioneros a la custodia privada de ciertos obispos, dos de los cuales fueron enviados al obispo de Winchester, dos al obispo de Ely y uno al obispo de Norwich.

La retirada de tantos ministros londinenses de sus parroquias provocó, naturalmente, una considerable incomodidad en la celebración de los servicios. Algunas iglesias tuvieron que ser cerradas, ya que no había nadie para oficiar. En una iglesia, el Domingo de Ramos, seiscientas personas acudieron a recibir la comunión, sólo para encontrar las puertas cerradas. Los ministros privados, por su parte, emitieron un manifiesto conjunto explicando la medida que se habían visto obligados a tomar. Entre otras cosas, señalaron que ni los profetas del Antiguo Testamento ni los apóstoles del Nuevo se distinguían por sus vestimentas; que la vestimenta de lino era la marca de ese sacerdocio de Aarón que había sido sustituido por Cristo y su Iglesia.

Desde el punto de vista histórico, sostenían que la distinción de las vestimentas en la Iglesia cristiana se produjo cuando entró el anticristo; pues el clero de Rávena, escribiendo al emperador en el año 876 d.C., le dijo: "Nos distinguimos de los laicos no por nuestras vestimentas sino por nuestras doctrinas, no por nuestros hábitos sino por nuestra conversación". Era bastante claro, decían, que las vestimentas en cuestión habían conducido a la idolatría, habían sido una ofensa para los cristianos débiles y un estímulo para los romanistas en la nación; y sostenían que asumiendo que estas vestimentas eran indiferentes, lo cual no admitían, era una razón por la que no debían hacerse obligatorias, siendo esto una infracción de la libertad con la que Cristo los había hecho libres. A este manifiesto se emitió una respuesta impresa desde el otro bando recomendando la consideración de los separatistas a aquellas palabras del apóstol: "Que toda alma se someta al poder superior".

Después de esperar unas ocho semanas, para ver si había alguna cesión por parte de la Reina y el arzobispo, los ministros, y aquellos del partido puritano en la ciudad que estaban de acuerdo con ellos, celebraron una conferencia solemne juntos, en la que después de la oración y el debate serio en cuanto a la legalidad y la necesidad de la separación de la Iglesia establecida, llegaron al siguiente acuerdo:

Que, puesto que no podían predicar la palabra de Dios ni administrar los sacramentos sin el instrumental idolátrico, y puesto que había habido una congregación separada en Londres y otra en Ginebra en tiempos de María, que utilizaba un libro y un orden de servicio aprobados por Calvino, que estaban libres de las supersticiones del culto inglés, era su deber, en sus circunstancias actuales, separarse de las iglesias públicas y reunirse, cuando tuvieran la oportunidad, en casas privadas o en otros lugares para adorar a Dios de una manera que no ofendiera la luz de sus conciencias.

Comentando la seriedad del paso dado, Strype, el historiador de la Iglesia inglesa, escribe lo siguiente:

Aquí estaba la era o fecha de la Separación: un evento muy infeliz por el cual gente del mismo país, de la misma religión, y del mismo juicio en la doctrina, se separó de las comuniones; una parte se vio obligada a apartarse en casas y cámaras secretas, para servir a Dios por sí mismos, lo que engendró extrañeza entre vecinos, cristianos y protestantes.

Pronto se supo que había reuniones de culto en bosques y edificios privados sin los hábitos y ceremonias de la Iglesia, por lo que la Reina envió un mensaje urgente a la comisión para que tomara medidas efectivas para evitar que la gente abandonara sus iglesias parroquiales, y para que tuviera cuidado de advertirles de las consecuencias de frecuentar las reuniones separadas.

No obstante, las reuniones continuaron durante el invierno hasta el verano siguiente, cuando, el 19 de junio de 1567, estando reunida una congregación de unas cien personas en el Plumber's Hall para el sermón y la comunión, los alguaciles de la ciudad irrumpieron en ella, apresando a muchos. Al día siguiente, varios de ellos fueron llamados a comparecer ante Edmund Grindal, obispo de Londres, y el señor alcalde.[1]

---

[1] Edmund Grindal (c. 1519 - 1583) fue un importante líder eclesiástico durante la Reforma Protestante en Inglaterra. Nacido en una familia de modestos recursos en Cumberland, Grindal fue educado en Cambridge, donde se convirtió en un destacado erudito y reformista religioso. Grindal asumió un papel importante en la Iglesia de Inglaterra durante el reinado de Eduardo VI, quien favoreció la Reforma Protestante. Durante el breve reinado de la reina María I, quien intentó restaurar el catolicismo en Inglaterra, Grindal se exilió a Suiza, donde se convirtió en un seguidor de las enseñanzas de Juan Calvino. Con el advenimiento de la reina Isabel I, Grindal regresó a Inglaterra y fue nombrado obispo de Londres en 1559. A lo largo de su carrera eclesiástica, ascendió hasta convertirse en arzobispo de Canterbury, el puesto más alto de la Iglesia de Inglaterra, en 1575. Grindal es conocido en particular por su apoyo a la predicación de la Palabra de Dios y a la educación religiosa. Fue un gran defensor de las "Conferencias de Profetas", reuniones de clérigos en las que se discutían y debatían cuestiones teológicas y de interpretación bíblica. Esto le puso en conflicto con la reina Isabel I, quien consideraba estas reuniones como una amenaza a su autoridad sobre la Iglesia. Cuando la reina ordenó a Grindal que las suprimiera, él se negó, citando su deber hacia Dios y la importancia de la predicación y la educación religiosa para el bienestar espiritual de la nación. Esta postura valiente pero desafiante

El obispo les recordó que, con sus acciones, estaban condenando a la Iglesia Reformada de Inglaterra y a los mártires que habían derramado su sangre por ella. A esto, uno de ellos respondió que no condenaban a los demás, sino que consideraban que debían atenerse a la Palabra de Dios. Otro, el más anciano de ellos, añadió:

Mientras pudiéramos tener la Palabra libremente predicada y los sacramentos administrados sin la elección de un engranaje idolátrico al respecto, nunca nos reuníamos en las casas. Pero cuando llegó el momento en que todos nuestros predicadores fueron desplazados por vuestra ley, de modo que no pudimos oír a ninguno de ellos en ninguna iglesia por espacio de siete u ocho semanas, y fuimos molestados y mandados por vuestros Tribunales de día en día por no venir a nuestras iglesias parroquiales, entonces pensamos qué era lo mejor que podíamos hacer. Y ahora, si por la Palabra de Dios podéis demostrar que estamos equivocados, nos someteremos a vosotros y haremos penitencia abierta en la Cruz de Pablo; si no, la mantendremos por la gracia de Dios.

Finalmente, veinticuatro hombres y siete mujeres fueron encarcelados en la prisión de Bridewell durante doce meses y luego liberados.

---

llevó a su suspensión y confinamiento. Aunque fue un golpe duro para él, su resistencia marcó un hito importante en la lucha por la libertad de expresión religiosa. Grindal tenía simpatías puritanas y promovió reformas en la Iglesia de Inglaterra que coincidían con las convicciones puritanas sobre la predicación, la enseñanza y la vida religiosa. Nunca rompió con la Iglesia de Inglaterra ni buscó formar una iglesia separada. En cambio, trabajó desde dentro para reformar y purificar la iglesia existente. Grindal murió en 1583, pero dejó un legado duradero.

2. Revolución puritana en Cambridge

Ahora, traslademos nuestra atención de Londres a Cambridge; en este momento la Universidad se convierte en el centro de interés del puritanismo. Comienzan a debatirse nuevos temas y surgen nuevos líderes. De estos líderes, el más destacado fue Thomas Cartwright, miembro de Trinity, quien es descrito como un hombre de gran intelecto y que habría sido prominente en cualquier época.[2] Thomas Fuller habló de su fama como "un latinista puro, un griego preciso, un hebraísta exacto", y Teodoro Beza opinaba que era el hombre más erudito que conocía.

---

[2] Thomas Cartwright (1535-1603) fue un teólogo inglés que jugó un papel importante en el desarrollo del puritanismo en Inglaterra durante el período de la Reforma Protestante. Nació en Hertfordshire, Inglaterra, y estudió en la Universidad de Cambridge, donde más tarde se convirtió en profesor de teología. Fue en Cambridge donde Cartwright comenzó a promover ideas puritanas, que eran parte de un movimiento dentro de la Iglesia de Inglaterra que buscaba una mayor "purificación" de la iglesia y una adhesión más estricta a las Escrituras. Cartwright criticó la estructura jerárquica de la Iglesia de Inglaterra y propuso en su lugar un sistema presbiteriano, que es una forma de gobierno eclesiástico en la que los ancianos elegidos democráticamente, o "presbíteros", tienen autoridad. Sus ideas se consideraron radicales en ese momento y provocaron una gran controversia. Como resultado, fue destituido de su puesto en Cambridge en 1570. Después de su destitución, Cartwright continuó propagando sus ideas puritanas. Viajó a Ginebra, donde se encontró con otros reformadores protestantes y estudió las ideas de Juan Calvino, lo que reforzó aún más su visión puritana. A pesar de las muchas dificultades que encontró, incluyendo periodos de encarcelamiento y exilio, Cartwright continuó defendiendo sus ideas hasta su muerte en 1603. Aunque nunca logró implementar plenamente sus ideas dentro de la Iglesia de Inglaterra, su influencia en el puritanismo fue significativa. Thomas Cartwright es recordado como un defensor de la reforma de la Iglesia y un pionero del puritanismo. Sus ideas desempeñaron un papel importante en el desarrollo del puritanismo en Inglaterra y ayudaron a sentar las bases para el posterior establecimiento de iglesias presbiterianas en Inglaterra y Escocia.

En 1562, cuando se convirtió en becario, ya era conocido en la Universidad como un predicador elocuente y un erudito teológico en ascenso. Con motivo de la visita de la reina Isabel a Cambridge en 1564, fue elegido para participar en la disputa teológica que se celebró en su presencia, y nos han llegado historias del entusiasmo que creó como predicador de la Universidad, y se dice que las ventanas de la escuela Santa María tuvieron que ser retiradas para que pudieran escuchar los que no podían entrar.

Pero lo que nos concierne ahora de forma más inmediata es el hecho de que, cuando a finales de 1569 el Dr. Chaderton renunció a la cátedra de Lady Margaret y se convirtió en Profesor Regio de Teología, Cartwright, a la edad de treinta y cuatro años, se convirtió en su sucesor. En el desempeño de su cargo como profesor de Lady Margaret, dio una serie de conferencias sobre los primeros capítulos de los Hechos de los Apóstoles, en el curso de las cuales atacó la constitución jerárquica de la Iglesia.

La posición que adoptó fue que no debía establecerse en la Iglesia nada más que lo que se ordenaba en las Escrituras; que, por lo tanto, debían abolirse los nombres y las funciones de arzobispo y archidiácono, y que los ministros legítimos de la Iglesia, obispos y diáconos, debían reducirse a la institución apostólica: los obispos debían predicar la Palabra de Dios y orar, mientras que los diáconos tenían el cuidado de los pobres.

Además, sostenía que cada iglesia debía ser gobernada por su propio pastor y presbíteros, y no por el canciller del obispo o el funcionario del arcediano. También afirmaba que los obispos no debían ser nombrados por la autoridad civil, sino elegidos libremente por la Iglesia. En otros aspectos, sostenía que ningún hombre debía ser admitido en el ministerio a menos que pudiera predicar; que, ya que se debía la misma reverencia a cada parte de la Escritura y a todos los nombres revelados de Dios, no había razón para que la gente se pusiera de pie ante la lectura del evangelio o se inclinara ante el nombre de Jesús.

Además, afirmaba que, en la Comunión, era tan aceptable sentarse como arrodillarse o estar de pie; que la señal de la cruz en el bautismo era supersticiosa; que prohibir los matrimonios en ciertas épocas del año era papista; y que la observación de la Cuaresma y el ayuno del viernes eran supersticiosos.

Por supuesto, estas eran opiniones sorprendentes para ser pronunciadas desde la cátedra de un profesor o, peor aún, desde el púlpito de la Universidad. El Dr. John Whitgift, entonces maestro de Trinity, se enfrentó a Cartwright. También informó de sus acciones a Sir William Cecil, el canciller, y finalmente, en colaboración con el vicecanciller y otros líderes de la Universidad, obtuvo un conjunto de nuevos estatutos que otorgaban mayores poderes. Esto ocurrió en agosto de 1570.

Ese mismo mes, Cartwright también escribió a Cecil, asegurándole que estaba luchando por una disciplina que no solo en Inglaterra, sino también en las naciones extranjeras, estaba acompañada por las oraciones diarias de hombres piadosos; que lo que algunos hombres llamaban novedades era en realidad lo más antiguo y comenzaba con las Iglesias de Cristo y sus Apóstoles.

Cecil, que nunca fue un eclesiástico extremista, insistió en defensa de Cartwright en que hablaba como lo hacía, no por arrogancia o mala voluntad, sino que, como lector de las Escrituras, se había limitado a dar indicaciones a modo de comparación entre las disposiciones del ministerio en la época de los Apóstoles y las de la Iglesia de Inglaterra actual. Sin embargo, Whitgift y su partido no estaban dispuestos a adoptar un punto de vista tan indulgente y, en virtud de los mayores poderes de los nuevos estatutos, Cartwright fue primero privado de su cátedra y de su membresía y, después, expulsado de la Universidad. En 1573, se fue al extranjero y se convirtió en ministro de la Congregación de Comerciantes Ingleses en Amberes y, posteriormente, en Middelburg, en Zelanda, Países Bajos.

El tercer Parlamento de Isabel, convocado en 1571, se llevó a cabo del 2 de abril al 29 de mayo. Durante este período, los asuntos eclesiásticos fueron ampliamente debatidos y, en la Cámara de los Comunes, había un partido decidido y activo que simpatizaba con los puritanos. El 6 de abril, el Sr. Strickland, "un caballero veterano", actuó como portavoz y presentó un proyecto de ley para la reforma de la Iglesia.

En un segundo discurso, una semana después, estaba aplicando las disposiciones de este proyecto de ley cuando el tesorero de la casa de la Reina se levantó y le recordó que todos los asuntos relacionados con las ceremonias debían ser remitidos a la Reina, y que no era apropiado que la Cámara se entrometiera en la prerrogativa real. Posteriormente, la propia Reina, para mostrar su descontento con la moción de Strickland, lo convocó ante su presencia en el Consejo y le prohibió la entrada a la Casa del Parlamento.

Esta invasión inconstitucional de las libertades de la Cámara de los Comunes llevó a numerosos discursos de protesta, por lo que la Reina, con el instinto Tudor de saber cuándo retirarse de una posición insostenible, retiró la prohibición el 20 de abril. A su regreso a la Cámara, Strickland continuó y propuso que se publicara una Confesión de Fe con la autoridad del Parlamento, como en otros países protestantes. Esto fue aprobado y se nombró un comité que redactó ciertos artículos, que en realidad eran los de la Convocatoria de 1562, pero con ciertas omisiones.

El arzobispo preguntó por qué habían omitido el artículo sobre la consagración de los obispos y otros relacionados con la jerarquía; Peter Wentworth respondió que lo habían hecho porque aún no habían decidido si estaban de acuerdo con la Palabra de Dios o no. "Pero seguramente", dijo el arzobispo, "en estas cosas os someteréis enteramente a nosotros, los obispos".

Con cierto enojo, Wentworth contestó que "no querían aprobar nada que no entendieran, ya que eso sería convertir a los obispos en papas: háganse ustedes papas que catalogan, porque nosotros no los haremos". El 1 de mayo, se recibió un mensaje de la Reina en relación con la confirmación de los Artículos de 1562: "La Majestad de la Reina... piensa publicar estos y hacerlos ejecutar por los obispos, por dirección de la Autoridad Regia de Supremacía de la Iglesia de Inglaterra de su Alteza; y no hacerlos tratar por el Parlamento".

Sin dejarse intimidar por esta reprimenda, la Cámara de los Comunes, dos días después, envió a la Cámara de los Lores un "proyecto de ley para que los ministros de la Iglesia sean de buena religión". Esta ley, una vez aprobada, se convirtió en la importante Ley de 13 Eliz. cap. xii, mediante la cual se exigió por primera vez la suscripción de los Artículos. Antes de la siguiente Navidad, todo ministro bajo el cargo de un obispo debía "declarar su asentimiento y suscribir todos los Artículos de Religión que sólo se refieren a la confesión de la verdadera fe cristiana y a la doctrina de los sacramentos incluidos en el libro de 1562, y obtener del obispo, por escrito y bajo su sello auténtico, la prueba de dicho asentimiento y suscripción". Si no cumplía en el plazo establecido, "será privado ipso facto, y todas sus promociones eclesiásticas serán nulas, como si entonces estuviera naturalmente muerto".

Además de la demanda de suscripción a los Artículos, que era algo nuevo, los Comisionados Eclesiásticos, cuando la sesión parlamentaria terminó, emitieron una orden el 7 de junio a todos los administradores de la iglesia para que no permitieran de ninguna manera que ningún pastor ministrara ningún sacramento o dijera oraciones públicas si no era de acuerdo con el Libro de Oración Común, y tampoco a menos que su licencia para predicar estuviera fechada después del 1 de mayo pasado.

En la convocatoria de ese año se elaboró un Libro de Cánones, uno de cuyos requisitos era que cada obispo debía, antes de que llegara el mes de septiembre siguiente, convocar ante él a todos los clérigos de su diócesis y exigirles sus poderes para predicar bajo sello auténtico, devolviendo estas licencias sólo a los ministros que él aprobara. Sin embargo, antes de que se restablecieran las licencias, debían imponerse las vestimentas eclesiásticas. En caso de negativa, el ministro debía dimitir tranquilamente o ser destituido.

3. Un cambio crucial en la lucha puritana por la reforma de la Iglesia de Inglaterra

En cumplimiento de estas órdenes, el arzobispo, a principios de junio, citó a algunos de los principales puritanos en Lambeth, entre ellos Lever, Sampson, Goodman, Walker y Wiborne; el mismo mes, Robert Browne, en ese momento capellán del duque de Norfolk y, a veces mencionado desde entonces como el fundador de los Brownistas, también fue citado.[3]

---

[3] Robert Browne (c. 1550 - 1633) fue un clérigo inglés y una figura influyente en el movimiento puritano. Aunque su carrera fue controvertida y en muchas ocasiones enfrentó dificultades con la ley, su influencia fue significativa y su nombre se ha convertido en sinónimo de una rama

En la provincia norteña, Whittingham y Gilby fueron objeto de observación. No se conocen todos los detalles de los acontecimientos, pero se estima que alrededor de cien ministros sufrieron destituciones debido a la intervención de los comisionados en esa época. Browne, Harrison y otros se trasladaron a Zelanda, en Dinamarca. Existe un interesante documento entre los Documentos de Estado de ese período (1566-1573) que propone trasladar a los precisionistas, aproximadamente 3,000 hombres, a Irlanda y asignarles una parte de Ulster, donde podrían vivir conforme a las reformas de las iglesias más destacadas en lo que respecta a la religión.

El Parlamento se reunió nuevamente el 8 de mayo de 1572. El señor guardián pronunció el discurso inaugural, en el cual, en representación de la Reina, instó a las Cámaras a hacer cumplir las leyes referentes a la Iglesia y a promulgar otras si fuera

---

importante del puritanismo. Nacido en una familia acomodada de Rutland, Browne estudió en la Universidad de Cambridge, donde fue influenciado por las enseñanzas puritanas. A diferencia de muchos de sus contemporáneos puritanos, Browne creía que los verdaderos creyentes deberían separarse de la Iglesia de Inglaterra, que consideraba corrupta e irreformable. Esta creencia lo puso en conflicto con las autoridades tanto de la Iglesia como del Estado. En 1581, Browne publicó dos libros en los que presentaba sus visiones radicales: "Reprobation Asserted" y "A Treatise of Reformation without Tarrying for Any". En este último, argumentaba que los cristianos fieles no debían esperar a que la Iglesia de Inglaterra se reformara desde dentro, sino que deberían separarse de ella y establecer sus propias congregaciones independientes. Browne y sus seguidores, conocidos como "Brownistas", intentaron poner en práctica estas ideas. Fundaron una iglesia independiente en Norwich, y cuando enfrentaron la persecución en Inglaterra, un grupo de ellos se trasladó a los Países Bajos. Sin embargo, Browne mismo regresó a Inglaterra en 1585 y se reconcilió con la Iglesia de Inglaterra, lo que provocó la desilusión de muchos de sus seguidores. Aunque Browne se distanció de sus ideas radicales en su vejez y pasó los últimos años de su vida como ministro de la Iglesia de Inglaterra, su influencia en el puritanismo y en la historia religiosa de Inglaterra fue profunda.

necesario. En lugar de promulgar nuevas leyes para el cumplimiento de las ceremonias, se presentaron dos proyectos de ley para su regulación, uno de los cuales proponía remediar ciertos agravios planteados por los puritanos. Ambos proyectos fueron aprobados por los Comunes y enviados a un comité selecto de ambas Cámaras. La Reina protestó nuevamente por esta intromisión y, a través del portavoz, comunicó a los Comunes que prefería que no se presentaran proyectos de ley relacionados con la religión sin la aprobación previa de los obispos. Además, ordenó la entrega de los dos proyectos de ley concernientes a ritos y ceremonias.

Peter Wentworth protestó nuevamente contra esta violación de la libertad y la libertad de expresión del Parlamento.[4] "Su Majestad", expresó, "nos ha prohibido abordar asuntos de religión hasta que los obispos los aprueben. Entonces, hay pocas

---

[4] Peter Wentworth (1524–1597) fue un político inglés, miembro de la Cámara de los Comunes, famoso por su defensa de la libertad de expresión en el parlamento y por su postura en favor de las reformas religiosas, lo que lo alinea con las creencias puritanas durante el período de la Reforma Protestante. Nació en Northamptonshire, Inglaterra, en una familia de buena posición. Fue elegido miembro del Parlamento por primera vez en 1571, y se destacó por su férrea defensa de los derechos y privilegios del Parlamento frente a la monarquía. En varias ocasiones, criticó a la reina Isabel I por su interferencia en los asuntos parlamentarios y argumentó a favor de la libertad de expresión en el Parlamento. Wentworth también fue un fuerte defensor de la reforma religiosa. Aunque no era un teólogo como Thomas Cartwright, sus discursos y acciones políticas lo alineaban con el movimiento puritano, que buscaba purificar la Iglesia de Inglaterra de las prácticas y rituales católicos que, según ellos, aún persistían. En 1576, Wentworth presentó en el Parlamento un proyecto de ley para la reforma de la iglesia que reflejaba las preocupaciones puritanas. Su actitud desafiante y sus críticas a la monarquía por su manejo de los asuntos religiosos lo llevaron a ser encarcelado en varias ocasiones. A pesar de sus frecuentes conflictos con la reina Isabel I y sus períodos de encarcelamiento, Wentworth nunca dejó de abogar por la reforma religiosa y la independencia del Parlamento. Murió en la Torre de Londres en 1597.

esperanzas de reforma. Escuché a un antiguo parlamentario decir que el exilio del Papa y la reforma de la verdadera religión tuvieron su origen en esta Cámara, no en los obispos". Por esta franca declaración, Wentworth fue enviado a la Torre.

Fue en este momento que los puritanos decidieron dar un giro significativo en su política. Al perder la esperanza de lograr la reforma deseada a través de la Reina o los obispos, optaron por apelar directamente al Parlamento. En una reunión de líderes realizada en Londres, se decidió redactar un manifiesto, conocido ahora como la Primera Admonición al Parlamento.

Aunque se publicó de manera anónima en 1572, se aceptó que fue obra de John Field, ministro de Alderbury, junto con Thomas Wilcox. Strype señala que se leyó con tanto entusiasmo que tuvo cuatro ediciones antes de finalizar 1573. Este manifiesto es importante históricamente, ya que representa una declaración clara y deliberada de las intenciones puritanas en esta etapa de desarrollo de su plan de reforma.

La Admonición comenzaba afirmando en el prefacio que sin un servicio adecuado a Dios y un gobierno apropiado de su Iglesia, no podría existir una religión correcta. Por ello, presentaban ante la consideración piadosa del Parlamento una auténtica plataforma de una Iglesia reformada.[5] Se evidenciaba que eran necesarios cambios radicales, pues hasta ese momento:

---

[5] La Primera Admonición al Parlamento fue un manifiesto puritano presentado al Parlamento inglés en 1572. Fue redactada por los líderes puritanos John Field y Thomas Wilcox y es considerada uno de los documentos más importantes del puritanismo temprano en Inglaterra. Este documento era una protesta formal y una petición para la reforma de la Iglesia de Inglaterra, que los puritanos consideraban aún demasiado similar a la Iglesia Católica Romana en términos de liturgia, jerarquía eclesiástica y rituales. La Admonición pedía que la Iglesia de Inglaterra fuera purificada de estos elementos "papistas" y se conformara más estrechamente con lo que los puritanos consideraban la verdadera

Apenas hemos logrado reformar la apariencia externa de la misma. Los que fueron párrocos bajo Enrique VIII y María deberían ser destituidos, ya que continúan siendo romanistas en el corazón como siempre lo fueron. Luego, al buscar hombres más adecuados, debería haber una elección del ministro por parte de los ancianos con el consentimiento común de toda la iglesia. Debe ser llamado por la congregación, no impuesto por el obispo, ni ordenado sin título, y debe ser admitido a su función solo mediante la imposición de manos de los ancianos. Los oficiales de una iglesia son principalmente tres: ministros o pastores, ancianos y diáconos. En cuanto a los ancianos, no solo su cargo, sino incluso su nombre, ha sido eliminado de la Iglesia inglesa, y en su lugar mantenemos el señorío de un hombre sobre muchas iglesias, incluso sobre varios condados. Si deseáis restaurar a la Iglesia sus antiguos cargos, debéis hacerlo: en lugar de un arzobispo o un señor obispo, debéis establecer la igualdad de los ministros; en lugar de cancilleres, archidiáconos, funcionarios, comisarios, procuradores, convocadores,

---

enseñanza bíblica. En particular, los autores de la Admonición pedían la abolición del episcopado (el sistema de obispos) y su reemplazo por una forma de gobierno de la iglesia más descentralizada y democrática. La Primera Admonición al Parlamento tuvo un impacto importante en su momento. Aunque el Parlamento rechazó las demandas de los puritanos y ambos autores fueron encarcelados, la Admonición ayudó a definir la identidad y los objetivos del movimiento puritano. También marcó el comienzo de un período de confrontación cada vez mayor entre los puritanos y las autoridades de la Iglesia y el Estado en Inglaterra. A largo plazo, la Primera Admonición al Parlamento y otros escritos puritanos similares ayudaron a sentar las bases para la revolución inglesa del siglo XVII. Durante esta revolución, muchas de las demandas de los puritanos, incluyendo la abolición del episcopado, fueron finalmente implementadas. Así, aunque la Primera Admonición al Parlamento no tuvo éxito inmediato en lograr sus objetivos, jugó un papel importante en la reforma de la Iglesia de Inglaterra y en la historia del puritanismo.

administradores de la iglesia y otros similares, debéis establecer un anciano legítimo y piadoso. A estos tres, conjuntamente ministros, ancianos y diáconos, se les debe encomendar todo el gobierno de la Iglesia. Corregid, entonces, estos abusos y reformad la Iglesia de Dios, y el Señor estará a vuestra derecha: dejad estas cosas, y Dios, que es un juez justo, os llamará un día a rendir cuentas. ¿Es buena la reforma para Francia y puede ser mala para Inglaterra? ¿Es conveniente la disciplina para Escocia y no es provechosa para este reino? No se puede separar el buen gobierno de la Iglesia de la doctrina de la Iglesia.

Los autores eran conscientes de que el trabajo que el Parlamento debía realizar no era una tarea ligera:

Vuestras sabidurías deben eliminar las prebendas, los patronatos, las impropiedades y la autoridad de los obispos, e introducir la antigua y verdadera elección que solía realizar la congregación. Quitad las homilías, los artículos, los mandatos y el orden de servicio prescrito en el libro de la Misa; quitad el señorío, la holgazanería, la pompa, la ociosidad y las manutenciones de los obispos, y empleadlos para los fines para los que fueron designados en la antigua Iglesia.

Tal era, en resumen, la orientación de la Primera Admonición, que generó una gran reacción al ser impresa. Sus autores fueron encarcelados de inmediato en Newgate, y varios obispos atacaron el libro calificándolo de tonto y peligroso. Un escritor de la época respondió que "puede ser tonto, pero todavía no tiene respuesta, y aunque apenas hay tantas hojas en él como los meses que han pasado desde que salió, corre como una llama de fuego de un lugar a otro e incendia todo el país".

Finalmente, se decidió enviar una respuesta, la cual fue realizada por el Dr. Whitgift, con la ayuda de dos obispos, a petición del primado. Esta obra ha sido descrita como "una respuesta erudita" y un "libro excelente que contiene una reivindicación muy satisfactoria de la Iglesia de Inglaterra". Sus dos argumentos principales sostienen que no estamos obligados a mantener la misma forma de gobierno eclesiástico que existía en la época de los Apóstoles, y que no es razonable argumentar que no podemos mantener algo en la Iglesia inglesa simplemente porque estaba presente en la Iglesia romana previamente.

Esta respuesta de Whitgift se publicó en 1573, y provocó una Segunda Admonición, que se atribuye a Thomas Cartwright, y en la cual se revisa el argumento de Whitgift punto por punto.[6] La Primera Admonición estableció lo que debía ser reformado, y esta segunda parte señala cómo debe llevarse a cabo la obra de reforma. Sugiere proveer un mantenimiento suficiente para el

---

[6] John Whitgift (1530-1604) fue un destacado clérigo inglés durante el período de la Reforma Protestante. Se desempeñó como Arzobispo de Canterbury desde 1583 hasta su muerte en 1604, y es conocido principalmente por su papel en la lucha contra el puritanismo y en la defensa de la estructura existente de la Iglesia de Inglaterra. Nacido en Lincolnshire, Inglaterra, Whitgift estudió en la Universidad de Cambridge, donde más tarde se convirtió en profesor y finalmente en maestro del Pembroke College. Fue un ferviente defensor de la Iglesia de Inglaterra y se opuso fuertemente al movimiento puritano, que buscaba reformar la iglesia en línea con los principios calvinistas. Después de servir como obispo de Worcester, Whitgift fue nombrado Arzobispo de Canterbury por la reina Isabel I. Como arzobispo, se embarcó en una campaña para reprimir el puritanismo, que veía como una amenaza para la unidad de la Iglesia de Inglaterra. Implementó una serie de políticas y leyes que buscaban limitar la influencia puritana, como las "Tres Resoluciones", que requerían la conformidad absoluta con la doctrina y las prácticas de la Iglesia de Inglaterra. Whitgift también jugó un papel importante en la redacción de los Artículos de Lambeth, que buscaban aclarar la posición de la Iglesia de Inglaterra en relación con las doctrinas calvinistas. Sin embargo, estos artículos nunca fueron oficialmente ratificados.

ministerio, de modo que cada parroquia pueda contar con un pastor predicador, y derogar los estatutos que hacen que el ministerio consista en parte en señores espirituales, elevando a un ministro sobre otro. Esto se debe a que Cristo prohibió severamente a sus Apóstoles y sucesores toda pretensión de primacía y dominio, otorgando un poder y función iguales a todos los ministros de la Iglesia.

Entre otras propuestas, sugiere una serie de asambleas o conferencias eclesiásticas, afirmando:

> Entiendo por conferencia eclesiástica la reunión de algunos ministros y otros hermanos para debatir y ejercitarse en la predicación o interpretación de las Escrituras. En estas conferencias, uno o algunos de los hermanos, por orden del conjunto, abordan ciertos asuntos de la Iglesia, y en ellas se puede examinar y reprender la conducta de los ministros.

Además, sugiere la creación de un sínodo provincial, es decir, una reunión de algunos consistorios de cada parroquia dentro de una provincia, en la que se escuchen y determinen las grandes causas de las iglesias que no puedan ser resueltas en sus propios consistorios o conferencias. De un sínodo provincial se podría apelar a un sínodo nacional, y de este último a un sínodo aún más general de todas las iglesias.

La Segunda Admonición aborda el tema del consistorio local, que debería existir en cada congregación, compuesto por ministros, ancianos y asistentes que la parroquia elija y acepte. Una vez elegidos, el ministro puede imponer sus manos para atestiguar su admisión. Los poderes del consistorio incluyen reprender y, si es necesario, excomulgar. También es responsable de abolir las ceremonias inútiles que se utilizan en lugar de la oración, poner fin a las costumbres lascivas en juegos y otros contextos, supervisar la ayuda a los pobres y enviar representantes a un consejo provincial o nacional.

El texto concluye con un llamado a la reina, al consejo, a la nobleza y a los Comunes para que den una audiencia justa al caso o procuren una consulta libre sobre el asunto. Se insta especialmente a la reina a que defienda este movimiento y lo fortalezca mediante la ley. "Aunque todas las órdenes deben extraerse en primer lugar del Libro de Dios, es su Majestad quien debe asegurarse de que se implementen y castigar a los que las descuiden."

En estas dos amonestaciones dirigidas al Parlamento, encontramos la postura de los puritanos, es decir, el sistema eclesiástico que habrían establecido en Inglaterra si hubieran podido. El efecto que tuvieron sobre la reina fue provocar su ira y hacer que reprendiera a los obispos por no reprimir a estos hombres. Se nombraron comisiones en cada condado para aplicar las leyes penales a través de "Oyer y Terminer", y en octubre se emitió una proclamación exigiendo que se tratara con rigor a todos los infractores del Acta de Uniformidad.[7]

---

[7] "Oyer y terminer" son términos legales derivados del francés antiguo que significan "oír y determinar". Se referían a una comisión o tribunal que se encargaba de investigar, escuchar y juzgar casos criminales graves en Inglaterra. Estos tribunales se remontan a la Edad Media, pero continuaron utilizándose durante el periodo de la Reforma y después. En el contexto de la Reforma en Inglaterra y el surgimiento del puritanismo, los tribunales de Oyer y Terminer desempeñaron un papel importante en la aplicación de la ley en asuntos de religión y herejía. Durante el reinado de Isabel I, por ejemplo, estos tribunales se usaron para perseguir a los católicos que se negaban a conformarse a la Iglesia de Inglaterra, así como a los puritanos y otros disidentes religiosos. Los tribunales de Oyer y Terminer fueron parte de un sistema legal riguroso y a menudo brutal que buscaba mantener la conformidad religiosa y suprimir la disidencia. Para los puritanos y otros disidentes, estos tribunales eran una amenaza constante y una herramienta de opresión. Al mismo tiempo, la existencia

Sin embargo, a pesar de esto, y más o menos al mismo tiempo, se crearon ciertas asociaciones voluntarias que hicieron mucho para preparar las mentes de la gente para aceptar la reforma puritana de manera favorable.

4. Las conferencias de profecía

Una de estas asociaciones voluntarias se llevó a cabo en la ciudad de Northampton y no se consideró en contra del Acta de Uniformidad. Strype la describe como "una reforma muy encomiable instituida y establecida para la religión y las buenas costumbres", y nos informa que fue aprobada por el Dr. Scambler, obispo de Peterborough.

Los ministros de la ciudad, junto con el alcalde y los jueces del condado, se reunieron y acordaron ciertos reglamentos de culto y disciplina. Entre otras cosas, se decidió que todos los martes y jueves habría una conferencia en la iglesia principal de la ciudad, que comenzaría con la confesión y terminaría con la oración y la confesión de fe; y que todos los domingos por la noche, los jóvenes de la ciudad recibirían instrucción y serían examinados en una parte del Catecismo de Calvino. En total, había trece puntos en estas disposiciones, siendo el último la prohibición del excesivo toque de campanas en el día del Señor, llevar la campana ante un cadáver en la calle y la oración por los muertos.

---

de estos tribunales y la persecución que llevaron a cabo ayudaron a fortalecer la identidad y la cohesión de los puritanos y otros grupos disidentes. Aunque los tribunales de Oyer y Terminer no fueron una creación de la Reforma ni estaban específicamente destinados a tratar asuntos religiosos, su uso en la persecución de disidentes religiosos los convierte en un aspecto importante de la historia de la Reforma y del puritanismo en Inglaterra.

Además de estas asociaciones voluntarias, que estaban destinadas a beneficiar a los laicos, el clero, con la aprobación del obispo, estableció una serie de ejercicios religiosos llamados "profecías". Este término proviene del pasaje de 1 Corintios 14:31, "Podéis profetizar todos uno por uno, para que todos aprendan y todos sean consolados". Su objetivo era promover el conocimiento de las Escrituras entre el clero, algunos de los cuales no estaban bien instruidos en el aprendizaje sagrado.

También discutían entre ellos sobre la sana doctrina y la buena vida y costumbres. Se nombraba un moderador y tres oradores; el primero, después de ofrecer la oración, debía exponer un determinado pasaje de las Escrituras, corregir interpretaciones erróneas y hacer una reflexión práctica, "pero sin extenderse en un tópico". Luego, el presidente pedía al resto de los hermanos su opinión sobre la cuestión. En una época en la que la formación teológica era poco conocida, podemos aceptar el juicio de Strype, historiador de la Iglesia, sobre estas reuniones, al llamar a las profecías "una combinación bien pensada y religiosamente dispuesta de obispos, magistrados y gente, diseñada para estimular la competencia del clero en el estudio de las Escrituras, para que sean más capaces de instruir al pueblo en el conocimiento cristiano".

Además del condado de Northampton, estos ejercicios también se llevaron a cabo en la diócesis de Norwich, donde fueron bien vistos por el obispo. Sin embargo, a la Reina no le agradaban. No formaban parte de sus disposiciones para la Iglesia, por lo que no debían tolerarse. Al enterarse de que las discusiones a veces trataban sobre la forma bíblica de gobierno de la Iglesia y de que los laicos participaban en ellas, envió órdenes perentorias al arzobispo para que las suspendiera. Parker comunicó de inmediato esta orden a John Parkhurst, obispo de Norwich.[8]

Pero Parkhurst, que había sido uno de los exiliados protestantes durante el reinado de María y tenía una considerable simpatía por las ideas puritanas, se opuso. Afirmó que las Conferencias de Profecía brindaban "un beneficio singular a la Iglesia de Dios, tanto en el clero como en los laicos" y que era un ejercicio necesario que debía continuar para evitar abusos. Reconoció que algunas irregularidades habían ocurrido, pero afirmó que las había detenido y "desde entonces no había oído sino que todas las cosas habían sucedido tranquilamente, sin ofender a nadie".

El arzobispo se molestó con esto y se enfadó aún más cuando descubrió que el obispo de Norwich había comunicado

---

[8] John Parkhurst (1512-1575) fue un erudito y eclesiástico inglés, conocido por ser uno de los primeros reformadores de la Iglesia de Inglaterra durante el período de la Reforma Protestante. Aunque su papel en el desarrollo del puritanismo no fue tan directo como el de algunos de sus contemporáneos, sus contribuciones a la Reforma Protestante en Inglaterra fueron significativas. Nacido en Guildford, Surrey, Parkhurst estudió en la Universidad de Cambridge, donde se convirtió en un defensor de la reforma de la iglesia. Durante el reinado de Enrique VIII, que fue un período de intensos cambios religiosos en Inglaterra, Parkhurst se alineó con los reformadores que buscaban alejar a la Iglesia de Inglaterra de la Iglesia Católica. Parkhurst se exilió a Suiza durante el reinado de la reina María I, conocida como María la Sangrienta, quien buscó revertir las reformas protestantes y restaurar el catolicismo en Inglaterra. Durante su exilio, se asoció con destacados reformadores como John Calvin y Heinrich Bullinger. Sus interacciones con estos líderes reformadores influyeron en su pensamiento teológico y lo prepararon para su futuro papel en la Iglesia de Inglaterra. A su regreso a Inglaterra después de la ascensión al trono de la reina Isabel I, Parkhurst fue nombrado obispo de Norwich. Durante su tiempo como obispo, trabajó para implementar reformas en su diócesis, lo que incluía la eliminación de prácticas y rituales católicos y la promoción de la doctrina protestante. Aunque enfrentó resistencia, especialmente de aquellos que todavía se aferraban a las creencias católicas, Parkhurst persistió en sus esfuerzos reformistas.

su postura a ciertos miembros del Consejo Privado y había recibido una carta de cuatro miembros de ese Consejo animándolo a resistir. En esta carta, mencionan que habiendo escuchado:

> Que ciertos buenos ejercicios de predicación y exposición de las Escrituras en Holt y otros lugares de Norfolk, por los que tanto los oradores como los oyentes se benefician mucho en el conocimiento de la Palabra de Dios... estos son para requerir a su Señoría, que mientras la Verdad sea piadosa y reverentemente pronunciada en esta Predicación, y que ninguna doctrina sediciosa, herética o cismática pueda ser demostrada para ser enseñada, tan buena ayuda y medio para la verdadera religión, no pueda ser obstaculizada y detenida, sino que pueda proceder y avanzar para la gloria de Dios.

Cuando la Reina se enteró de esta interferencia en lo que realmente era su propio mandato, se cuestionó cuál era su autorización.

El biógrafo de Parker resume brevemente el asunto, indicando que llegó otra carta del arzobispo al obispo de Norwich, seguida inmediatamente por otra del obispo de Norwich al canciller de su diócesis, que decía: "Mi Señor de Canterbury me ha ordenado, en nombre de la Reina su Majestad, suprimir las Conferencias de Profecía en toda mi diócesis", y así se hizo. El arzobispo concluyó la correspondencia con este consejo cáustico: "Mi Señor, no se deje llevar por personas fantasiosas. No tome como consejo a hombres que, una vez que lo hayan puesto en peligro, no puedan sacarlo del apuro. Me ocupo aquí de mi atención hacia usted y hacia la diócesis".

Este pequeño episodio nos da una visión momentánea del funcionamiento interno de la Iglesia, dejando en claro que el poder supremo y determinante no eran los obispos, ni el Consejo Privado, ni siquiera el arzobispo, sino la gran Reina Tudor, cuyo dominio era absoluto y cuya voluntad era la ley. "En los ocho meses siguientes a la recepción de esa carta, el obispo Parkhurst murió, y dentro de tres meses, también falleció el propio arzobispo Parker, lo que nos lleva a un nuevo capítulo en la historia de las Conferencias puritanas".

Tras la muerte de Parker, el arzobispo Edmund Grindal fue trasladado de York a Canterbury. Sin embargo, el aumento de autoridad en su caso significó un aumento del dolor. Había hecho lo que pudo para fomentar las Conferencias y mantenerlas libres de cualquier motivo de queja en su provincia del norte, con la intención de hacer lo mismo en la de Canterbury. Esto lo enfrentó a la Reina, quien lo convocó.

La Reina le informó que se había enterado de que los ritos y ceremonias de la Iglesia no se observaban debidamente en estas Conferencias; que personas no llamadas legalmente a ser ministros actuaban en ellas; estas asambleas, sostuvo, eran ilegales al no estar permitidas por la autoridad pública; los laicos descuidaban sus asuntos al asistir a estas reuniones. En resumen, le ordenó de manera imperativa que las suspendiera.

Era bueno para la Iglesia, añadió, tener pocos predicadores, ya que tres o cuatro en un condado eran suficientes. La situación se complicó, pues era muy consciente de la necesidad de que la gente fuera ilustrada. Al visitar su provincia del norte, se horrorizó por la ignorancia y superstición que encontró. Los vestigios de las antiguas enseñanzas romanas se manifestaban en sus costumbres funerarias y en sus rezos con rosarios. Le parecía que era otra religión, distinta a la de la Iglesia Reformada de Inglaterra, la que prevalecía allí.

Como bien ha dicho el Dr. Paget, actual obispo de Oxford: "Es fácil burlarse de la excitación puritana sobre los sermones, de su vehemente denuncia de un pastor que no predica; pero es injusto olvidar la magnitud y la persistencia de la negligencia que denunciaban". Las cifras y documentos formales de vez en cuando revelan la fuerza de su argumento.

En 1561 se descubrió que en el arcedianato de Londres había ministros que tenían tres, algunos cuatro, y uno cinco, sueldos juntos. Strype informa que había un ministro que era vicario de St. Dunstan's West y poseía al mismo tiempo las siguientes residencias: Whiston y Doncaster en Yorkshire, Rugby en Warwickshire, y Barnet en Middlesex. Y cuando, en 1586, los puritanos hicieron una encuesta de las parroquias, encontraron en las 160 parroquias de Cornualles sólo 29 predicadores, en las 210 de Buckinghamshire sólo 30, en las 335 de Essex sólo 12; y en total en 10.000 iglesias parroquiales sólo 2.000.

5. La Reina, el Arzobispo y la libertad de predicar

Tal era la miseria espiritual de Inglaterra en ese momento, por un lado, y por el otro, la firme determinación de la Reina de suprimir aquellos estudios y ejercicios que, según el arzobispo, servirían como remedio. Como podemos deducir, leyendo entre líneas de su carta a la Reina, fechada el 20 de diciembre de 1576, ella, en su entrevista personal, se mostró apasionada y tormentosa; "sus discursos resonaron muy duramente en contra de mi persona, me consternaron e incomodaron en extremo". Además, sugiere que ella no quiso escuchar lo que él tenía que decir en su propia defensa: "No fue del agrado de Vuestra Majestad entonces escucharme en profundidad"; por lo tanto, dio su respuesta por escrito.

Después de afirmar su inquebrantable lealtad y la ausencia de cualquier deseo de ofender a su Majestad, menciona que es únicamente su deber hacia Dios lo que le lleva a negarse a suprimir los predicadores y las Conferencias.

> Porque la predicación pública y continua de la palabra de Dios es el medio e instrumento ordinario de salvación de la humanidad; por ella se engrandece la gloria de Dios, se alimenta la fe y se aumenta el amor. Se ha cuidado de admitir solo a hombres competentes para el cargo, ninguno que profese el papismo o el puritanismo, en general solo graduados de la Universidad, excepto algunos pocos que tienen excelentes dones de conocimiento de las Escrituras, unidos a una buena oratoria y persuasión piadosa. En seis años, él mismo había conseguido más de cuarenta predicadores eruditos y graduados dentro de la provincia de York, además de los que encontró allí. En cuanto a las Conferencias, se ha consultado con otros obispos que piensan como él, que son una cosa provechosa para la Iglesia, y por lo tanto es conveniente que continúen.

Explica detalladamente lo que se hacía en estas reuniones y bajo qué condiciones, y expresa su decisión final de la siguiente manera:

> Me veo obligado, con toda humildad y aun así, a profesar claramente que no puedo, con la conciencia tranquila y sin ofender a la Majestad de Dios, dar mi consentimiento a la supresión de dichos ejercicios. Si a Vuestra Majestad le place destituirme de este puesto, con toda humildad me someteré a ello y devolveré a Vuestra Majestad lo que recibí del mismo.

El que actúa contra su conciencia construye para el infierno. ¿Y qué ganaría yo si ganara (no diré un obispado, sino) el mundo entero y perdiera mi propia alma?

El orgulloso espíritu Tudor de Isabel se indignó por la fidelidad de este Ambrosio inglés. Ofendida por estas palabras, decidió suspenderlo y confinarlo. Como si fuera ella misma arzobispo, apartándolo, envió su propia orden por medio de sus cartas directamente al resto de los obispos, para que pusieran fin a estos ejercicios. Desde esa hora hasta el día de su muerte, siete años después, en lo que respecta a su cargo de arzobispo, Grindal fue prácticamente un hombre muerto. Fue confinado en su propia casa y aislado durante seis meses.

Los miembros del Consejo Privado suplicaron por él, y los obispos de su provincia pidieron su restauración en el cargo, pero fue en vano. Al final de los seis meses, fue convocado ante la Star Chamber, y allí fue reprendido y humillado por su desobediencia.[9] A pesar de todo, Edmund Grindal permaneció

---

[9] [La "Star Chamber" fue un tribunal inglés de equidad establecido en el siglo XV y que adquirió notoriedad en el siglo XVI y principios del XVII. El tribunal lleva su nombre por la cámara estrellada en el Palacio de Westminster donde se reunía. Durante la Reforma en Inglaterra, y especialmente bajo los reinados de Enrique VIII, Eduardo VI, María I e Isabel I, la Star Chamber se utilizó para hacer cumplir las políticas religiosas del gobierno y para juzgar casos de herejía y otros delitos religiosos. Durante el reinado de Isabel I, la Star Chamber se utilizó para perseguir a los católicos que se negaban a conformarse a la Iglesia de Inglaterra. En cuanto a su relación con el puritanismo, la Star Chamber fue una herramienta que el gobierno inglés usó para perseguir a los puritanos y a otros disidentes religiosos. Los puritanos, que buscaban purificar la Iglesia de Inglaterra de lo que veían como corrupción y superstición, a menudo entraban en conflicto con las autoridades religiosas y gubernamentales. La Star Chamber se convirtió en un símbolo de abuso de poder por parte del monarca y sus ministros. A pesar de ser inicialmente una corte diseñada para garantizar justicia en casos donde los procedimientos ordinarios podrían ser insuficientes, con el tiempo

secuestrado y los deberes de su cargo fueron puestos en comisión. Se habló de una privación real, pero sin llegar a eso, permaneció bajo el desagrado de la Reina por el resto de sus días.

A medida que estos siete años transcurrían lentamente, la ceguera se abatió sobre el anciano y, atormentado como estaba por una dolorosa enfermedad, suspiró por la liberación que llegó finalmente el 6 de julio de 1583, a sus setenta y tres años. El trato despótico de la Reina hacia el más alto funcionario eclesiástico del Estado es la ilustración más llamativa de ese dominio absoluto que ejerció siempre sobre la Iglesia y por el que la convirtió en lo que ha sido desde entonces.

---

adquirió una reputación de usar métodos inquisitivos que podrían ser vistos como invasiones de las libertades civiles. El tribunal fue finalmente abolido en 1641 durante la Revolución Inglesa, un evento en el que los puritanos desempeñaron un papel importante. Por lo tanto, la Star Chamber representa tanto el intento del estado Tudor de controlar la disidencia religiosa como la resistencia puritana a esa autoridad.]

IV. EL PRESBITERIO EN EL EPISCOPADO

1. La influencia de Whitgift en el conflicto puritano

La sucesión de John Whitgift a Grindal en 1583 como arzobispo de Canterbury contribuyó a la intensificación y amargura del conflicto puritano dentro de la Iglesia. Los primeros obispos durante el reinado de Isabel, como Grindal, Parkhurst de Norwich, Jewell de Salisbury, Pilkington de Durham, Sandys de Londres, Horn de Winchester y Cox de Ely, no eran hostiles a las ideas puritanas. De hecho, si la Reina lo hubiera permitido, habrían concedido grandes concesiones.

Esto se debe a que ellos mismos habían sido exiliados por el protestantismo entre las iglesias reformadas de Suiza y el Alto Rin. La llegada de Whitgift a Canterbury, de Aylmer a Londres y de Freke a Norwich, representó más que un cambio común en el episcopado. Significó que la Reina tenía ahora aquellos que estaban dispuestos a hacer su voluntad.

Hubo un tiempo en que parecía que Whitgift se uniría al partido puritano. En 1565, como profesor de Trinity y Lady Margaret, firmó la petición al canciller contra el restablecimiento de las vestimentas papales. Sin embargo, cuando en 1569 Cartwright causó revuelo en la Universidad al atacar la constitución jerárquica de la Iglesia, Whitgift se enfrentó a él de inmediato, denunció sus enseñanzas al canciller y se unió al movimiento para obtener nuevos estatutos. Como resultado, Cartwright fue privado de su cátedra y expulsado de la Universidad. En 1571, Whitgift fue elegido para responder a la Primera Admonición de Field y Wilcox, así como a la Segunda de Cartwright.

Por lo tanto, cuando Whitgift se convirtió en arzobispo, ya estaba en sintonía con la Reina en su aversión a las ideas puritanas. También compartía con ella su amor por la pompa y el espectáculo majestuoso. Desde el Cardenal Wolsey, ningún eclesiástico se había alejado tanto de la simplicidad de la vida puritana.[1] Sir George Paule, el auditor de su familia, nos cuenta que Whitgift "tenía el deseo de mantener siempre una casa

---

[1] Thomas Wolsey (circa 1473-1530) fue un influyente clérigo y estadista inglés, quien jugó un papel fundamental en la política de la corte del rey Enrique VIII. Nacido en Ipswich, Suffolk, Wolsey ascendió rápidamente en las filas de la Iglesia y del estado, debido a su inteligencia y habilidades administrativas. Después de estudiar en la Universidad de Oxford, sirvió al rey Enrique VII y más tarde se convirtió en un consejero de confianza para su sucesor, Enrique VIII. Wolsey fue nombrado Arzobispo de York en 1514, y en 1515, fue creado cardenal por el Papa León X. Ese mismo año, también asumió el cargo de Lord Canciller de Inglaterra. Como Canciller y cardenal, Wolsey ejerció una gran cantidad de poder, tanto en la Iglesia como en el estado. A pesar de su origen humilde, Wolsey era conocido por su amor por el lujo y la ostentación. Mantuvo una gran casa en York Place (que más tarde se convirtió en el Palacio de Whitehall) y construyó una magnífica residencia en Hampton Court, que más tarde regaló a Enrique VIII. Wolsey también llevaba ropas opulentas y tenía un séquito de cientos de sirvientes. Wolsey no inició la Reforma Inglesa, pero su fracaso para obtener una anulación del matrimonio de Enrique VIII con Catalina de Aragón fue un factor clave en la decisión de Enrique de romper con la Iglesia Católica Romana. Después de este fracaso, Wolsey cayó en desgracia y fue acusado de praemunire (usurpación de los derechos del rey). Fue perdonado inicialmente, pero en 1530 fue nuevamente acusado y murió mientras viajaba a Londres para enfrentar los cargos.

grande y generosa" y que "en algunos días de festividades principales se le servía con gran solemnidad sobre la rodilla para mantener el estado que pertenecía a su lugar".

Paule también relata que "en su primer viaje a Kent, Whitgift cabalgó hasta Dover con la asistencia de al menos cien de sus propios sirvientes en caballería, entre los cuales había cuarenta caballeros con cadenas de oro". Además, nos informa que cada tres años, Whitgift cabalgaba a Kent no solo con su comitiva de doscientas personas, sino también con los caballeros del condado. De esta manera, "a veces cabalgaba a la ciudad de Canterbury y otras ciudades con ochocientos o mil caballos".

Al asumir su nuevo cargo, la Reina le encomendó la tarea de restaurar la disciplina de la Iglesia y la uniformidad establecida por la ley que, según afirmó, "por la complicidad de algunos prelados, la obstinación de los puritanos y el poder de algunos nobles, se ha quedado sin plaza". Whitgift no tardó en cumplir con los deseos de la Reina. La semana después de su confirmación en Lambeth, emitió a los obispos de su provincia ciertos artículos dirigidos tanto a retractores como a puritanos. Los que se referían especialmente a estos últimos exigían:

(1) que nadie pudiera leer, predicar y dar catequesis en la Iglesia a menos que, al menos cuatro veces al año, administrara los sacramentos según el Libro de Oración Común;

(2) que todos los predicadores llevaran y usaran en todo momento el tipo de vestimenta prescrita por el Libro de Anuncios y las Ordenanzas de Su Majestad; y

(3) que no se admitiera a nadie a menos que suscribiera los artículos (a) que afirmaran la supremacía de la Reina sobre todas las causas, tanto eclesiásticas como civiles; (b) que declararan que el Libro de Oración Común no contenía nada contrario a la Palabra de Dios, prometiendo no usar ninguna otra forma de

servicio; y (c) que declararan la aceptación de los Treinta y Nueve Artículos de 1562.[2]

Después de promulgar estos artículos, el arzobispo realizó una visita metropolitana para garantizar su cumplimiento. La primera aparición de una oposición seria fue en su propia diócesis de Kent, donde unos veinte ministros se negaron a suscribirlos. Afirmaron estar dispuestos a suscribir el Libro de Oración en la medida en que no fuera contrario a la Palabra de Dios, pero no estaban preparados para decir que no había nada en el libro contrario a ella y señalaron varias cosas que consideraban imperfectas. También expresaron sus objeciones respecto a la observancia de los días de los santos y a la lectura pública de los apócrifos, y deseaban que el atuendo de los ministros fuera como en el segundo año de Eduardo VI.

---

[2] Los Treinta y Nueve Artículos de 1562 fueron una serie de declaraciones doctrinales de la Iglesia de Inglaterra con respecto a sus creencias y prácticas. Adoptados durante el reinado de la reina Isabel I, los artículos buscaron definir la posición de la Iglesia de Inglaterra en términos de teología y liturgia y distinguirla tanto de la Iglesia Católica Romana como de las ramas más radicales del protestantismo. Los Artículos abarcan una variedad de temas, incluyendo la naturaleza de Dios, la doctrina de la Trinidad, la justificación por la fe, la naturaleza de la Iglesia, y las prácticas sacramentales. Aunque muchos de estos principios reflejan una postura protestante, también se mantuvieron ciertos aspectos litúrgicos del catolicismo. Los Treinta y Nueve Artículos fueron importantes en la Reforma Inglesa porque proporcionaron una base teológica para la Iglesia de Inglaterra después de su ruptura con la Iglesia Católica Romana. También se convirtieron en una fuente de tensión y controversia con los puritanos, un grupo de protestantes que buscaban "purificar" la Iglesia de Inglaterra de lo que veían como restos del catolicismo. Los puritanos criticaron varios aspectos de los Treinta y Nueve Artículos y de la Iglesia de Inglaterra en general, incluyendo el uso de vestimentas ceremoniales, el Libro de Oración Común, y la estructura episcopal de la Iglesia. Consideraban que estas prácticas y estructuras eran demasiado parecidas a las del catolicismo y argumentaban por una mayor simplicidad y "pureza" en la adoración y la organización de la Iglesia.

Además, pensaban que la longitud de las letanías dificultaba innecesariamente el sermón, que las oraciones eran demasiado largas y que no estaban de acuerdo en que los niños fueran realmente regenerados y necesariamente salvados al ser bautizados. En cuanto a la política eclesiástica, también tenían opiniones decididas, objetando la creación de un clero superior y sosteniendo que los arzobispos, obispos y sacerdotes eran invenciones humanas cuyo efecto práctico era desfigurar la verdadera Palabra de Dios.

Señalaban la ausencia de ancianos, como los reconocidos en el Nuevo Testamento, y sostenían que el pueblo en cada iglesia debía tener el derecho y la libertad de elegir a sus propios ministros. A pesar de esta declaración de sus puntos de vista, se les pidió que suscribieran los nuevos Artículos y, al negarse a hacerlo, fueron declarados contumaces y se les exigió que respondieran ante la ley en febrero siguiente.

Los mismos procedimientos ocurrieron en otros lugares. Solo en Norfolk, 64 ministros parroquiales fueron suspendidos, y en Suffolk 60. En los seis condados de Norfolk, Suffolk, Essex, Kent, Lincoln y Sussex, no menos de 233 clérigos fueron puestos bajo prohibición; los de Kent apelaron formalmente al Consejo Privado contra la decisión del arzobispo. También hubo otra parte de su administración contra la que se hicieron serias protestas.

En diciembre de 1583, estableció de forma más permanente y opresiva el Tribunal de la Alta Comisión, cuyos métodos de investigación fueron descritos como dignos solo de la Inquisición española.[3] Un hombre podía ser llamado ante este

---

[3] El Tribunal de la Alta Comisión fue una corte eclesiástica establecida en Inglaterra en 1559 por la Reina Isabel I a través del Acta de Supremacía. Esta corte tenía la tarea de hacer cumplir la conformidad

Tribunal, sin acusación ni acusador, y allí se le administraba el Juramento de oficio, obligándole a revelar todo lo que supiera, ya fuera de sí mismo o de cualquier otra persona. Si se negaba a prestar el juramento, era inmediatamente encarcelado, simplemente por negarse. Se mencionan los nombres de veinticinco hombres confinados en las cárceles de Londres por delitos eclesiásticos, que estuvieron allí sin orden judicial y durante meses sin juicio. Fueron tratados como criminales convictos, a veces fueron cruelmente golpeados y arrojados a "La Pequeña Soledad", y algunos de ellos murieron en prisión.

Este Tribunal siguió su mal camino durante más de medio siglo. Invadió jurisdicciones competidoras, se convirtió con el tiempo en uno de los principales motores de las opresiones del Arzobispo Laud, y duró hasta el Parlamento Largo, cuando fue finalmente abolido por una Ley con esta ignominiosa cláusula:

---

religiosa dentro de la Iglesia de Inglaterra, esencialmente ayudando a implementar la Reforma en Inglaterra y Gales. En particular, se ocupaba de los delitos de herejía, blasfemia, y otros asuntos relacionados con la "corrección de las costumbres y la promoción de la piedad". En el contexto de la controversia puritana, el Tribunal de la Alta Comisión desempeñó un papel central. Los puritanos buscaban reformas más radicales en la Iglesia de Inglaterra y, a menudo, no estaban dispuestos a cumplir con los requisitos y prácticas de la Iglesia tal como estaban establecidos en la ley. En consecuencia, muchos puritanos fueron llevados ante la Alta Comisión acusados de no cumplir con las normas de la Iglesia. Se ha argumentado que se cometieron abusos en el Tribunal de la Alta Comisión. Los críticos han señalado que la corte a menudo operaba sin un debido proceso legal, y que las sentencias podían ser extremadamente severas, incluyendo la confiscación de bienes, la prisión y, en casos de herejía, la pena de muerte. Además, la corte era a menudo utilizada para perseguir a los enemigos políticos de la Reina y sus consejeros, y se ha argumentado que se usó para reprimir la disidencia religiosa y política en lugar de simplemente mantener la conformidad religiosa. En 1641, el Tribunal de la Alta Comisión fue finalmente abolido por el Parlamento Largo durante la Revolución Inglesa, un acto que reflejaba el creciente descontento con la percepción de sus abusos y su uso como un instrumento de represión política y religiosa.

"que no se reviviera en el futuro tal jurisdicción en ningún Tribunal".

El año siguiente a la ampliación de los poderes de la Alta Comisión, se redactó en Lambeth una serie de interrogatorios con el fin de determinar hasta qué punto el clero obedecía o no el Acta de Uniformidad. Eran veinticuatro en total, abarcaban todos los aspectos imaginables de la vida eclesiástica y eran tan minuciosos que era casi imposible que un hombre escapara a la censura o a la condena. Varios miembros del clero pusieron estas cuestiones en conocimiento del Señor Tesorero, a quien habían llegado a considerar como su amigo. En seguida escribió al arzobispo protestando:

> He leído estos artículos de la investigación y los encuentro tan curiosamente redactados, tan llenos de ramificaciones y circunstancias, que creo que la Inquisición de España no utiliza tantas preguntas para comprender y atrapar a sus presas... Mi buen señor, aguante mis garabatos. Deseo la paz de la Iglesia. Deseo la concordia y la unidad en el ejercicio de nuestra Religión. Según mi simple juicio, este tipo de procedimiento huele demasiado a la Inquisición Romana, y es más bien un dispositivo para buscar delincuentes que para reformar a alguno.

Mientras el arzobispo imponía la suscripción y multiplicaba los interrogatorios contra los puritanos, estos, por su parte, se preparaban para llevar a cabo con mayor eficacia un plan de campaña para asegurar los cambios y reformas que consideraban tan necesarios para el bienestar espiritual de la Iglesia. No tenían ninguna intención de separarse de la Iglesia. Eso estaba muy lejos de su propósito, que consistía más bien en provocar desde dentro los cambios que harían que su gobierno se ajustara más a lo que ellos consideraban la idea bíblica.

Según Thomas Fuller, su "gran propósito era establecer una disciplina dentro de una disciplina, el presbiterio en el episcopado". El sistema jerárquico les parecía ajeno a la enseñanza del Nuevo Testamento, y su objetivo era sustituir el gobierno de arzobispos y obispos, cancilleres y archidiáconos por un gobierno de pastores y ancianos gobernantes; y también organizar las parroquias de Inglaterra en un sistema conectado de presbiterios, sínodos y asambleas provinciales y generales.

2. La transición hacia el presbiterianismo

Para nosotros en Inglaterra, después de siglos de un sistema episcopal establecido, su propuesta podría parecer audaz e inviable. Sin embargo, para ellos no lo era. Se encontraban a menos de cincuenta años del momento en que una revolución mucho mayor había sido posible; cuando la Iglesia inglesa se separó por primera vez de la sede de Roma y sus obispos de la autoridad del Papa. A los ojos de toda Europa, fue un paso enorme, pero se llevó a cabo. Se retomó con la adhesión de Isabel y en 1570 se confirmó con su excomunión solemne y formal, y la de su clero, mediante la bula del Papa Pío V.

Así que, aunque los obispos seguían presentes, su lealtad al Papa ya no existía. Entonces, ¿de dónde provenía su autoridad? Ciertamente, no era de las Escrituras, ya que allí los términos obispo y presbítero eran equivalentes, denotando igualdad de rango. Además, cabe destacar que hasta ese momento la reivindicación del derecho divino para el episcopado no había sido ni siquiera sugerida, y mucho menos formulada.

Fue el Dr. Bancroft, en su sermón en la Cruz de San Pablo en 1588, quien presentó por primera vez esta reivindicación, y más bien como una contrademanda a la de los presbiterianos que afirmaban el derecho divino para su sistema.[4] Y cuando se presentó, incluso el propio arzobispo dijo que ojalá pudiera creerlo, cosa que evidentemente no hizo. Para mostrar la novedad de la reclamación, encontramos a Lord Burleigh remitiendo el asunto al Dr. Hammond, canciller de la diócesis de Londres, para que diera su opinión. Su respuesta, fechada el 4 de noviembre de 1588, se ha conservado entre los manuscritos de Cecil, en la que dice que el nombre de un obispo, como un cargo que tiene superioridad sobre muchas iglesias, no se encuentra en las Escrituras, ya que los nombres de *episcopus* y *presbiterus* implican una función. Concluye con estas palabras decisivas:

---

[4] Richard Bancroft (1544-1610) fue un importante clérigo inglés durante el período de la Reforma en Inglaterra. Es más conocido por su papel como Arzobispo de Canterbury desde 1604 hasta su muerte en 1610. Bancroft nació en Farnworth, Lancashire, en 1544. Se educó en la Universidad de Cambridge, donde obtuvo una beca en 1566 y se graduó con un título en teología. Se desempeñó en varios roles eclesiásticos antes de ser nombrado Arzobispo de Canterbury. Como Arzobispo, Bancroft jugó un papel crucial en la consolidación de la Iglesia de Inglaterra y en la resistencia a las presiones puritanas para una reforma adicional. Bancroft fue un fuerte defensor de la episcopalia, el sistema de gobierno de la iglesia basado en obispos, que los puritanos rechazaban a favor de un modelo más congregacional o presbiteriano. Durante su tiempo como Arzobispo, Bancroft trabajó para reforzar la autoridad de los obispos y la liturgia de la Iglesia de Inglaterra contra los desafíos puritanos. Además, Bancroft desempeñó un papel clave en la realización de la versión King James de la Biblia, que comenzó en 1604. Esta traducción ha tenido un impacto duradero en el mundo angloparlante y es uno de los logros más reconocidos de Bancroft. También fue uno de los principales impulsores de la creación del Tribunal de la Alta Comisión, que utilizó para perseguir a aquellos que consideraba herejes o que no estaban de acuerdo con las enseñanzas de la Iglesia de Inglaterra. Esto incluía a los puritanos, a muchos de los cuales se oponían a las prácticas de la Iglesia de Inglaterra que consideraban demasiado similares a las de la Iglesia Católica. Bancroft murió en noviembre de 1610.

Los obispos de nuestro reino (por lo que he oído hasta ahora) no se atribuyen ni pueden atribuirse a sí mismos otra autoridad que la que se les concede en el estatuto de los 25 años de Enrique VIII, recitado en el primer año del gobierno de Su Majestad, tampoco es razonable que hagan otro tipo de arcilla, porque si a su Majestad le hubiera gustado, con la voluntad de la realeza, no usar ningún tipo de subcomisario, no habríamos podido quejarnos de ningún defecto en nuestra Iglesia.

Si estos eran los puntos de vista de los principales líderes eclesiásticos de la época, no es sorprendente que las personas con ideas puritanas se sintieran justificadas al pensar que los ancianos gobernantes o presbíteros podrían reemplazar a los obispos sin violar significativamente el orden espiritual del universo. Además, la Iglesia de Inglaterra, desde la Reforma, había considerado a las Iglesias reformadas del continente como Iglesias hermanas, y éstas no tenían obispos. Aún más importante, Escocia también, bajo la influencia de John Knox, había abandonado por completo el episcopado y establecido el presbiterianismo como la forma nacional de gobierno de la Iglesia.

Estas eran consideraciones de peso, pero, para citar las serias palabras del Dr. Paget, el actual obispo de Oxford, "nada seguramente contribuyó tanto a las oportunidades, el poder, el celo y las esperanzas de los puritanos como la negligencia del deber en la Iglesia. En esa época, la ignorancia y la incapacidad del clero eran suficientemente graves, pero la avaricia y la simple indiferencia hacia el significado de un cambio espiritual eran mucho peores". Existían numerosas parroquias cuyos ministros solo se esforzaban en el servicio, nunca predicaban, sino que leían, tal vez, cuatro sermones comprados en el curso del año, o quizás nunca habían residido en el lugar, y si lo hubieran hecho, solo habrían empeorado las cosas con el ejemplo de su vida viciosa.

Recordemos que el plan puritano había sido expuesto por Field y Wilcox en la Primera Admonición al Parlamento de 1572. Dos años después, apareció un tratado aún más importante y erudito, el famoso *Ecclesiasticae Disciplinae et Anglicanae Ecclesiae ... explicatio*. Esta obra se imprimió por primera vez de forma anónima en Rochelle, una ciudad que, después de la masacre de los hugonotes de 1572, se convirtió en el principal punto de encuentro de los protestantes franceses y en la que la libertad de culto se había asegurado mediante un tratado.

A pesar de haber sido publicado sin nombre de autor, se sabe que fue escrito por Walter Travers, un miembro de Trinity, quien después de vivir en el extranjero se convirtió en capellán doméstico de Lord Burghley y tutor de su hijo Robert Cecil.[5] En

---

[5] Walter Travers (1548-1635) fue un influyente teólogo puritano y clérigo inglés del siglo XVI y principios del XVII. Se le conoce sobre todo por su asociación con la capilla de la Virgen en el Palacio de Lambeth y como archidiácono de Londres. Travers estudió en el Christ's College y en el Trinity College de la Universidad de Cambridge, antes de completar su formación en Ginebra, donde se convirtió en seguidor de las ideas de teología reformada de Juan Calvino y Teodoro de Beza. A su regreso a Inglaterra, Travers se convirtió en ministro de la capilla de la Virgen en el Palacio de Lambeth, donde predicaba en la tarde, mientras que Richard Hooker, un teólogo más tradicional y defensor de la vía media anglicana, predicaba por la mañana. Esta situación llevó a un famoso desacuerdo teológico entre ambos, conocido como la Controversia Hooker-Travers, que fue fundamental en el desarrollo del anglicanismo y del puritanismo. Travers también es conocido por su papel en la fundación del Emmanuel College de la Universidad de Cambridge, que se convertiría en un importante centro de formación para el clero puritano. Su obra más importante, "Ecclesiasticae disciplinae et Anglicanae Ecclesiae ab illa aberrationis, plena e verbo Dei et dilucida explicatio" (Una explicación completa y clara de la disciplina eclesiástica y la desviación de la Iglesia

1581, por recomendación de su señor, fue nombrado conferenciante vespertino en la iglesia del Temple y, por acuerdo de los miembros del consejo, permaneció en este puesto después de que Richard Hooker fuera nombrado maestro.

El autor de la biografía de Hooker informa que el sermón de la mañana hablaba en el lenguaje de Canterbury, mientras que el de la tarde, en el de Ginebra. La iglesia estaba llena de juristas profundamente interesados en la controversia y, como nos dice Thomas Fuller, "Algunos dicen que la congregación disminuía por la mañana y aumentaba por la tarde", hasta que en 1586 se le notificó una prohibición a Travers. Este hombre, entonces, fue el autor de la *Disciplina Ecclesiastica*, el libro más memorable del lado puritano. Apareció originalmente en 1574 en dos versiones, latín e inglés, y una segunda edición de la traducción inglesa se imprimió en Ginebra en 1580.

La edición más importante y destacada del libro, sin embargo, fue en 1584, el año de los Artículos e Interrogatorios de Whitgift. Ese año, después de más de cincuenta años de suspensión, se restableció la Cambridge University Press, y uno de sus primeros números fue una versión inglesa revisada de este tratado por Travers. Whitgift se alarmó por ello y el 30 de junio escribió al canciller para protestar seriamente. "Desde que se instaló una imprenta en Cambridge", temía "que se produjeran estos inconvenientes". A instancias suyas, la mayor parte de la impresión fue confiscada y destruida. Sin embargo, el libro logró

Anglicana de la misma, a partir de la Palabra de Dios), fue una crítica de la estructura y la práctica de la Iglesia de Inglaterra en su época, y defendía una mayor conformidad con la teología y la práctica de la Iglesia Reformada. La importancia de Travers radica en su papel como líder del movimiento puritano y como crítico de la Iglesia de Inglaterra, y sus contribuciones ayudaron a dar forma a la teología y la práctica puritanas en Inglaterra.

circular en cierta medida y, aparte de su importancia como manifiesto puritano, desde el punto de vista literario tiene importancia histórica por ser el tratado al que se respondió con la gran obra de Hooker sobre *Política Eclesiástica*.[6]

El objetivo de Travers era abordar la vocación, el comportamiento, el conocimiento, el vestuario y el sostenimiento apropiados de un ministro religioso; los roles del doctor o maestro, los obispos, los pastores y los ancianos, así como las funciones del consistorio. Empezó señalando la interdependencia entre la doctrina y la disciplina. Argumentaba que el riesgo para la Iglesia de Inglaterra radicaba en que la doctrina estaba separada de la disciplina y, como resultado, la

---

[6] Richard Hooker (1554-1600) fue un influyente teólogo anglicano y académico, conocido por su obra "Of the Laws of Ecclesiastical Polity", un tratado en ocho volúmenes que se considera uno de los fundamentos del pensamiento teológico anglicano. Nacido en Heavitree, en las afueras de Exeter, Hooker estudió en la Universidad de Oxford. Se convirtió en miembro del Corpus Christi College y luego en maestro de la escuela de la catedral de Salisbury y en sacerdote. La obra más importante de Hooker, "Of the Laws of Ecclesiastical Polity", fue escrita como respuesta a los desafíos que los puritanos plantearon a las prácticas de la Iglesia de Inglaterra. Los puritanos criticaban la Iglesia por conservar demasiados elementos del catolicismo y abogaban por una forma de adoración más simple. Hooker defendió la estructura jerárquica y las prácticas litúrgicas de la Iglesia de Inglaterra, argumentando que no todas las prácticas externas de la iglesia necesitaban justificación directa en las Escrituras. En su obra, Hooker argumentó que la autoridad en asuntos con respecto a la relación del estado y la iglesia no se basaba únicamente en la Biblia (como sostenían algunos puritanos), sino también en la tradición y la razón. Esta perspectiva se convirtió en fundamental para el anglicanismo y es una de las razones por las que Hooker se considera uno de los más grandes teólogos anglicanos. Además, Hooker se distinguió por su énfasis en el amor y la tolerancia en las relaciones religiosas. A pesar de sus desacuerdos con los puritanos, evitó la retórica polémica y buscó, en cambio, encontrar un terreno común. Hooker murió en 1600, pero su legado perduró. Sus ideas sobre la razón, la tradición y las Escrituras han influido en gran medida en la teología anglicana y en la manera en que la Iglesia de Inglaterra se ha relacionado con otras tradiciones cristianas.

reforma realizada hasta ese momento era incompleta e inestable. Al no reformarse la disciplina, la reforma de la doctrina se volvía precaria.

Por lo tanto, lo que se necesitaba en ese momento era una nueva reforma centrada en la disciplina eclesiástica. El primer paso a seguir consistía en limpiar el Derecho Canónico, del cual habían surgido (como de un caballo de Troya) arzobispos, obispos, cancilleres, archidiáconos y similares, que habían tomado y esclavizado a la Iglesia. Una vez realizado esto, se debía establecer una disciplina verdadera y correcta, basada en el único principio esencial del puritanismo: que la Palabra de Dios debe ser la autoridad, y que no se debe admitir nada más que lo que pueda ser confirmado por la voz y el testimonio de Dios mismo.

3. Los puritanos y su búsqueda de reforma en la Iglesia de Inglaterra

Este manifiesto se publicó por la Cambridge Press a inicios del verano de 1584. El 23 de noviembre siguiente, el Parlamento se reunió de nuevo para tratar asuntos pendientes. Los puritanos aún mantenían la esperanza de lograr avances en la aplicación práctica de sus ideales, ya que tanto en la Cámara de los Comunes como en el Consejo Privado, había un fuerte apoyo a su favor. Según relata Fuller, sus representantes estaban en las puertas de la Cámara durante todo el día, e intentaban ganar influencia en las habitaciones de los parlamentarios por la noche. El 14 de diciembre, se presentaron tres peticiones a la Cámara: una solicitando libertad para los predicadores piadosos, otra para la restauración en sus cargos de aquellos que habían sido apartados y una más para proveer rápidamente hombres capacitados a parroquias desamparadas.

En ese momento, el Dr. Turner se levantó y recordó a los miembros un proyecto de ley y un libro que había presentado previamente a la Cámara. El proyecto de ley establecía que no se exigiera a los ministros ninguna otra forma de suscripción que la establecida por la Ley de 1571, y que ningún hombre propuesto por el patrón legal fuera rechazado para la institución por el obispo, salvo si defendía tenazmente herejías condenadas por la Palabra de Dios. El libro ofrecido junto con el proyecto de ley contenía treinta y cuatro artículos, que por consejo de los ministros se habían reducido a dieciséis. El Dr. Turner deseaba que estos artículos fueran sometidos a la Cámara de los Lores y que se les solicitara unirse a los Comunes en presentarlos en una humilde petición a la Reina.

Estos dieciséis artículos, presentados en forma de petición, se oponían a los ministros insuficientes; apoyaban que las parroquias evaluaran y aprobaran a sus pastores; rechazaban que los ministros rindieran cuentas ante comisionados y oficiales en lugar de ante los obispos; abogaban porque seis ministros se asociaran con el obispo en cada ordenación; pedían la restauración de los ministros privados; se oponían a las excomuniones *ex officio mero*;[7] solicitaban permitir ejercicios y conferencias religiosas en cada archidiócesis bajo la dirección del obispo; y pedían la eliminación de todas las no residencias y pluralidades de la Iglesia.

---

[7] "Ex officio mero" es una frase latina que se traduce aproximadamente como "por el mero hecho del cargo". En el contexto de la excomunión, sugiere que una persona podría ser excomulgada simplemente en virtud de la autoridad de quien toma la decisión, sin un proceso judicial o canónico formal.

Con algunas modificaciones y omisiones, este Libro de Peticiones fue aprobado y presentado poco después por los Comunes a los Lores. La respuesta de los Lores, según lo informó a la Cámara Baja Sir Francis Knollys, fue que muchos de los artículos se consideraban innecesarios y que otros ya estaban contemplados.[8] En cuanto a la uniformidad del Libro de Oración Común, que los peticionarios deseaban que se dejara a discreción del ministro, ya había sido establecida por el Parlamento. Ambos arzobispos hablaron en contra de la petición y, posteriormente, también proporcionaron sus razones por escrito.

Este llamado no tuvo efecto, por lo que los Comunes presentaron otros proyectos de ley, incluido uno en contra de las pluralidades y la no residencia, y otro a favor del derecho de

---

[8] Sir Francis Knollys (1514-1596) fue un cortesano y político inglés que sirvió bajo los reinados de Enrique VIII, Eduardo VI, María I y, más notablemente, Isabel I. Nació en una familia de la nobleza menor y ascendió a través de los rangos de la corte y la política inglesas a través de su habilidad, inteligencia y matrimonio. Durante el reinado de Enrique VIII, Knollys se distinguió como cortesano y militar, pero su verdadero ascenso al poder llegó con el advenimiento de Isabel I al trono en 1558. Knollys era un protestante devoto y, por lo tanto, había caído en desgracia durante el reinado de la católica María I. Sin embargo, con Isabel, una protestante, en el trono, Knollys fue nombrado Tesorero de la Casa Real, un cargo importante que mantenía la contabilidad de la corte real. Knollys también era un miembro del Parlamento de larga data y, a menudo, usaba su influencia en el Parlamento para promover la causa protestante. Sin embargo, a pesar de su apoyo al protestantismo, Knollys no era puritano y, a menudo, se encontraba en desacuerdo con los puritanos en cuestiones de política y teología religiosa. A pesar de estas diferencias, Knollys jugó un papel importante en la consolidación de la Iglesia de Inglaterra como una institución protestante durante el reinado de Isabel I. También fue un importante defensor de la política exterior agresiva de Isabel, particularmente en relación con Francia y España. Además de su papel en la política y la religión, Knollys también era conocido por su gran familia. Se casó con Catherine Carey, una prima lejana de la reina Isabel, y juntos tuvieron 15 hijos, muchos de los cuales también desempeñaron papeles importantes en la corte de Isabel.

apelación de los Tribunales Eclesiásticos a un tribunal superior. Estos proyectos fueron aprobados en la Cámara Baja, pero enfrentaron oposición y se perdieron en la Cámara de los Lores. Sin dejarse intimidar por esta derrota adicional, los Comunes retomaron el debate sobre otros proyectos de ley destinados a limitar el poder de los tribunales espirituales y también la jurisdicción de los prelados.

El arzobispo Whitgift, alarmado por la aprobación de dos de estos proyectos, escribió de inmediato a la Reina informándole que, a pesar de su reciente orden a los Comunes prohibiendo la discusión sobre temas relacionados con la religión, habían aprobado un proyecto de ley relacionado con el ministerio y otro que otorgaba la libertad de casarse en cualquier época del año, contrario a los antiguos cánones. De inmediato, llegó un mensaje de la Reina a los Comunes, reprendiéndolos por invadir su supremacía y ordenando al presidente "que vea que no se presenten proyectos de ley sobre reformas en asuntos eclesiásticos, y en caso de que se presenten, que no se lean".

A pesar de esta advertencia, los Comunes presentaron un proyecto de ley para una reforma adicional y, además, vincularon al proyecto una propuesta de un servicio titulado "Un libro de la forma de las oraciones comunes, administración de los sacramentos, etc., de acuerdo con la Palabra de Dios y el uso de las iglesias reformadas", que se propuso sustituir al ya en uso.

Al presentarse la moción para la lectura de este libro, el presidente les recordó que la Reina ya había ordenado a la Cámara no involucrarse en tales asuntos, ya que ella misma se había comprometido a tomar medidas al respecto, por lo que les aconsejó abstenerse. Esto desató una tormenta, y la Cámara, decidida a que se leyera el libro, el presidente se levantó y declaró de manera más decidida que tal lectura estaba fuera de lugar, ya que el libro prescribía una nueva forma de administración en detrimento del Libro de Oración Común.[9]

Solo tendría el efecto de provocar la indignación de su Majestad en contra de ellos. En esto, juzgó correctamente, porque aunque el libro no se leyó, sino que solo se propuso leerlo, la Reina envió un mensaje exigiendo tanto la petición como el libro, y ordenando que los miembros que habían mostrado entusiasmo en el asunto fueran enviados prisioneros a la Torre. Pero eso no fue todo. En su discurso, al despedir al Parlamento al final de la sesión, volvió a mencionar esta interferencia con su prerrogativa, como ella lo consideraba. Había una cosa, dijo, que la afectaba tanto que no podía pasar por alto, a saber, la religión.

Criticar el orden del clero era prácticamente difamar tanto a ella como a la Iglesia, de la cual era supervisora. Si se toleraran cismas o errores heréticos, la negligencia sería suya y no podría ser excusada. Después de reprender a los obispos, se dirigió a

---

[9] El Libro de Oración Común (Book of Common Prayer en inglés) es un libro litúrgico utilizado por la Iglesia de Inglaterra y otras iglesias de la Comunión Anglicana. Contiene las oraciones, los rituales y las ceremonias que se deben seguir en los servicios de adoración. El primer Libro de Oración Común fue compilado por Thomas Cranmer, el arzobispo de Canterbury, durante el reinado de Eduardo VI en 1549. Cranmer era un ferviente reformador que buscaba hacer de la Iglesia de Inglaterra una iglesia más protestante. Como parte de esto, él quería que los servicios de adoración fueran más accesibles a las personas comunes, por lo que tradujo muchas de las oraciones y rituales del latín al inglés. Esta fue una decisión revolucionaria en ese momento y marcó un hito en la Reforma Inglesa. El Libro de Oración Común ha sido fundamental para definir la teología y la práctica de la Iglesia de Inglaterra. Ha sido revisado varias veces a lo largo de los siglos para reflejar los cambios en la teología y la práctica religiosa, pero siempre ha mantenido su enfoque en la oración y la adoración en un idioma accesible. Los puritanos, que buscaban una forma más "pura" de cristianismo basada en las enseñanzas de la Biblia, a menudo veían el Libro de Oración Común como demasiado similar a los rituales católicos. Criticaban la falta de base bíblica para algunas de las oraciones y rituales contenidos en el libro y pedían reformas para hacer que la Iglesia de Inglaterra fuera más "pura".

aquellos que estaban empeñados en una mayor reforma, diciendo que veía a muchos demasiado audaces con Dios Todopoderoso, haciendo demasiadas interpretaciones de Su bendita Voluntad, como lo hacían los abogados con los testamentos humanos. Esta presunción era tan grande que no podía soportarla. No tenía intención de animar a los romanistas ni de tolerar novedades, sino de guiar a ambos con la verdadera regla de Dios. Tal era la determinación de la Reina, y fue el recuerdo de tal interferencia con las libertades del Parlamento lo que llevó a Hume, el historiador, que no tenía gran simpatía por los puritanos, a decir: "Tan absoluta era la autoridad de la Corona que la preciosa chispa de la libertad había sido encendida y preservada solo por los puritanos; y fue a esta secta a la que los ingleses deben toda la libertad de su constitución".

Al darse cuenta de que no se podía esperar nada de las apelaciones al Parlamento, el clero puritano dentro de la Iglesia decidió tomar medidas para llevar a cabo prácticamente la disciplina eclesiástica que consideraban más bíblica. Ya en 1572, en noviembre, después de la Masacre de San Bartolomé en París del agosto anterior, habían establecido una congregación según el modelo presbiteriano en Wandsworth, un simple pueblo en aquel entonces a orillas del Támesis.[10]

---

[10] La Masacre de San Bartolomé fue un episodio violento en la historia de Francia que tuvo lugar a partir del 24 de agosto de 1572, durante las Guerras de Religión entre católicos y protestantes (hugonotes). Aunque comenzó en París, se extendió a otras regiones de Francia en las semanas siguientes. El evento lleva su nombre por el día de San Bartolomé, en el cual la violencia estalló durante la boda de la hermana del rey Carlos IX, Margarita de Valois, con el líder hugonote Enrique III de Navarra (quien más tarde se convertiría en Enrique IV de Francia), un evento destinado a marcar la reconciliación entre católicos y protestantes. Sin embargo, unos días después de la boda, el almirante Gaspard de Coligny, un líder hugonote, fue asesinado, lo que desató una ola de violencia contra los hugonotes. Se estima que entre 5,000 y 30,000

Unos quince ministros de Londres y alrededores de Wandsworth lideraron este movimiento, y un considerable número de laicos influyentes se asociaron con ellos. En su reunión del 20 de noviembre, eligieron a once ancianos o presbíteros y sus órdenes fueron descritas como "las Órdenes de Wandsworth". Esta organización ha sido considerada a veces como la primera iglesia presbiteriana en Inglaterra.

No obstante, en sentido estricto, fue más una asociación dentro de los límites de la Iglesia Establecida que una separación organizada de la misma. Los procedimientos de esta comunidad se llevaron a cabo con gran discreción, de tal manera que aunque los comisionados sabían de su existencia, no pudieron averiguar quiénes pertenecían a ella.

Además de este movimiento organizado en Wandsworth, se establecieron comunidades separadas para la observancia de la Cena del Señor. Aquellos que se unieron a ellas firmaron una declaración común indicando su deseo de unirse en oración y escucha con aquellos que renunciaban a las idolatrías de la Iglesia, a pesar del peligro que corrían al no acudir a sus propias iglesias parroquiales. Cada uno de los firmantes también asintió personalmente a estas solemnes palabras: "Habiéndome unido a

---

hugonotes fueron asesinados. La Masacre de San Bartolomé tuvo un gran impacto en toda Europa, donde se vio como una atrocidad. En Inglaterra, que se había vuelto oficialmente protestante bajo el reinado de Isabel I, la reacción fue de horror y consternación. Este evento intensificó las tensiones religiosas entre Inglaterra y Francia, y reforzó la determinación de muchos ingleses de resistir el catolicismo. También contribuyó al miedo y la sospecha hacia los católicos en Inglaterra, lo que en parte llevó a la creación de leyes más estrictas contra los católicos en los años siguientes. Además, la masacre reforzó la idea de que el protestantismo estaba bajo ataque, lo que contribuyó a la visión de Inglaterra como un bastión del protestantismo en Europa. Este sentimiento se reflejó en la política exterior de Isabel, que a menudo se alió con otros estados protestantes contra las potencias católicas.

la Iglesia de Cristo, me he sometido a la disciplina de la Palabra de Dios, la cual, si vuelvo a abandonar, estaría abandonando la Unión en la que estoy unido al cuerpo de Cristo".

En 1575, se dio un paso adelante al establecer la disciplina presbiteriana en las Islas del Canal. Tras la masacre en París en 1572, muchos protestantes franceses huyeron a estas islas buscando seguridad y, por parte de los señores del consejo, se les permitió conservar la forma de servicio ginebrino o francés a la que estaban acostumbrados.

Representantes de varios distritos se congregaron en St Peter's Port, Guernsey, donde debatieron y adaptaron un borrador de una forma de disciplina eclesiástica para su uso en las islas. Esto fue acordado al año siguiente en un sínodo celebrado en Guernsey en junio de 1576 y luego fue confirmado en un sínodo posterior celebrado en Jersey en octubre de 1577. Mientras tanto, los puritanos en tierra firme mantuvieron sus Asociaciones y asambleas privadas.

Los condados de Warwick y Northampton fueron especialmente avanzados en el movimiento. Se llevó a cabo una importante reunión en Cockfield, Suffolk, cuando sesenta ministros de Norfolk, Suffolk y Cambridgeshire se unieron en una conferencia para determinar qué uso del Libro de Oración Común podría ser tolerado y cuál no. Esta reunión fue aplazada a Cambridge en la próxima inauguración y luego desde allí a Londres.

El resultado de estas tres reuniones sinodales se plasmó en ciertas conclusiones, redactadas formalmente por Cartwright y Travers, cuyo objetivo era la introducción de cambios importantes en la organización y el culto de la Iglesia Nacional que aún no implicara la separación de esa Iglesia. Las iglesias debían organizarse en sínodos clásicos, provinciales y nacionales; los ministros debían ser llamados al pastorado, en primer lugar, por las iglesias a las que iban a servir, y esta llamada debía ser aprobada por la reunión clásica local en conferencia; y luego el ministro, así llamado y así aprobado, debería ser recomendado al obispo para su ordenación mediante cartas.

Los guardianes de la iglesia y los colectores para los pobres podrían convertirse en ancianos y diáconos sin alterar el arreglo actual. En cuanto a la suscripción a los Artículos y al Libro de Oración Común, si esto se exigiera nuevamente, se decidió que solo podría consentirse de acuerdo con el estatuto de 1571, que limitaba la suscripción solo a aquellos Artículos que contienen el resumen de la fe cristiana y la doctrina de los Sacramentos. La suscripción al Libro de Oración Común y al resto de los Artículos debería resistirse incluso si un hombre fuera privado de su ministerio por negarse. Además de estos acuerdos, también se decidió una forma de organización más amplia.

Por ejemplo, el condado de Northampton se organizó en tres clases separadas, celebradas en las ciudades de Northampton, Daventry y Kettering. También se convocó un sínodo provincial de estas clases en la ciudad de Northampton, y se llevaron a cabo reuniones similares en otros condados, especialmente en Warwickshire, Suffolk, Norfolk y Essex. Además, se ordenó que los resultados obtenidos en estas conferencias fueran informados a las asambleas más grandes celebradas en Cambridge en el momento de la Feria de Sturbridge de 1587, y en Londres en el momento de la Feria de Bartholomew; se eligieron tales momentos porque en esas ocasiones las grandes reuniones de personas serían menos notorias.

También se debían enviar informes a un sínodo celebrado en St John's College, Cambridge, en el momento de la Feria de

Sturbridge de 1589. En esta ocasión, la *Disciplina* de Travers, después de una revisión y corrección adicional, fue suscrita por los miembros presentes como esencial y necesaria para todos los tiempos.

4. La Iglesia de Inglaterra enfrenta el desafío puritano

En la Asamblea de Northamptonshire, se ordenó realizar una Encuesta Eclesiástica de las iglesias del condado y se envió una devolución del valor de cada beneficio y de la población de la parroquia, dando también el nombre del titular y una descripción de su carácter personal y ministerio. También se decidió obtener, si fuera posible, una encuesta más amplia, nacional, de iglesias con fines parlamentarios, y organizar el envío de representantes a Londres cuando el Parlamento estuviera en sesión. De esta manera, se puede ver que había un enfoque muy práctico en este diseño para "establecer una disciplina dentro de una disciplina, el presbiterianismo en el episcopado".

Había otro departamento de su propaganda destinado a desempeñar un papel importante en el movimiento. Los hombres expulsados de su ministerio y silenciados en discursos públicos comenzaron a defenderse mediante la prensa. La era de la redacción de panfletos, que en el siglo siguiente asumiría dimensiones enormes, había comenzado a amanecer. Los tratados y folletos aparecieron rápidamente en sucesión, en los cuales se exponía con mano dura el estado de cosas existente en la Iglesia, y extrañas historias se convirtieron en conversación común. El arzobispo decidió que todo esto debía terminar.

El 23 de junio de 1586, el arzobispo obtuvo del Star Chamber un decreto para limitar el número de prensas de imprimir y mantener bajo estricta vigilancia a las que estaban autorizadas. Se ordenó que no se estableciera ninguna prensa fuera de la ciudad y los suburbios de Londres, excepto una en la Universidad de Cambridge y una en la Universidad de Oxford, una y no más. Incluso en Londres, ningún impresor podría comenzar un negocio excepto con el consentimiento de los guardianes de la Compañía de Estacioneros, y las prensas en todas partes debían estar abiertas y accesibles en todo momento a los mencionados guardianes. Por último, ningún libro debía imprimirse antes de ser leído por el arzobispo, el obispo de Londres o los censores designados por ellos.

Bajo los poderes conferidos por este decreto, la imprenta de Robert Waldegrave en el patio de la iglesia de St. Paul fue allanada el 16 de abril de 1588 por John Wolfe, el bedel de la Compañía de Estacioneros. La prensa fue confiscada, las letras desfiguradas y se llevaron varias hojas impresas. Entre estas últimas había algunas copias de una obra titulada *The State of the Church of England laid open in a Conference*. No aparecía el nombre del autor en la portada, pero ahora se sabe que era obra de John Udall, el vicario de Kingston-on-Thames, un puritano convencido y un hombre de cierta reputación como autor y predicador elocuente. Este libro suyo, mejor conocido bajo el título de *Diotrephes,* aunque no pertenece a la serie, puede describirse como el precursor de los folletos de Martin Marprelate, tan famosos en las discusiones de la época.[11] Esta

---

[11] Los folletos de Martin Marprelate fueron una serie de siete panfletos satíricos que se publicaron en Inglaterra entre 1588 y 1589. El autor de estos folletos utilizó el pseudónimo "Martin Marprelate", y su verdadera identidad nunca ha sido definitivamente confirmada, aunque hay varias teorías. Los folletos de Marprelate atacaban a la jerarquía eclesiástica de la Iglesia de Inglaterra, especialmente a los obispos, y defendían la causa de los puritanos. Los folletos causaron un gran

descripción del estado de la Iglesia se presentó en forma de diálogo que se supone tuvo lugar en una posada en el Camino del Norte, donde los viajeros de Escocia y el Norte se encontraron con viajeros de Londres y el Sur.

En este diálogo, hay toques de humor al estilo de Bunyan, con insinuaciones sugerentes que nos recuerdan una y otra vez a Mr. Byends y su forma de ver la vida. Diotrephes es un obispo que viaja de incógnito desde Escocia, donde, para su angustia, los puritanos han establecido su disciplina y han derrocado completamente la soberanía de los obispos. Le gustaría saber del posadero qué noticias hay sobre los asuntos de la iglesia en la zona.

El posadero no es un experto en este tema, ya que rara vez va a la iglesia, pero trae a un prestamista de Londres que está en la casa. Al ser consultado sobre este tema, el prestamista relata que los obispos, "Dios los bendiga por eso, enfrentan a estos predicadores precisos y entusiastas; porque a algunos los han silenciado y otros están prisioneros en la Gatehouse; algunos están bien cargados con hierros en el White Lion, y otros están

---

escándalo en su momento y llevaron a una intensificación de la persecución contra los puritanos. En términos de la controversia puritana, los folletos de Marprelate jugaron un papel importante en la articulación y propagación de las ideas puritanas, y en el estímulo del debate sobre la estructura y la doctrina de la Iglesia de Inglaterra. Las críticas satíricas y a menudo mordaces de Marprelate a la jerarquía de la iglesia hicieron que estas ideas fueran accesibles y atractivas para un público más amplio, y ayudaron a fomentar un sentido de identidad entre los puritanos. Sin embargo, el tono mordaz y satírico de los folletos también provocó una fuerte reacción. Los escritores de la Iglesia de Inglaterra y el gobierno de Isabel I respondieron con sus propias publicaciones y aumentaron la represión de los puritanos. En última instancia, aunque los folletos de Marprelate ayudaron a difundir las ideas puritanas, también contribuyeron a la marginalización de los puritanos en la sociedad y la política inglesas.

en el Clinke". Esta noticia agrada al posadero, a quien no le gustan estos predicadores precisianos (puritanos).

Uno de esa clase ha llegado a esta ciudad, "una ciudad que se basa en abastecer, siendo un punto de paso, y él predica contra la buena compañía a la que llama borrachera", lo que ha arruinado la mitad de sus ganancias. En este punto, un predicador llamado Paule de Londres se une a la conversación, dando una descripción detallada de los asuntos eclesiásticos desde el punto de vista puritano, y como podemos suponer, hay una animada discusión hasta la hora de acostarse.

A la mañana siguiente, antes de que los viajeros continúen con sus diferentes rutas, la conversación se reanuda. La parte final, que es la más larga, es una conferencia entre Tertullus, un católico, y Diotrephes sobre cómo pueden colaborar mejor para enfrentar a los puritanos y proteger a los obispos. Están de acuerdo en que sería conveniente asegurar el apoyo de los señores del consejo y obtener el respaldo de las universidades, ya que tienen grandes privilegios y los puritanos surgen todos los días.

Incluso con este breve vistazo, podemos ver que Diotrephes fue un adecuado precursor para "Martin Marprelate, Caballero" y, de hecho, fue obra del mismo impresor que, seis meses después, publicó La Epístola, la primera de la serie Marprelate. Waldegrave, después de que su prensa y tipos fueran incautados en Londres, se dirigió a Kingston, la ciudad de Udall, y luego, para evitar ser observado, a East Molesey cerca de allí, y estableció otra imprenta en la que, poco después de mediados del verano de 1588, imprimió otro libro para Udall titulado *Una demostración de disciplina* [A Demonstration of Discipline]; seguido en noviembre por *La Epístola* [The Epistle].

La aparición de este último, como hemos mencionado, fue el primero de la serie Marprelate y causó una gran sensación, convirtiéndose en el tema de conversación en la ciudad. "Todos", dice Martin, "hablan de mi Señoría; dicen que ha sido recibido en la Corte". Esta fama, naturalmente, no estuvo exenta de peligros; las autoridades pronto buscaron ansiosamente y, dado que East Molesey ya no se consideraba seguro, la prensa y los tipos fueron llevados en secreto a Fawsley, la casa de Sir Richard Knightley, cerca de Northampton, y allí se imprimió *El Epítome* [The Epitome], el segundo Martin, que se había prometido en La *Epístola* [The Epistle].

A principios de 1589, Thomas Cooper, obispo de Winchester, en respuesta a estos ataques, publicó una Advertencia al pueblo de Inglaterra, negando las acusaciones contra los obispos e instando como advertencia que este ataque a la Iglesia seguramente sería seguido por un ataque al Estado.[12]

---

[12] Thomas Cooper (1521-1594) fue un obispo, teólogo y escritor inglés que desempeñó un papel importante en la Iglesia de Inglaterra durante la Reforma y las controversias puritanas del siglo XVI. Fue educado en la Universidad de Oxford, donde estudió artes y teología y se destacó por su erudición. Fue ordenado sacerdote y se convirtió en un miembro destacado del círculo de reformadores protestantes que se formó en Oxford durante el reinado de Eduardo VI. Durante el reinado de la Reina María, una católica, Cooper fue encarcelado por su fe protestante. Sin embargo, después de la ascensión de Isabel I al trono, fue liberado y ascendió rápidamente en la jerarquía de la Iglesia de Inglaterra. Sirvió como obispo de Lincoln y luego como obispo de Winchester, y fue uno de los principales defensores de la postura oficial de la iglesia contra los puritanos. Cooper es quizás mejor conocido por su papel en las controversias religiosas de su época. Escribió varios libros y panfletos en defensa de la Iglesia de Inglaterra y en oposición a las ideas puritanas. También participó en un famoso debate público con el puritano Thomas Cartwright. Uno de los principales puntos de disputa entre Cooper y los puritanos fue la cuestión de la episcopado, es decir, la estructura jerárquica de la Iglesia de Inglaterra, con obispos en la cima. Los puritanos argumentaban que esta estructura no tenía fundamento en la Biblia y pedían una iglesia más igualitaria y democrática. Cooper, en cambio,

Mientras tanto, para evadir la persecución, la imprenta secreta fue trasladada de Fawsley a Coventry, donde se imprimió el panfleto conocido como *Los Minerales* [The Minerals], uno de los folletos menores de Marprelate, en febrero. Hacia finales de marzo, otro de los folletos fue impreso en Coventry con el título, que entonces era un grito común en las calles: ¿Hay algún trabajo para el cooper?, que, por supuesto, era una respuesta a la Advertencia del obispo Cooper. Después de esta edición, Waldegrave fue sucedido como impresor por John Hodgkins.

Ahora podemos retroceder por un momento para observar cómo estos intentos, finalmente, llegaron a una crisis y terminaron en un evidente fracaso. No hace falta decir que las autoridades eclesiásticas no estaban completamente ignorantes de lo que estaba sucediendo. Se interceptaron cartas y se revelaron planes; y finalmente, el 16 de julio de 1590, el arzobispo Whitgift redactó una serie de Artículos contra los líderes del movimiento, bajo los cuales, más adelante en el año, fueron convocados ante el Tribunal de la Alta Comisión y luego llamados a comparecer ante la Star Chamber.

Cartwright fue convocado desde su hospital en Warwick a Londres y alojado en la prisión de Fleet. Él y sus compañeros fueron examinados una y otra vez, y al negarse a prestar juramento *ex officio*, fueron consignados a prisión. Allí permanecieron durante todo el frío y la miseria de ese invierno y el siguiente sin ningún proceso adicional.

Después de más de dos años de vivir esta experiencia, solicitaron a la Reina un misericordioso indulto, repudiando las acusaciones de sedición, cisma y rebelión que se habían presentado en su contra, y asegurándole su lealtad. Pero ella no

---

defendía el episcopado y argumentaba que era compatible con la Biblia y esencial para el buen gobierno de la iglesia.

escuchó sus súplicas. Finalmente, Cartwright fue liberado bajo la promesa de un comportamiento tranquilo y pacífico, pero solo bajo fianza para presentarse ante la Alta Comisión cuando fuera requerido.

Varios prisioneros cedieron al final, prestaron juramento y presentaron pruebas sobre lo que había sucedido en sus asambleas. Otros aún se negaron y permanecieron bajo suspensión, algunos durante cinco y otros durante siete años. John Udall, cuyos Diotrephes y *Demonstration of Discipline* [Una demostración de disciplina] no podían ser olvidados ni perdonados, fue señalado para recibir un trato especialmente indigno. Como su vicaría estaba en el condado de Surrey, fue llevado con grilletes y acusado en los juicios de Croydon en julio de 1590 por sedición, ya que "no teniendo el temor de Dios ante sus ojos, publicó maliciosamente un libelo difamatorio e infame contra la Majestad de la Reina, su Corona y Dignidad".

La acusación decía así, citando un pasaje cuestionable de la *Demonstration* y haciendo referencia a la quema de su otro libro, el diálogo Diotrephes. Después de cumplir con las formalidades legales, el prisionero en el banquillo fue declarado culpable de felonía y condenado a ser ejecutado: se consideró que cualquier crítica a los acuerdos que la Reina había establecido en la Iglesia era sedición contra su persona.

Sin embargo, no se hizo ningún intento inmediato de llevar a cabo esta sentencia, que ha sido descrita como atroz, y Udall siguió languideciendo en prisión. Recopilamos de los registros de la época que se sintió un gran resentimiento por estos procedimientos, y que personas influyentes, como Sir Walter Raleigh, el conde de Essex y Nowell, el decano de St Paul's, se interesaron en el caso de este hombre e intercedieron en su favor, pero sin resultado.

Más aún, en marzo de 1592, el Gobernador de la Compañía de Turquía ofreció enviarlo a Siria, como pastor de sus agentes en ese país, si podía ser liberado de inmediato. Pero no lo fue, y el barco tuvo que zarpar sin él. Tres meses después, en junio, se selló un indulto, pero incluso después de esto, había otras formalidades requeridas y antes de que pudieran cumplirse, las dificultades de la vida en prisión habían hecho su trabajo, y John Udall murió mientras seguía siendo prisionero en la cárcel de Southwark.

V. ABSOLUTISMO Y LIBERTAD

1. La emergencia del separatismo en el siglo XVI

Las drásticas medidas represivas implementadas por el arzobispo Whitgift en contra de aquellos que intentaban incorporar la disciplina presbiteriana en el sistema episcopal lograron sofocar cualquier intento posterior de organización basada en el presbiterianismo. Sin embargo, no eliminaron el ardiente deseo de una reforma más profunda en dirección al puritanismo. La insatisfacción no desapareció simplemente al ser ocultada. Los que estaban encarcelados en las prisiones de Londres representaban solo una parte de aquellos que ansiaban un cambio y una vida espiritual más fervorosa.

El movimiento se había expandido ampliamente en los condados ingleses y, de los dos mil ministros predicadores en la Iglesia, al menos quinientos suscribieron el *Libro de la Disciplina* en 1590.[1] Solicitaron al Parlamento que este libro "sea

---

[1] La obra "Ecclesiasticae disciplinae et Anglicanae Ecclesiae ab illa aberrationis, plena eaque methodica explicatio" (1574) de Walter Travers, también conocida como el "Libro de Travers" o "Ecclesiasticae disciplinae" (Libro de la Disciplina), fue una crítica importante de la Iglesia de Inglaterra y una propuesta para su reforma en línea con los principios

desde ahora autorizado, puesto en uso y practicado en todos los dominios de Su Majestad". Este hecho resultaba preocupante, y cuando Hooker publicó en 1594 los primeros cuatro libros de su *Política Eclesiástica*, claramente sintió que el peligro inminente aún no había cesado. En un extenso prólogo, explica por qué inició esta obra, la más grande de su vida: "aunque no sea por ninguna otra causa, sino por esta: que la posteridad sepa que no hemos permitido que las cosas pasen como en un sueño debido a nuestro silencio".[2]

---

puritanos. En su libro, Travers propuso un modelo de gobierno de la iglesia que era presbiteriano en lugar de episcopal. Sostenía que la iglesia debía ser gobernada por una asamblea de ancianos elegidos, en lugar de una jerarquía de obispos designados por el monarca. También defendió una mayor austeridad y simplicidad en el culto y la eliminación de las vestimentas y los rituales eclesiásticos que, según él, eran reminiscencias del catolicismo romano. El "Ecclesiasticae disciplinae" de Travers fue muy influyente en la controversia puritana en Inglaterra. Aunque sus propuestas fueron rechazadas por la jerarquía de la Iglesia de Inglaterra y el gobierno de la Reina Isabel I, el libro proporcionó una visión clara y detallada de cómo los puritanos querían que se reformara la Iglesia de Inglaterra. Fue un hito en la definición del movimiento puritano y en la articulación de sus críticas a la Iglesia de Inglaterra.

[2] Richard Hooker (1554-1600) fue un influyente teólogo anglicano y apologista que es especialmente conocido por su obra "Of the Laws of Ecclesiastical Polity", generalmente conocida como *Leyes eclesiásticas* o *Política Eclesiástica*. Esta obra en ocho libros es una defensa del sistema eclesiástico anglicano contra las críticas de los puritanos, y ha tenido una influencia duradera en la teología anglicana. El primer libro de las "Leyes eclesiásticas" presenta un argumento general en favor de la razón como una guía en asuntos de religión. Hooker argumenta que, aunque la revelación divina es necesaria para la salvación, la razón también tiene un papel importante que desempeñar en la interpretación de las Escrituras y en la organización de la vida de la iglesia. Los libros II a V defienden específicamente la estructura y las prácticas de la Iglesia de Inglaterra. Hooker argumenta que el gobierno episcopal de la iglesia, las prácticas de culto y los rituales establecidos por la Iglesia de Inglaterra son consistentes con las Escrituras y con la tradición de la iglesia primitiva. Además, sostiene que estos elementos de la Iglesia de Inglaterra son racionales y beneficiosos para la sociedad. Los libros VI a VIII, que fueron publicados después de la muerte de Hooker, tratan temas teológicos más

Después de haber examinado el desarrollo del movimiento puritano dentro de la Iglesia Nacional desde 1564 hasta 1590, nos enfocamos ahora en otra manifestación del sentimiento puritano, aún más enérgica, que adoptó la forma de Separatismo y el establecimiento de iglesias autónomas. Este movimiento se originó principalmente en dos centros distintos: Londres y los condados del este. El primero está particularmente asociado con los nombres de Henry Barrow y John Greenwood, mientras que el último lo está con el de Robert Browne.[3] Este último

---

generales, incluyendo la justificación, la predestinación y la gracia. Las "Leyes eclesiásticas" de Hooker han tenido una influencia profunda y duradera. Son uno de los fundamentos de la tradición teológica anglicana, y su énfasis en la razón como guía en asuntos religiosos ha sido particularmente influyente. Sus argumentos en defensa del gobierno episcopal y de las prácticas de la Iglesia de Inglaterra han sido fundamentales para la identidad y la auto-comprensión del anglicanismo.

[3] John Greenwood (1556-1593) fue un clérigo inglés y uno de los líderes más influyentes del movimiento puritano durante finales del siglo XVI. Es mejor conocido por su papel en la fundación de la Iglesia Separatista, que más tarde daría lugar a la tradición congregacionalista y a los Padres Peregrinos que se establecieron en América del Norte. Greenwood nació en Norfolk, Inglaterra, en 1556. Después de estudiar en el Corpus Christi College de Cambridge, se convirtió al puritanismo y fue ordenado en la Iglesia de Inglaterra. Sin embargo, pronto se desilusionó con lo que percibía como la falta de reforma en la Iglesia y comenzó a abogar por cambios más radicales. En 1581, Greenwood fue arrestado por sus actividades religiosas, que incluían la organización de reuniones de oración y estudio bíblico fuera de la estructura oficial de la Iglesia de Inglaterra. Mientras estaba en prisión, conoció a Henry Barrow, con quien más tarde colaboraría en la fundación de la Iglesia Separatista. En 1586, Greenwood y Barrow publicaron un libro que detallaba sus creencias y prácticas religiosas, y que se considera uno de los primeros manifiestos del separatismo puritano. Fueron liberados de prisión poco después, pero continuaron sus actividades religiosas y fueron arrestados nuevamente en 1592. Greenwood y Barrow fueron condenados por sedición en 1593 y ejecutados. A pesar de su muerte temprana, Greenwood tuvo un impacto duradero en la tradición puritana. Su insistencia en la independencia de las congregaciones locales y su rechazo de la estructura jerárquica de la Iglesia de Inglaterra fueron influencias fundamentales en la formación de

reformador, de quien se deriva el nombre de "Brownista", nació alrededor de 1550, como tercer hijo de Anthony Browne de Tolethorpe Manor, sheriff de Rutlandshire en 1546, 1558 y 1571.

Browne se graduó en Cambridge en 1572 y, ya desde sus años como estudiante universitario, se le consideraba "conocido y avanzado en religión". Además, estuvo en la Universidad en el momento del entusiasmo puritano causado por la controversia de los ornamentos y las conferencias de Cartwright. Luego de abandonar Cambridge, "cayó en gran preocupación y sufrió mucho al considerar muchas cosas mal, y la causa de todo fue el lamentable y desdichado estado de la Iglesia".

En 1580, había adoptado la postura teórica del Congregacionalismo, que sostiene que no se puede aceptar a toda la población bautizada de una parroquia determinada como la Iglesia de Cristo en ese lugar, porque, como él expresó, "el Reino de Dios no debe comenzar por parroquias enteras, sino más bien por los más dignos, aunque fueran muy pocos". Tomaría a los pocos espirituales como núcleo y trabajaría a partir de ellos como centro.

Sobre este principio como justificación teórica de la separación, y no solo por el disgusto hacia las ceremonias y el poder prelatical, él y su amigo Richard Harrison, también un hombre de Cambridge, organizaron una iglesia libre en Norwich en 1581. Además, visitaron otros lugares en East Anglia, en particular Bury St Edmunds, donde había "asambleas del pueblo común hasta un centenar de personas a la vez, que se reunían en casas particulares y conventículos". Como resultado, Browne terminó en prisión y, tras ser liberado, se trasladó a Middelburg

---

la tradición congregacionalista y en el desarrollo del puritanismo en América del Norte.

en Zelanda, donde en 1582 imprimió y publicó los tres libros en los que plasmó formalmente los principios que había adoptado.

Estos fueron: *Un tratado de la Reforma sin esperar a nadie*; *La vida y la manera de todos los verdaderos cristianos*; y *Un tratado sobre el capítulo 23 de Mateo*.[4] Su amigo Richard Harrison también publicó al mismo tiempo un pequeño libro sobre el Salmo 122 en la misma dirección. Estos libros fueron llevados secretamente a Inglaterra, y en junio de 1583 se emitió una proclamación real en contra de ellos, ordenando la destrucción de todos los ejemplares de "los mismos libros sediciosos o similares". Alrededor del momento en que apareció esta proclamación, se llevaron a cabo los Juicios en Bury St Edmunds, durante los cuales John Copping y Elias Thacker fueron condenados por sedición por difundir estos libros y fueron colgados antes de que terminaran los Juicios. También alrededor del mismo tiempo, y por el mismo cargo, William Denys fue colgado en Thetford, ya que se consideró que la crítica a la Iglesia de la Reina era sedición contra la persona de la Reina.

Incluso antes de este movimiento oriental hacia el Separatismo, hubo otro que se organizó en Londres un tiempo antes de 1571. Tres documentos que casualmente se han conservado juntos entre los Papeles del Estado nos presentan lo que parece haber sido la primera iglesia congregacional organizada después de la Reforma.

El más importante de los tres es una petición a la Reina firmada por veintisiete personas, una de ellas dando como dirección la calle Whitechapel, enfatizando la necesidad de una reforma eclesiástica. Se describen a sí mismos como "Nosotros, una pobre congregación a la que Dios ha separado de la Iglesia

---

[4] *A Treatise of Reformation without tarying for anie; The life and manner of all true Christians; and A Treatise upon the 23. of Matthewe.*

de Inglaterra y del culto mezclado y falso en ella", y dicen que "como Dios da fuerzas en este día, servimos al Señor cada día de reposo en casas, y el cuarto día nos reunimos semanalmente para usar la oración y ejercer disciplina sobre aquellos que lo merecen, por la fuerza y verdadera garantía de la Palabra del Señor Dios". Además, declaran incidentalmente que los defensores del Derecho Canónico han "opr imido y matado a los siervos del Señor por largas prisiones, como nuestro ministro Richard Fitz, Thomas Bowland, diácono, un Partryche y Gyles Fouler, y además de ellos una gran multitud".

Junto con esta petición escrita y suscrita, hay una pequeña hoja impresa en letra gótica titulada *The trewe Markes of Christ's Church &c* [Las doce marcas de la Iglesia de Cristo]. Estas son tres: (1) la gloriosa Palabra y el evangelio son predicados libre y puramente; (2) los sacramentos se administran de acuerdo con la institución y la buena palabra del Señor Jesús; y (3) la disciplina se administra de acuerdo con la misma palabra celestial y todopoderosa. El tercer documento, también en letra gótica, expone las razones para la separación de la Iglesia Anglicana y ruega que "Dios les dé fuerzas para seguir luchando en el sufrimiento bajo la cruz, para que la bendita Palabra de nuestro Dios solo pueda gobernar y tener el lugar más alto".

No sabemos qué sucedió con esta pequeña comunidad. Probablemente fue desmantelada y dispersa, sus miembros fueron enviados a prisión, y estos documentos algo patéticos y desgastados por el tiempo conservados en el Registro son todo lo que queda para contar la historia.

Avanzando hacia el oeste desde Whitechapel en 1571, encontramos en años posteriores congregaciones de separatistas reunidas en varios lugares de la ciudad y en los bosques de Islington, donde los protestantes solían congregarse en secreto durante el reinado de la reina María. El domingo 8 de octubre de 1586, veintiuna de estas personas se encontraban en la casa de Henry Martin en la parroquia de St Andrew's-in-the-Wardrobe. Mientras escuchaban la lectura de las Escrituras por John Greenwood, los perseguidores del obispo de Londres irrumpieron y los llevaron prisioneros ese mismo día a su palacio en Fulham para ser examinados. Al final, diez fueron liberados y once quedaron detenidos; de los once detenidos, Alice Roe y Margaret Maynard murieron por la "infección" de Newgate, y John Chandler y Nicholas Crane, un anciano de sesenta y seis años, también murieron en prisión.

John Greenwood, quien estaba leyendo las Escrituras a estas personas en el momento en que fueron sorprendidas, fue, como Robert Browne, un estudiante de pregrado en Cambridge durante la controversia de Cartwright. Su mente fue tan poderosamente influenciada por esto que incluso después de haber dejado la Universidad y haber recibido la ordenación, primero renunció a su cura, luego a una capellanía privada en la casa del Lord Rich de Rochford, y finalmente abandonó por completo la Iglesia Episcopal.

Alrededor de la misma época, entabló una amistad íntima con Henry Barrow, hijo de un terrateniente de Shipdam en Norfolk, siendo también pariente de Lord Bacon. Al finalizar su carrera en Cambridge, Barrow fue entrenado para el bar en Gray's Inn, viviendo en Londres por un tiempo. Entrando casualmente en una iglesia un día, escuchó un sermón que resultó en un cambio de vida para él. Se susurró entre sus conocidos que Barrow se había vuelto puritano, o como Bacon lo describió: "Hizo un salto de una juventud vana y libertina a una precisión en el más alto grado".

2. Las convicciones de Barrow y el nacimiento del separatismo religioso

La vida cambiada de Barrow trajo consigo nuevas amistades, y desde ese momento él y John Greenwood se convirtieron en amigos íntimos.[5] Cuando Greenwood fue arrestado en Londres y enviado prisionero a la Clink, Barrow fue a visitarlo la mañana del domingo 19 de noviembre de 1586. Sin saber que ya era sospechoso debido a sus opiniones eclesiásticas, se encontró con

---

[5] Henry Barrow (c. 1550-1593) fue un teólogo inglés y uno de los líderes principales del movimiento separatista puritano, que abogaba por una completa separación de la Iglesia de Inglaterra debido a sus raíces y prácticas católicas. Nacido en Shipdam, Norfolk, alrededor de 1550, Barrow estudió en el Clare College de la Universidad de Cambridge, donde se graduó en 1569. Después de completar sus estudios, se trasladó a Londres y se convirtió en un miembro de la Inner Temple, un colegio de abogados. Durante este tiempo, llevó una vida disoluta y se mostró indiferente a la religión. Sin embargo, su vida cambió radicalmente después de asistir a un sermón de un ministro puritano. Este evento lo llevó a una profunda transformación espiritual y a un compromiso con el puritanismo. Barrow comenzó a cuestionar las prácticas y la organización de la Iglesia de Inglaterra, argumentando que era demasiado similar a la Iglesia Católica Romana y que no se había reformado lo suficiente durante la Reforma. En 1586, después de ser arrestado por asistir a un conventículo (una reunión religiosa no autorizada), Barrow conoció a John Greenwood en prisión. Juntos, desarrollaron la teología y la organización del separatismo puritano. Argumentaron que las iglesias debían ser congregaciones independientes de creyentes comprometidos, lideradas por sus propios pastores y ancianos elegidos, y separadas de la jerarquía y las prácticas de la Iglesia de Inglaterra. Barrow escribió extensamente mientras estaba en prisión, incluyendo un tratado llamado "Una verdadera descripción de una Iglesia visible", que detallaba su visión de la organización de la iglesia. Desafortunadamente, sus creencias y escritos provocaron la ira de las autoridades religiosas y políticas. Barrow y Greenwood fueron condenados por sedición y fueron ejecutados en 1593. Su legado, sin embargo, fue duradero. Sus ideas sobre la independencia de las congregaciones y la organización de las iglesias tuvieron una gran influencia en la tradición congregacionalista y en el desarrollo del puritanismo, especialmente en Nueva Inglaterra en América del Norte.

que había caído en una trampa, ya que lo estaban buscando. Fue arrestado de inmediato y enviado en un bote río arriba a Lambeth, donde fue examinado por Whitgift y enviado a la prisión de Gatehouse. Cinco meses después, fue examinado nuevamente ante la Corte de Alta Comisión; y en las sesiones de Newgate de mayo de 1587, él y su amigo Greenwood fueron acusados bajo la Ley de 1581 por "retirarse de la religión establecida por la autoridad de su Alteza" y enviados a la prisión de Fleet.

Durante los largos y agotadores años de encarcelamiento que siguieron entre su ingreso a Fleet en mayo de 1587 y su ejecución en Tyburn en marzo de 1593, Barrow produjo los libros con los que se asocia su nombre. Sus hojas fueron sacadas en secreto de la prisión mientras las escribía y se imprimieron en el extranjero en Dort por un tal Hanse.

El principio central en el que insiste en estos libros es el que Browne había enunciado antes que él, a saber, que no se puede tener una verdadera Iglesia cristiana a menos que esté compuesta por hombres espirituales: "una verdadera Iglesia de Cristo plantada y establecida correctamente es una compañía de personas fieles, separadas de los incrédulos, reunidas en el nombre de Cristo a quien adoran verdaderamente y obedecen con prontitud. Son una hermandad, una comunión de santos, cada uno de ellos defendiendo y practicando su libertad cristiana para poner en práctica lo que Dios les ha mandado y revelado en Su santa Palabra".

Esa Palabra, y no la Tradición, debe ser su guía; esa es la vara dorada para medir nuestro templo, nuestro altar y nuestra adoración. Se opone a todas las jerarquías en la Iglesia, a todos los señores y gobernantes, excepto a Cristo mismo. Según él, el mayor anciano de la Iglesia, el pastor, es solo un siervo y administrador de la casa, no un señor de la herencia; su honor radica en su servicio, y su servicio es para todos. Una Iglesia compuesta por hombres espiritualmente renovados y que reconoce la autoridad y liderazgo de Cristo es capaz de autogobernarse, tiene derecho y poder para disciplinarse a sí misma, teniendo cada congregación en particular el poder de nuestro Señor Jesucristo para censurar el pecado y excomulgar a los infractores obstinados.

Estas eran las opiniones de Barrow sobre el gobierno de la Iglesia, las cuales eran esencial y fundamentalmente opuestas al sistema de la Iglesia Establecida, que otorgaba ese gobierno a manos de la reina y el Consejo Privado, arzobispos, obispos y arcedianos, y en una Cámara Estrellada y la Corte de Alta Comisión. Los libros en los que había promulgado estas opiniones, y que había compuesto sigilosamente durante su largo encarcelamiento, ahora se consideraban como una ofensa adicional contra la supremacía de la reina en asuntos eclesiásticos y civiles. Por esta ofensa adicional, fue llevado a juicio el 11 de marzo de 1593, y el 23, tanto él como John Greenwood fueron condenados por publicar libros sediciosos y condenados a muerte por la ofensa.

Escribiendo a una dama de rango, una pariente suya, entre la condena y la ejecución, Barrow dice: "Por libros escritos hace más de tres años (después de casi seis años de encarcelamiento), los prelados nos han acusado, enjuiciado y condenado". El 24 de marzo, la mañana después de que se dictara sentencia, se hicieron preparativos para la ejecución; Barrow y Greenwood fueron sacados de prisión, les quitaron las cadenas y estaban a punto de ser atados al carro cuando llegó un indulto.

No obstante, unos días después, fueron llevados temprano y en secreto a lo largo de Holborn al lugar de ejecución en Tyburn.

De hecho, estaban atados por el cuello al árbol fatal y estaban pronunciando algunas palabras de despedida a la gente cuando nuevamente llegó un indulto; "la gente con alegría y aplausos excesivos" los animó en su camino de regreso a la prisión. Finalmente, el 6 de abril, fueron llevados nuevamente al lugar de ejecución y esta vez no regresaron.

El siguiente mes, el 29 de mayo, John Penry, quien recientemente había pasado del presbiterianismo al separatismo, fue llevado a St Thomas-a-Watering, Kennington, y también fue ahorcado allí, en un momento en que había pocos cerca. Así, los tres mártires de 1583 en los condados del este fueron seguidos por los tres de 1593 en Londres y la lista estaba completa. Mientras tanto, mientras estos juicios y ejecuciones avanzaban, el Parlamento 35 de Isabel estaba en sesión desde el 19 de febrero hasta el 10 de abril, cuando se aprobó una medida, la severa Ley de Conventículos de 1593, que tenía la intención de aplastar la disconformidad de una vez por todas, en lo que respecta al separatismo.[6]

Esta Ley, que fue el punto culminante de las medidas adoptadas por Isabel para reprimir el puritanismo, establecía que si alguna persona mayor de dieciséis años se abstuviera o persuadiera a otra persona a abstenerse de asistir a la iglesia durante un mes sin causa justificada, o estuviera presente en asambleas, conventículos o reuniones bajo el pretexto de algún ejercicio religioso, dicha persona sería encarcelada y permanecería allí sin fianza ni garantía hasta que se sometiera y asistiera a alguna iglesia según las leyes y estatutos de Su Majestad mencionados.

---

[6] Se le conoce como "Parlamento 35 de Isabel", porque tuvo lugar en el año 35 del Reinado de Isabel, esto es en 1593.

Además, se estableció que si tales personas no se sometían y hacían una confesión pública y sumisión en la iglesia parroquial, debían abandonar el reino de Inglaterra y todos los demás dominios de Su Majestad para siempre. Si regresaban sin un permiso especial, en cada caso, la persona que cometiera tal ofensa sería juzgada como delincuente y sufriría como en caso de delito grave, sin beneficio de clero. Bajo las disposiciones de esta Ley, se puede ver que los puritanos que eran separatistas no tenían más opción que someterse o exiliarse.

Penry, antes de su ejecución, había aconsejado a sus hermanos londinenses elegir lo último: "Viendo que el destierro, con pérdida de bienes, es probable que os ocurra a todos, preparaos para este duro trato". Les aconseja que se vayan y se mantengan unidos, sin dejar a los pobres y desamparados para que se queden atrás y se vean obligados a romper una buena conciencia por falta de apoyo y amabilidad; y especialmente en una súplica patética, les ruega que se lleven a su pobre y desolada viuda y a sus huérfanos sin padre ni amigos al exilio a dondequiera que fueran.

Esto fue lo que hicieron cuando muchos de ellos, en el verano y el otoño de ese año, se fueron a Holanda. Pues en la República de los Países Bajos había, lo que no había en Inglaterra, libertad de conciencia y libertad de culto. El 5 de julio de 1581, los caballeros, nobles y ciudades de Holanda y Zelanda habían pedido a Guillermo el Silencioso que aceptara la autoridad total como soberano y jefe de la tierra, ordenándole "mantener solo el ejercicio de la religión evangélica reformada, sin permitir que se indague sobre las creencias o conciencia de ningún hombre, ni que se cause perjuicio o impedimento a nadie por motivo de su religión". Así, Ámsterdam se convirtió en el asilo de la libertad y atrajo a sí misma a aquellos que valoraban la libertad, civil o religiosa, de muchos países.

Entre estos se encontraban los miembros de la Iglesia Separatista de Londres, así como los que se trasladaron desde Gainsborough y Scrooby. Este último grupo, tras permanecer algunos meses en Ámsterdam, finalmente se estableció en Leiden, donde permanecieron hasta 1620, cuando zarparon en el Mayflower hacia Nueva Inglaterra.[7] Estas Iglesias, que buscaron refugio en Holanda entre 1595 y 1620, se nutrieron de otros

---

[7] El Mayflower es un barco icónico en la historia de los Estados Unidos, conocido por llevar a los llamados Padres Peregrinos desde Inglaterra a las costas de lo que hoy es Massachusetts en 1620. El trasfondo histórico de este viaje se encuentra en la persecución religiosa que estaban enfrentando los puritanos en Inglaterra durante el reinado del rey Jacobo I. Algunos separatistas creían que la Iglesia de Inglaterra estaba tan corrupta que necesitaban separarse de ella completamente. Debe mencionarse que la mayoría de los historiadores no consideraban a los separatistas como puritanos, dado que por definición los puritanos buscaban una reforma en la Iglesia Establecida, en lugar de una separación de la misma. Los separatistas enfrentaron persecución y hostigamiento de las autoridades. Un grupo de estos separatistas, que habían huido primero a Holanda en busca de libertad religiosa, decidió emigrar a América del Norte en busca de un lugar donde pudieran practicar su fe libremente y establecer una comunidad de acuerdo a sus principios religiosos. Este grupo de aproximadamente 100 personas, ahora conocido como los Padres Peregrinos, partió de Plymouth, Inglaterra, en el Mayflower en septiembre de 1620. El viaje del Mayflower es de gran importancia por varias razones. Primero, marcó el comienzo de la migración puritana a América del Norte, que tuvo un profundo impacto en la cultura y la historia de los Estados Unidos. Segundo, antes de desembarcar, los pasajeros del Mayflower redactaron y firmaron el Pacto del Mayflower, un acuerdo que establecía un gobierno autónomo en su nueva colonia y que se considera un precursor importante de la democracia en América del Norte. La colonia que establecieron, Plymouth, fue la segunda colonia inglesa permanente en América del Norte, después de Jamestown, Virginia. Aunque Plymouth fue eventualmente eclipsada en tamaño e importancia por la cercana colonia de la Bahía de Massachusetts, la historia del Mayflower y los Padres Peregrinos sigue siendo una parte central del mito fundacional de los Estados Unidos.

exiliados por motivos de conciencia procedentes de varias partes de Inglaterra. Según los Puiboeken, o registros públicos de su país adoptivo, estos provenían de no menos de veintinueve condados ingleses, además del condado galés de Caermarthen. Los condados de Northumberland, Yorkshire, Sussex, Kent, Cornwall, Devon, Norfolk y Suffolk estuvieron representados, así como el Norte y el Sur de Midlands, Lancashire y Lincoln. Durante los últimos tres o cuatro años del reinado de Isabel, hubo una tregua entre la Iglesia y los puritanos. Se sabía que el rey Jacobo sucedería al trono inglés tras la muerte de la reina, y dado que él había sido criado entre los presbiterianos de Escocia, podrían producirse cambios inminentes.

Los puritanos esperaban su favor, y cuando finalmente sucedió y estaba en camino a Londres, lo encontraron en Hinchinbrook y le presentaron la Petición Milenaria, que se suponía estaba firmada por mil clérigos puritanos ingleses, pidiendo más reformas en la dirección puritana.[8] Sin embargo,

---

[8] La Petición Milenaria fue una solicitud formal presentada a Jacobo I de Inglaterra por representantes de la iglesia puritana en 1603, poco después de que Jacobo ascendiera al trono. El nombre "Milenaria" se deriva de la afirmación, probablemente exagerada, de que la petición tenía el apoyo de 1.000 ministros puritanos. El propósito de la petición era solicitar al rey reformas en la Iglesia de Inglaterra. La petición pedía, entre otras cosas, la abolición de ciertos rituales y vestimentas eclesiásticas, y cambios en la estructura del clero para permitir una mayor participación de los laicos. La importancia de la Petición Milenaria radica en que fue uno de los primeros intentos significativos de los puritanos de influir en la política religiosa de Inglaterra a nivel nacional. También marcó el inicio de una larga lucha por la reforma religiosa que continuaría durante todo el reinado de Jacobo y más allá. Sin embargo, a pesar de las esperanzas que los puritanos depositaron en Jacobo, el rey rechazó la mayoría de las reformas propuestas en la Petición Milenaria. En la Conferencia de Hampton Court en 1604, Jacobo se mostró intransigente en su resistencia a las demandas puritanas, lo que llevó a un endurecimiento de las relaciones entre los puritanos y la monarquía. Este conflicto continuaría

esto no tuvo ningún resultado, y el resultado de la Conferencia de Hampton Court fue igualmente decepcionante.

El rey les permitió exponer su caso y luego les dijo abiertamente que si eso era todo lo que tenían que decir, debían someterse o irse. La suscripción al Libro de Oración Común y a los Artículos, que fue el logro especial del reinado de Isabel, debía seguir siendo impuesta; y a esto se sumarían los Cánones elaborados por la Convocatoria de 1604, que serían la contribución al orden de la Iglesia para señalar el reinado de Jacobo.

Algunos de estos cánones eran antiguos y otros nuevos. Reafirmaban nuevamente que la Iglesia de Inglaterra era la verdadera y católica Iglesia de este reino, y cualquiera que negara esto sería excomulgado ipso facto; lo mismo ocurriría con todos los objetores del Libro de Oración Común y aquellos que decían que el gobierno de la Iglesia por arzobispos y obispos era repugnante a la Palabra de Dios. Y en aquellos días, la excomunión significaba más que la privación espiritual.

Esto significaba que aquel que fuera sometido a esa pena no solo debía ser expulsado de la congregación de los fieles, sino que, como ciudadano, se volvería incapaz de reclamar sus deudas legales y estaría expuesto a ser encarcelado de por vida por el proceso de los tribunales civiles, o hasta que se reconciliara con la Iglesia; y cuando muriera, se le negaría de manera degradante el entierro cristiano.

Bancroft, quien a la muerte de Whitgift había sucedido al Arzobispado de Canterbury, no mostró falta de celo en la aplicación de estos cánones. Renovó el uso de capas, sobrepellices, gorras y capuchas, de acuerdo con el primer Libro

---

durante las siguientes décadas, culminando en la Guerra Civil Inglesa en la década de 1640.

de Servicio de Eduardo VI, y obligó al clero a suscribir nuevamente los tres Artículos de Whitgift, que según el Canon XXXVI debían declarar que lo hacían "de buen grado y desde el corazón". Como resultado de esta acción adicional, más de 300 ministros fueron silenciados o privados de sus cargos, algunos por excomunión y otros al verse obligados a abandonar el país e ir al exilio.

Cabe destacar que Jacobo convocó un nuevo Parlamento en enero, y este demostró ser más independiente de lo que se había atrevido a ser bajo Isabel. Antes de conceder suministros, primero exigieron la reparación de agravios y, además, reclamaron los privilegios de los Comunes de Inglaterra no como una cuestión de gracia, sino como su legítima herencia. Pronto quedó claro que había amanecido una nueva era.[9]

---

[9] Jacobo I de Inglaterra, también conocido como Jacobo VI de Escocia, fue rey de Escocia desde 1567 y rey de Inglaterra e Irlanda desde 1603 hasta su muerte en 1625. Fue el primer monarca que gobernó ambos reinos y es conocido por su intento de unificar a Escocia e Inglaterra. Además, la traducción de la Biblia al inglés, conocida como la versión del Rey Jacobo, se realizó bajo su patrocinio. Jacobo tenía una relación complicada con los puritanos. Los puritanos inicialmente tenían esperanzas en Jacobo cuando se convirtió en rey de Inglaterra en 1603. Poco después de su ascenso al trono, le presentaron la Petición Milenaria, en la que solicitaban reformas en la Iglesia de Inglaterra. Sin embargo, Jacobo rechazó la mayoría de sus propuestas en la Conferencia de Hampton Court en 1604. Aunque era un protestante, Jacobo I favorecía una forma de gobierno de la iglesia que mantenía una estructura jerárquica y litúrgica, similar a la de la Iglesia Católica. Esto estaba en marcado contraste con las creencias puritanas, que favorecían una iglesia más descentralizada y un enfoque más sencillo y menos ritualista de la adoración. Las tensiones entre Jacobo y los puritanos aumentaron a lo largo de su reinado. Aunque Jacobo no persiguió activamente a los puritanos en la forma en que lo hicieron algunos de sus sucesores, tampoco fue receptivo a sus llamados a la reforma. Esta falta de acción contribuyó a un sentimiento de descontento entre los puritanos, lo que eventualmente llevaría a un éxodo de puritanos a América del Norte y a conflictos políticos y religiosos en Inglaterra, incluyendo la Guerra Civil Inglesa.

Incluso Isabel apenas había podido evitar que el Parlamento debatiera el tema del estado de la Iglesia de Inglaterra; Jacobo no pudo contenerlos en absoluto. Pues la mayoría de los Comunes eran puritanos, no en el sentido de aquellos de épocas posteriores que se oponían por principio al gobierno de los obispos y al uso del Libro de Oración Común, sino en el sentido de que deseaban que a los hombres con escrúpulos de conciencia se les permitiera cierta latitud, y opinaban que era más importante asegurar predicadores efectivos y un clero residente, que contender por una observancia rígida de formas y ceremonias. Se presentaron y aprobaron en la Cámara de los Comunes proyectos de ley para proporcionar un ministerio instruido y piadoso y para reducir las pluralidades, pero fueron rechazados en la Cámara de los Lores.

El 30 de mayo, el Rey acudió al Parlamento y reprendió a los Comunes por inmiscuirse en su prerrogativa, como lo habría hecho Isabel, pero no fue recibido como ella. No estaban dispuestos a reconocer que habían excedido sus poderes. Por el contrario, en términos respetuosos, afirmaron que sus privilegios eran su legítima herencia no menos que sus tierras y bienes, y además declararon que estos privilegios habían sido impugnados de manera más peligrosa que en cualquier momento anterior, su libertad de expresión se había visto afectada por muchas represiones, y su Cámara hecha despreciable a los ojos del mundo.

3. Monarcas, parlamento y la iglesia en la época de Carlos I

En cuanto a la Iglesia, negaron expresamente el poder de la Corona para "alterar la religión" o hacer alguna ley al respecto sin el consentimiento del Parlamento. Esta teoría de gobierno iba directamente en contra de la que sostenía el Rey, quien afirmaba que el poder real no admitía restricciones legales.[10] Aquí había dos teorías opuestas que no admitían reconciliación; y el Parlamento dejó constancia de la suya en un lenguaje enérgico e inequívoco: "Las prerrogativas de los príncipes", dijeron,

---

[10] La teoría del "Derecho Divino de los Reyes" (De Jure Divino) es una doctrina política y religiosa que sostiene que los monarcas derivan su autoridad directamente de Dios, no de sus súbditos ni de cualquier institución terrenal. Según esta teoría, los reyes son responsables ante Dios y, por lo tanto, sus acciones no pueden ser cuestionadas por sus súbditos o por la iglesia.

Antecedentes históricos medievales: La idea del derecho divino tiene sus raíces en la antigüedad y la Edad Media. En la Europa medieval, la idea del derecho divino estaba vinculada a la concepción de que el rey era un representante de Dios en la tierra. Los reyes eran ungidos en una ceremonia religiosa que simbolizaba su designación divina. Esta idea se reforzó con la interpretación de ciertos pasajes bíblicos, como el Salmo 89:20-21, que habla de la unción de David por Dios.

La Reforma Protestante: Durante la Reforma Protestante, la teoría del derecho divino adquirió una nueva dimensión. Algunos monarcas, como Enrique VIII de Inglaterra, utilizaron la teoría del derecho divino para justificar su ruptura con la Iglesia Católica y establecer iglesias nacionales independientes. En este contexto, la teoría del derecho divino se utilizó para reforzar la autoridad de los monarcas sobre la iglesia en sus respectivos reinos.

Influencia en la Primera Guerra Civil Inglesa: La teoría del derecho divino jugó un papel crucial en la Primera Guerra Civil Inglesa. Charles I de Inglaterra era un firme creyente en el derecho divino de los reyes. Su insistencia en gobernar sin el consentimiento del Parlamento, basándose en su supuesta autoridad divina, fue una de las principales causas del conflicto. Charles intentó imponer cambios religiosos y aumentar los impuestos sin la aprobación del Parlamento, lo que llevó a un amplio descontento. Muchos en Inglaterra vieron estas acciones como un abuso de poder y una violación de sus derechos. Esto llevó a una rebelión abierta y finalmente a la Guerra Civil.

La Guerra Civil resultó en la ejecución de Charles I y el establecimiento de la Commonwealth bajo Oliver Cromwell. Aunque la monarquía fue finalmente restaurada, la idea del derecho divino de los reyes fue en gran medida desacreditada en Inglaterra. La guerra marcó un cambio importante en la relación entre el monarca y el Parlamento, con el Parlamento ganando más poder y control.

"pueden crecer fácilmente y lo hacen a diario: los privilegios de los súbditos, en su mayor parte, están en un punto muerto eterno, y una vez perdidos, no se recuperan sino con mucha inquietud".

Se ha dicho acertadamente que esto, que había sido la historia de Francia, de Castilla, de Aragón y de otros reinos continentales, podría haber sido la historia de Inglaterra. Las monarquías absolutas habían surgido en otros lugares sobre las ruinas de las libertades nacionales, y este podría haber sido el destino de Inglaterra también si no hubiera sido por el espíritu patriótico de sus estadistas. Dijo un orador parlamentario en 1625: "Somos la última monarquía en la Cristiandad que mantiene sus derechos".

En esta gran y trascendental controversia, la nación en general tuvo que elegir bandos en cuanto a si la Iglesia y el Estado debían ser controlados por los representantes del pueblo o por la voluntad del Rey. La elección fue hecha. La Convocatoria adoptó el principio de que la resistencia al Soberano está en todos los casos condenada por la ley de Dios. La Iglesia y el Rey unieron fuerzas en la doctrina de la obediencia pasiva y la no resistencia; los puritanos y el Parlamento en mantener los principios del gobierno constitucional. En esta fatídica separación se vio involucrada la historia del tiempo venidero, el origen de las partes contendientes en el Estado, el estallido de la Guerra Civil y la consiguiente caída de la constitución jerárquica de la Iglesia.

Carlos I sucedió al trono de Inglaterra a la muerte de su padre en 1625 y, en una dirección peligrosa, siguió sus pasos. Jacobo, cuando el Parlamento se negó a concederle suministros hasta después de la reparación de agravios, recurrió una y otra vez a métodos inconstitucionales para obtener el dinero que necesitaba para sus guerras. Impuso impuestos sobre las importaciones por su propia autoridad; estas imposiciones se aplicaron principalmente a artículos de lujo o a manufacturas extranjeras que competían con la industria nacional. Más adelante, pidió préstamos y luego buscó benevolencias.

Las cartas se enviaron a cada condado y municipio pidiendo donaciones voluntarias para las necesidades del Rey. Sin embargo, después de dos meses, solo se habían recaudado £500 en respuesta y, tras dos años de presión constante, se obtuvo un total de £66,000. El Rey Carlos, hijo y sucesor de Jacobo, también recurrió a medios inconstitucionales, pero de manera más rápida y extensa.[11]

---

[11] Carlos I de Inglaterra fue rey de Inglaterra, Escocia e Irlanda desde 1625 hasta su ejecución en 1649. Nació el 19 de noviembre de 1600 en Dunfermline, Escocia, hijo de Jacobo VI de Escocia (quien también se convirtió en Jacobo I de Inglaterra) y de Ana de Dinamarca. Carlos se convirtió en heredero al trono después de la muerte de su hermano mayor, Enrique, en 1612. Carlos I es conocido principalmente por su conflicto con el Parlamento de Inglaterra, lo que finalmente condujo a la Guerra Civil Inglesa. Creía en el derecho divino de los reyes, lo que significa que consideraba su autoridad para gobernar directamente de la voluntad de Dios. Esta creencia lo llevó a gobernar sin el Parlamento durante la mayor parte de su reinado, lo que provocó un conflicto considerable.

La relación de Carlos con el Parlamento se deterioró aún más debido a cuestiones de religión y dinero. Sus políticas religiosas, que eran vistas como tendentes al catolicismo, alienaron a la población predominantemente protestante de Inglaterra. Además, su necesidad constante de dinero para financiar guerras y su extravagante corte llevó a tensiones sobre la imposición de impuestos. Estas tensiones finalmente estallaron en la Guerra Civil Inglesa en 1642, una lucha entre los partidarios del rey (conocidos como los realistas) y los del Parlamento (conocidos como los parlamentaristas o roundheads). La guerra terminó con la captura de Carlos en 1646.

Después de un intento fallido de recapturar el poder, Carlos fue juzgado por alta traición y ejecutado en enero de 1649. Su muerte marcó el fin de la monarquía en Inglaterra por un tiempo, ya que el país se convirtió en una república conocida como la Commonwealth de Inglaterra, bajo el liderazgo de Oliver Cromwell. La monarquía fue restaurada en 1660, después de la muerte de Cromwell, con Carlos II, el hijo de Carlos I, en el trono.

Exigió el tonelaje y el peso sin la autoridad del Parlamento, solicitó un préstamo de £100,000 a la ciudad de Londres que, al ser rechazado, lo cambió por un préstamo forzoso de aproximadamente £350,000. Quienes se negaron fueron castigados, encarcelando a los caballeros y alistando a hombres comunes como soldados. Además, se recaudó el impuesto del shipmoney en todos los condados, lo que generó gran resentimiento y descontento en la nación.

Mientras algunos protestaban, una parte del clero se alió con el Rey y comenzó a exaltar la prerrogativa real. El Dr. Sibthorpe de Burton Latimer, en su sermón en Northampton, argumentó que el Rey tenía poder legislativo y que resistirse a su voluntad era pecaminoso. El Dr. Mainwaring, en un sermón ante el propio Rey, negó que el consentimiento del Parlamento fuera necesario para imponer impuestos. Por esta ofensa, los Lores lo encarcelaron y lo destituyeron, pero el Rey lo perdonó de inmediato y le otorgó la rectoría de Stanford Rivers. Esto ocurrió en 1628 y, el 20 de enero de 1629, el Parlamento se reunió en un ambiente tenso.

Cuando comenzaron los debates, se trataron otros temas además de la tributación. En una declaración previa, el Rey había confirmado los Artículos como la verdadera doctrina de la Iglesia de Inglaterra y ordenó a los predicadores que se ciñeran a ellos para poner fin a las desafortunadas diferencias en la Iglesia. Sir John Eliot señaló que esta imposición del silencio era unilateral, ya que limitaba al puritano y permitía la libertad al anglocatólico. El 26 de enero, se formó un Comité de Religión para considerar los agravios religiosos, que redactó una serie de resoluciones que se presentaron ante la Cámara.

Las resoluciones destacaron los peligros del crecimiento del papismo y el hecho de que el anglocatolicismo, al que llamaron facción arminiana, estaba separando a la Iglesia de las Iglesias reformadas en el extranjero y causando divisiones internas. Llamaron la atención sobre la introducción de nuevas ceremonias en el culto, la erección de altares en lugar de mesas de comunión, y la publicación de libros y predicación de sermones contrarios a la doctrina ortodoxa, mientras que los libros y sermones opuestos eran rigurosamente suprimidos.

Además, pidieron que los obispados y otros cargos no fueran conferidos a quienes practicaban ceremonias supersticiosas, sino a hombres aprendidos, piadosos y ortodoxos; que se pusiera fin a la no residencia del clero y se proporcionaran medios para mantener a un ministro piadoso y capaz en cada parroquia. El rey se alarmó ante estas resoluciones y ordenó un aplazamiento de la Cámara, y nuevamente, el 2 de marzo, el presidente declaró el deseo del rey de que se aplazara hasta el día 10. Se encontró con gritos de "¡No!" y Eliot se levantó para hablar.

El presidente dijo que tenía un comando absoluto del rey para abandonar la silla si alguien hablaba; sin embargo, fue retenido en la silla por la fuerza; Eliot afirmó el derecho de la Cámara a aplazarse a sí misma; se cerraron las puertas y se sometieron a votación tres resoluciones que fueron aprobadas por aclamación. Estas fueron: (1) Que quienquiera que introduzca innovaciones en la religión u opiniones que discrepen de la verdadera e Iglesia ortodoxa debe ser considerado enemigo capital de este reino y de la comunidad; (2) Quienquiera que aconseje o recomiende la recaudación de impuestos y subsidios sin ser otorgados por el Parlamento debe ser considerado un innovador en el gobierno y un enemigo capital del Estado; y (3) Que cualquier comerciante o persona que pague voluntariamente tales impuestos y subsidios sin ser otorgados por el Parlamento debe ser considerado un traidor de las libertades de Inglaterra y enemigo de la misma.

Nueve miembros de la Cámara de los Comunes fueron encarcelados por su participación en estos procedimientos; el Parlamento fue disuelto y entonces, durante once años, Inglaterra fue gobernada sin ningún Parlamento en absoluto. El hecho significativo de ese día trascendental en el Parlamento fue que en las tres resoluciones aprobadas, hubo una unión de descontento religioso y descontento político. La política de Isabel había creado una oposición religiosa, y la política de James y Charles había creado una oposición política; y con las tres resoluciones del 2 de marzo de 1629, estas dos causas se convirtieron en una sola, y de esta unión surgió el Parlamento largo de 1640 y la Guerra Civil, con la consiguiente caída de la Iglesia y el Rey.[12]

---

[12] La Primera Guerra Civil Inglesa fue un conflicto complejo que se produjo de 1642 a 1646, impulsado por una variedad de factores políticos, económicos y sociales. Aquí están algunos de los más notables:

Factores Políticos. El derecho divino de los reyes: Carlos I creía en el derecho divino de los reyes, una doctrina política que sostiene que un monarca deriva su derecho a gobernar directamente de la voluntad de Dios. Esto llevó a un estilo de gobierno autocrático, en el que intentó gobernar sin el Parlamento durante la mayor parte de su reinado. Conflictos con el Parlamento: Carlos tuvo disputas constantes con el Parlamento sobre cuestiones de poder y autoridad. Estos conflictos se centraron en gran medida en el control de las finanzas y la imposición de impuestos, así como en el papel del Parlamento en el gobierno.

Factores Económicos. Imposición de impuestos: Carlos I necesitaba constantemente financiamiento para sus guerras y su corte real. Para obtener estos fondos, a menudo impuso impuestos sin el consentimiento del Parlamento, lo que provocó una considerable indignación y resistencia. Desigualdades económicas: Había una creciente brecha económica en Inglaterra en ese momento, con una creciente burguesía y una nobleza cada vez más empobrecida. Esto llevó a tensiones y conflictos entre diferentes sectores de la sociedad.

Factores Sociales. Religión: La religión jugó un papel fundamental en las tensiones que llevaron a la guerra. Carlos I, aunque era protestante, se casó con una católica y fue percibido como demasiado simpatizante del catolicismo. Esto provocó miedo y desconfianza en la Inglaterra

A lo largo de los años en los que Inglaterra estuvo bajo el gobierno personal de Carlos I, la Iglesia siguió el rumbo dictado por el arzobispo Laud. Este hombre, del agrado del rey, ascendió rápidamente en el poder hasta alcanzar la posición más alta en la Iglesia, convirtiéndose en el consejero eclesiástico más confiable del monarca. Disciplinado en cuestiones de forma y ceremonia, y trabajador incansable, su influencia se hizo sentir en todos lados. No había tarea demasiado grande o pequeña para él, mostrando una perseverancia incansable, instinto de orden y pasión por los detalles. Demostró igual fervor y persistencia al erigir barandillas alrededor de las mesas de comunión de las iglesias parroquiales y obligar a la gente a arrodillarse allí, como al intentar transformar la religión en Escocia al pasar del presbiterianismo al episcopalianismo.

4. La política eclesiástica de Laud y el éxodo puritano a Nueva Inglaterra

La política de Laud fue un hecho destacado en la historia de la Iglesia de Inglaterra entre 1629 y 1640. Entre el clero, no permitió manifestaciones de inconformidad o individualidad. Ya no podían omitir oraciones a voluntad, ponerse de pie o arrodillarse cuando se les indicara lo contrario. Con respecto a los laicos, debían someter su individualidad a sus líderes espirituales y no abandonar su iglesia parroquial para asistir a servicios en otros lugares. En muchas parroquias, los ministros puritanos se vieron obligados a colocar la mesa de comunión

---

predominantemente protestante, y particularmente entre los puritanos, que ocupaban muchos escaños en el Parlamento. Regionalismo: También había tensiones regionales, con diferencias notables entre el norte y el sur de Inglaterra, así como entre Inglaterra, Escocia e Irlanda.

como un altar, instalar barandillas y exigir a la gente recibir el sacramento de rodillas.

Estos cambios generaron un debate candente entre puritanos y anglocatólicos. Surgieron preguntas sobre si la mesa de comunión debía ser considerada una mesa o un altar, y sobre su ubicación en la iglesia. ¿Era la mesa de comunión una mesa o un altar? ¿Debía colocarse en el cuerpo de la iglesia o en el presbiterio, o ponerse como un altar en el extremo este? Durante el reinado de Isabel, se llegó a un compromiso, adoptado en los Cánones de 1604, en el cual la mesa debía permanecer en la iglesia en el lugar donde estaba el altar antes de la Reforma, excepto durante la comunión, cuando se colocaría en un lugar más accesible para los comunicantes.

En la mayoría de las iglesias parroquiales, la mesa solía mantenerse en el centro de la iglesia o el presbiterio. Cualquier intento de moverla era visto por los feligreses como un avance hacia el papismo. En la Iglesia de San Gregorio en San Pablo, el decano y el capítulo habían colocado la mesa en el extremo este, poniendo barandillas frente a ella. Como resultado, cinco feligreses apelaron ante el Tribunal de Arches en contra de esta acción. El rey intervino, convocó a los cinco ante el Consejo Privado y les dijo claramente que la ubicación de la mesa de comunión no era asunto suyo.

Esto sucedió en 1633, y en 1635, el arzobispo Laud ordenó que la mesa fuera llevada al extremo este y rodeada con barandillas en todas las iglesias.[13] Esta orden se encontró con una

---

[13] William Laud (1573-1645) fue un arzobispo de Canterbury inglés que tuvo un papel importante durante el reinado de Carlos I. Fue una figura clave en la historia religiosa de Inglaterra y jugó un papel significativo en los eventos que llevaron a la Guerra Civil Inglesa. Laud nació en una familia de modesta burguesía en Reading, Berkshire. Fue educado en la Universidad de Oxford, donde finalmente se convirtió en canciller. Fue

fuerte resistencia. Los sacristanes de Beckington fueron excomulgados y encarcelados por negarse a obedecer. La oposición fue particularmente intensa en las diócesis de Lincoln y Norwich. A pesar de la resistencia, Laud logró imponer su criterio en parroquia tras parroquia, pero con consecuencias desastrosas para los intereses de la Iglesia.

En 1634, el arzobispo reavivó la antigua y en desuso reclamación de la Visita Metropolitana, enviando a su vicario general a informarse sobre la situación eclesiástica de la provincia de Canterbury. Este era Sir Nathaniel Brent, quien comenzó en la diócesis de Lincoln y avanzó hacia el sur. Descubrió hechos sorprendentes y vivió experiencias inusuales. Además, llevó a cabo algunas reformas muy necesarias, ya que tuvo que informar que en los cementerios se mantenían tabernas,

---

ordenado en la Iglesia Anglicana y ascendió rápidamente por sus rangos, en parte gracias a su amistad con Carlos I. Laud y Carlos compartían una visión similar de la Iglesia de Inglaterra. Ambos favorecían un ritualismo alto, que se parecía mucho al catolicismo en su formalidad y ornamento, y ambos estaban decididos a resistir las influencias del puritanismo, que buscaba "purificar" la iglesia de estos elementos.

Como arzobispo de Canterbury, Laud implementó una serie de reformas destinadas a hacer cumplir esta visión. Estas reformas, conocidas colectivamente como "política laudiana", incluían el uso de rituales más elaborados, la reorganización física de las iglesias para enfatizar el altar, y la represión de los predicadores puritanos. Estas políticas fueron impopulares, especialmente en áreas de fuerte influencia puritana, y contribuyeron a las tensiones religiosas que llevaron a la Guerra Civil Inglesa. Además, Laud se involucró en la política secular, sirviendo en el Consejo Privado de Carlos I y participando en esfuerzos para recaudar ingresos a través de medios no parlamentarios. Estas acciones, junto con su resistencia al puritanismo, lo hicieron impopular no solo entre los puritanos, sino también entre otros que estaban insatisfechos con el gobierno de Carlos. Cuando estalló la Guerra Civil Inglesa en 1642, Laud fue arrestado y encarcelado. Fue juzgado por alta traición y finalmente ejecutado en 1645. Su muerte fue vista por muchos como un juicio por su intento de suprimir el puritanismo y por su papel en la exacerbación de las tensiones que llevaron a la guerra.

perros y cerdos; que las capas y vestimentas habían sido malversadas; que los clérigos realizaban matrimonios clandestinos y que tanto el clero como los laicos eran propensos a la embriaguez.

No obstante, sus principales preocupaciones se enfocaron en los clérigos puritanos. Informó que "en Huntingdon, varios ministros de esa región eran sospechosos de puritanismo". Acerca de Bedford, a donde llegó el 26 de agosto, señaló:

> El Sr. Peter Bulkeley, rector de Odell, fue suspendido por no comparecer, sospechoso de puritanismo. Vino a mí en Aylesbury, donde confesó que nunca usó la sobrepelliz ni la cruz en el bautismo. Debe comparecer ante el Tribunal de la Alta Comisión el primer día de corte en noviembre, si no se reforma antes.

Peter Bulkeley, proveniente de una firme familia puritana —su hermana era madre de Oliver St John, quien luego sería el Lord Chief Justice de Cromwell—, optó por dejar el país en lugar de conformarse.

Los Padres Peregrinos, que partieron de Leyden y fundaron la antigua Colonia de Plymouth en Nueva Inglaterra en 1620, fueron seguidos diez años después por otros ingleses de fe puritana.[14] Estos fundaron ciudades alrededor de la bahía de

---

[14] Los Padres Peregrinos fueron un grupo de separatistas religiosos ingleses que, descontentos con la Iglesia de Inglaterra, emigraron a América en 1620 a bordo del barco Mayflower. Este grupo es famoso por fundar la Colonia de Plymouth en lo que ahora es Massachusetts, y por celebrar el primer Día de Acción de Gracias. Los Padres Peregrinos eran en su mayoría miembros de una facción puritana conocida como los Separatistas. A diferencia de otros puritanos, que buscaban "purificar" la Iglesia de Inglaterra desde dentro, los Separatistas creían que la Iglesia estaba más allá de la salvación y que debían separarse de ella para formar

Massachusetts y a lo largo del río Connecticut, ejerciendo una poderosa influencia en el futuro de la vida religiosa estadounidense. Entre ellos había laicos adinerados y de posición social, así como muchos ministros que habían ocupado cargos influyentes en la Iglesia. Entre 1629 y 1640, aproximadamente noventa hombres con educación universitaria, en su mayoría de Cambridge, emigraron. De estos hombres de Cambridge, nueve provenían de Trinity y nueve de St John's, pero no menos de veintidós eran del Emmanuel College, la fundación puritana de Sir Walter Mildmay. En esta lista de veintidós, aparecen nombres destacados como John Cotton, Thomas Hooker, R. Saltonstall, Thomas Shepard y John Harvard.[15]

---

sus propias congregaciones. En 1608, para escapar de la persecución religiosa en Inglaterra, un grupo de Separatistas se trasladó a la ciudad de Leyden, en los Países Bajos. Sin embargo, después de una década en Leyden, decidieron emigrar a América por varias razones. Entre estas estaban el deseo de preservar su identidad cultural inglesa, la oportunidad de vivir en una sociedad que se regía por sus propias leyes religiosas, y la esperanza de mejorar su situación económica. En 1620, estos Separatistas, junto con algunos otros colonos contratados por la Compañía de Plymouth, zarparon de Inglaterra en el Mayflower. Después de un viaje difícil, desembarcaron en lo que ahora es Massachusetts, donde fundaron la Colonia de Plymouth. Los primeros años fueron extremadamente difíciles, con muchas muertes debido a la falta de alimentos y al clima duro. Sin embargo, con la ayuda de los nativos americanos locales, especialmente un hombre llamado Squanto, los colonos de Plymouth lograron sobrevivir y establecer una colonia permanente. La celebración de su primera cosecha exitosa en 1621 es comúnmente recordada como el primer Día de Acción de Gracias. Hoy en día, los Padres Peregrinos son a menudo vistos como un símbolo de los ideales de libertad religiosa y autogobierno, y su llegada a Plymouth es uno de los eventos más conocidos de la historia temprana de América.

[15] John Cotton (1585-1652): John Cotton fue uno de los clérigos puritanos más influyentes de la colonia de la Bahía de Massachusetts. Nacido en Derby, Inglaterra, Cotton se graduó de la Universidad de Cambridge y se convirtió en un predicador en Boston, Lincolnshire. Se mudó a la colonia de la Bahía de Massachusetts en 1633 debido a las

Se estima, basándose en datos bastante confiables, que como resultado de la administración de Laud, unas 4,000 familias puritanas, o más de 20,000 personas, se trasladaron a Nueva Inglaterra. A excepción de los Padres Peregrinos, que zarparon en el Mayflower en 1620, estos no eran separatistas. Francis Higginson, vicario de una de las cinco parroquias de

---

tensiones con la Iglesia de Inglaterra. Sus enseñanzas tuvieron una influencia significativa en la teología puritana en Nueva Inglaterra, y su congregación en Boston, Massachusetts, se convirtió en uno de los centros del puritanismo en la región.

Thomas Hooker (1586-1647): Thomas Hooker fue un prominente predicador puritano y teólogo. Nacido en Leicestershire, Inglaterra, Hooker también fue educado en la Universidad de Cambridge. En 1633, emigró a la colonia de la Bahía de Massachusetts por razones similares a las de Cotton. Sin embargo, en 1636, Hooker y un grupo de seguidores fundaron la colonia de Connecticut debido a desacuerdos con el liderazgo de la Bahía de Massachusetts. Hooker es a menudo considerado uno de los fundadores de la democracia americana debido a su papel en la creación de la "Fundamental Orders of Connecticut", uno de los primeros documentos que establecieron un gobierno representativo.

Richard Saltonstall (1586-1661): Sir Richard Saltonstall fue uno de los primeros colonos y líderes de la colonia de la Bahía de Massachusetts. Nacido en Yorkshire, Inglaterra, Saltonstall fue uno de los miembros originales de la Compañía de la Bahía de Massachusetts, la entidad que fundó la colonia. Saltonstall sirvió en varias posiciones de liderazgo en la colonia, incluyendo asistente del gobernador.

Thomas Shepard (1605-1649): Thomas Shepard fue un ministro puritano y teólogo nacido en Northamptonshire, Inglaterra. Shepard estudió en la Universidad de Cambridge y emigró a la colonia de la Bahía de Massachusetts en 1635, huyendo de la persecución religiosa en Inglaterra. Shepard sirvió como ministro en Cambridge, Massachusetts, y fue un influyente teólogo puritano.

John Harvard (1607-1638): John Harvard fue un ministro inglés cuyo legado tuvo un impacto duradero en la educación en América. Nacido en Londres, Harvard emigró a la colonia de la Bahía de Massachusetts en 1637. Aunque su carrera en América fue corta debido a su temprana muerte por tuberculosis en 1638, dejó su biblioteca y la mitad de su patrimonio a una institución educativa local. Esta institución fue renombrada como la Universidad de Harvard en su honor, y hoy es una de las universidades más prestigiosas del mundo.

Leicester, que navegó con el primer grupo en 1629, puede ser considerado como representativo de todos los demás.

Mientras el barco se encontraba frente a Land's End, él y sus compañeros estaban en cubierta para echar un último vistazo a la tierra que dejaban atrás y que tanto amaban. De pie allí, mirando hacia el este hasta que la costa desapareció de la vista, dijo: "No diremos, como solían decir los Separatistas al dejar Inglaterra, 'Adiós, Babilonia, adiós, Roma', sino que diremos, 'Adiós, querida Inglaterra, adiós, la Iglesia de Dios en Inglaterra y todos los amigos cristianos allí'. No vamos a Nueva Inglaterra como Separatistas de la Iglesia de Inglaterra, aunque no podemos evitar alejarnos de las corrupciones en ella".

VI. EL PURITANISMO EN SU TRIUNFO Y CAÍDA

1. El ascenso del parlamento y la caída de la monarquía en la Inglaterra del siglo XVII

Durante los años en que Carlos I gobernó Inglaterra sin Parlamento y Laud acosaba tanto a clérigos como a laicos con sus métodos autoritarios, las fuerzas opositoras se fortalecían continuamente en su contra. En cuanto a la cuestión constitucional, las palabras significativas de Sir John Eliot, pronunciadas al comienzo de la lucha, no se habían olvidado.[1]

---

[1] Sir John Eliot (11 de abril de 1592 - 27 de noviembre de 1632) fue un estadista inglés que se destacó como líder de la oposición al rey Carlos I de Inglaterra. Su desafío a la autoridad del rey lo llevó a la prisión de la Torre de Londres, donde murió. Eliot nació en St Germans, en el condado de Cornualles, y fue educado en la Universidad de Oxford. Entró en el Parlamento en 1614 y pronto se destacó por su defensa de las libertades parlamentarias. Sin embargo, su carrera política realmente despegó después de que se alió con los puritanos. Los puritanos eran una fuerza poderosa en el Parlamento, y Eliot se convirtió en uno de sus líderes más destacados. En 1628, ayudó a redactar la Petición de Derecho, un documento que buscaba limitar el poder del rey y proteger los derechos de los ciudadanos. Este documento es considerado un precursor de la Constitución de los Estados Unidos. Eliot también se opuso a la política exterior del rey, en particular a su manejo de las relaciones con Francia y España. En 1629, pronunció un discurso en el Parlamento criticando al rey y a sus ministros. Como resultado, fue arrestado y encarcelado en la Torre de Londres. A pesar de las duras condiciones de su encarcelamiento, Eliot

Dijo: "En esta disputa, no solo se comprometen nuestras propiedades y tierras, sino todo lo que llamamos nuestro. Aquellos derechos, esos privilegios que hicieron a nuestros padres hombres libres están en cuestión".

También en la cuestión religiosa había una creciente determinación de resistir la opresión eclesiástica, y el puritanismo aumentaba constantemente en número e influencia. Estas dos fuerzas ahora unían esfuerzos en contra del día del ajuste de cuentas.

Ese día llegó cuando, el 3 de noviembre de 1640, se reunió el Largo Parlamento, que cambiaría mucho antes de llegar a su fin. El rey solicitaba urgentemente una subvención económica para aliviar las consecuencias de su guerra con Escocia, pero los Comunes, que no estaban en ánimo conciliador, exigieron reparar agravios antes de votar suministros. Como en su opinión, el agravio religioso tenía prioridad sobre el constitucional, centraron su ataque en los cánones recientemente aprobados en la Convocatoria. Se nombró un comité de veinticuatro personas para preparar una declaración sobre el estado del reino, y el Libro de Cánones fue remitido al Gran Comité para la Religión.

Mientras tanto, se presentó a la Cámara una petición alarmante contra la episcopalia por parte de ciudadanos de Londres, firmada por 15,000 personas. La entrega en Westminster Hall estuvo acompañada por no menos de 1,500 caballeros de la ciudad. Este documento, conocido como la petición de Raíz-y-Rama, se diferencia del proyecto de ley de

---

continuó escribiendo y publicando. Sus obras más famosas son "Monarquía sin tiranía" y "Tiranía sin monarquía", en las que argumentaba que el rey debía gobernar en interés del pueblo y no en su propio interés. Eliot murió en la Torre de Londres en 1632. Aunque su vida fue corta, su defensa de las libertades parlamentarias y su oposición a la tiranía real tuvieron un impacto duradero en la historia de Inglaterra.

Raíz-y-Rama de mayo siguiente. Abordaba una amplia gama de agravios eclesiásticos. Entre los males denunciados estaba el silenciamiento de tantos ministros fieles, diligentes y poderosos porque no podían, en conciencia, someterse a los innecesarios artificios de los obispos; y también el gran aumento de ministros ociosos, lascivos, disolutos e ignorantes.

Los peticionarios también protestaron contra la creciente similitud entre la Iglesia de Inglaterra y la Iglesia de Roma en cuanto a vestimentas, posturas, ceremonias y administraciones. En detalle, se opusieron a inclinarse hacia el altar, colocar imágenes, crucifijos y conceptos sobre él o velas encima; no les gustaba y protestaban contra la consagración de edificios, fuentes, mesas, púlpitos, cálices y cementerios, atribuyendo santidad a objetos inanimados.

Además, se quejaron de procedimientos inquisitoriales que se extendían incluso hasta los pensamientos de las personas; la aprehensión y detención de hombres por perseguidores; la suspensión frecuente y la destitución de ministros; las multas y encarcelamientos de todo tipo de personas; y otros abusos contrarios a las leyes del reino y las libertades de los ciudadanos. Esta petición de Londres fue seguida por otras de los condados de Kent, Essex y Suffolk, con 2500 nombres adjuntos en la de Kent.

Un mes después, siguió el documento conocido como "Petición y Representación de los Ministros", exponiendo sus agravios desde su perspectiva. Negaron que los obispos diocesanos sean una institución divina y objetaron que asuman el poder exclusivo de ordenación y jurisdicción; también objetaron la delegación del poder de los obispos a personas inadecuadas; la imposición del juramento de obediencia canónica y la exigencia de suscripción; la demanda de tarifas exorbitantes al ser instituidos en un beneficio eclesiástico; y, finalmente, objetaron el poder judicial de los obispos en el Parlamento, en la Star Chamber, en las Comisiones de Paz y en la Mesa del Consejo.

Estas peticiones fueron seguidas por otras, de no menos de once condados, para la abolición de la Episcopalia, con hasta 4400 nombres adjuntos en la de Suffolk y 2000 en la de Norfolk. Todas estas peticiones fueron remitidas al Comité de veinticuatro para preparar temas para la consideración de la Cámara.

En mayo siguiente, las Cámaras aprobaron un proyecto de ley que impedía al rey disolver el Parlamento sin su consentimiento, y el 27 de ese mes, Sir E. Dering, miembro por Kent, presentó la primera lectura del proyecto de ley de Raíz-y-Rama, llamado "Ley para la abolición total y eliminación de todos los arzobispos, obispos y demás clérigos superiores". Al hacerlo, expresó su pesar por la necesidad de actuar de esta manera: "Nunca estuve a favor de la ruina", dijo, "mientras pudiera tener alguna esperanza de reformar. Mis esperanzas en ese sentido ahora casi se han marchitado. Cuando este proyecto de ley esté perfeccionado, daré un triste 'Sí' a él". El proyecto de ley fue aprobado en segunda lectura por una mayoría de 139 a 108 y remitido a un Comité de toda la Cámara.

En el comité, después de abordar el preámbulo, consideraron la cláusula para abolir los cargos de arzobispos, obispos y demás clérigos superiores; luego, el 15 de junio, abordaron el tema de los decanos y capítulos, registrando su decisión de que estos funcionarios sean eliminados de la Iglesia y sus tierras destinadas al avance del aprendizaje y la piedad.

Se decidió además que los Tribunales Eclesiásticos deberían cesar a partir del 1 de agosto; y que, para reemplazar el gobierno suprimido, toda la jurisdicción estaría en manos de nueve comisionados principales que nombrarían a cinco ministros en cada condado para fines de ordenación. En este punto, el proyecto de ley quedó en el Comité, ya que se avecinaban asuntos serios, pues el Rey había anunciado su intención de visitar Escocia, de donde surgirían cuestiones importantes.

Al reanudarse el Parlamento, se ocuparon de las innovaciones de Laud. Se nombraron comisiones para visitar los diversos condados con el fin de desfigurar, demoler y eliminar por completo todas las imágenes, altares o mesas en forma de altar, crucifijos, pinturas supersticiosas, ornamentos y reliquias de idolatría en todas las iglesias y capillas. Estas órdenes fueron aprobadas y la Cámara se aplazó hasta el 20 de octubre.

Cuando el Parlamento se reanudó, primero se abordó lo que se conoce como la Gran protesta. Esta fue esencialmente una larga acusación contra la conducta del Rey desde su ascenso, a la cual él solo respondió despectivamente respecto a las reformas eclesiásticas propuestas. Después, intentó arrestar a los Cinco Miembros que habían participado activamente en la formulación de la Gran protesta. A pesar de no tener éxito, prácticamente provocó una crisis, sintiendo que no había salida sino mediante un llamado a las armas.

Así, el 22 de agosto, Carlos I levantó el estandarte real en la colina de Nottingham e hizo un llamado a todos los súbditos leales para que lo apoyaran contra un Parlamento rebelde. Nuevamente, la nación fue sumida en una guerra civil, poniendo a prueba la lealtad del pueblo, no por casas rivales como en las Guerras de las Rosas, sino por las autoridades rivales del Rey y el Parlamento.[2] No fue una guerra social, sino uno de esos

---

[2] La Guerra de las Rosas fue una serie de conflictos civiles en Inglaterra que tuvieron lugar entre 1455 y 1487. Estas guerras fueron libradas entre los partidarios de dos ramas rivales de la Casa Real de

conflictos de ideas que se repiten a lo largo de la historia en intervalos y siempre terminan en tragedia.

En un conflicto de ideas, las mentes más nobles, debido a su nobleza, se muestran decididamente contrarias al compromiso y no pueden reconciliarse con la derrota. Esta guerra fue por el derecho soberano, tanto por parte del pueblo como del Rey. El coronel Hutchinson mencionó que se unió al Parlamento por la cuestión del derecho civil y, aunque estaba convencido de que los esfuerzos de sus oponentes buscaban subvertir la religión protestante, "no creía que esa fuera una razón tan clara para la guerra como la defensa de las libertades inglesas".

Cromwell también, al hablar sobre el tema doce años después del inicio de la guerra, afirmó que "la religión no fue lo que se discutió al principio, pero Dios lo llevó a ese punto al

---

Plantagenet: la Casa de Lancaster, representada por una rosa roja, y la Casa de York, representada por una rosa blanca. El conflicto surgió de las tensiones sociales y financieras asociadas con la Guerra de los Cien Años, junto con los problemas mentales del rey Enrique VI, que llevaron a la inestabilidad política y al conflicto abierto. La rivalidad entre la Casa de Lancaster y la Casa de York, ambas descendientes del rey Eduardo III, llevó a una lucha por el trono que resultó en mucha violencia y luchas políticas.

La Guerra de las Rosas tuvo un impacto significativo en la Guerra Civil Inglesa en varios aspectos. En primer lugar, estableció un precedente para el conflicto civil en Inglaterra y demostró que era posible desafiar al monarca en el campo de batalla. En segundo lugar, la Guerra de las Rosas llevó a un cambio en la forma en que se gobernaba Inglaterra, con un mayor énfasis en el papel del Parlamento. Esto sentó las bases para los conflictos entre el monarca y el Parlamento que caracterizaron la Guerra Civil Inglesa. Finalmente, la Guerra de las Rosas terminó con la ascensión de la Casa de Tudor al trono de Inglaterra. Enrique VII, el primer monarca Tudor, se esforzó por fortalecer el poder de la monarquía y reducir el poder de la nobleza, lo que también fue un factor en los conflictos de la Guerra Civil Inglesa. Es importante mencionar que la Guerra Civil Inglesa ocurrió mucho después, en el siglo XVII, y fue un conflicto separado con sus propias causas y consecuencias. Sin embargo, las tensiones y conflictos de la Guerra de las Rosas ayudaron a sentar las bases para las luchas de poder que eventualmente llevaron a la Guerra Civil Inglesa.

final, y al final resultó ser lo que más nos importaba". Y ciertamente, al analizar el curso de los acontecimientos, queda claro que no fue el presbiterianismo lo que provocó la guerra, sino que fue la guerra la que introdujo el presbiterianismo.

Este sistema se estableció en Inglaterra durante el siglo XVII, no como una preferencia nacional, sino como una necesidad militar. A finales de 1643, la situación para el bando parlamentario en términos de la guerra era bastante desalentadora. El oeste, con pocas excepciones, se había declarado a favor del Rey, al igual que el norte, excepto por Hull y Lancashire. Aunque el Parlamento había ganado fuerza en los condados del este, mantenía los territorios centrales solo con dificultad.

2. El ascenso del presbiterianismo y la búsqueda de la tolerancia religiosa

Ante esta situación preocupante, los puritanos buscaron la ayuda de sus hermanos en Escocia. En noviembre de 1643, el Parlamento escocés acordó enviar 21,000 hombres en apoyo, pero solo con la condición de que la Liga y el pacto solemne fuera aceptada en Inglaterra, tal como lo había sido en Escocia.[3]

---

[3] La Liga y Pacto Solemnes fue un acuerdo entre Escocia y el Parlamento inglés durante la Guerra Civil Inglesa. Fue firmado en 1643 y tuvo un impacto significativo en el curso de la guerra. La Liga y Pacto Solemnes fue un tratado entre el Parlamento de Inglaterra y Escocia para la reforma de la religión en Inglaterra de acuerdo con la Confesión de Fe de Westminster, y para la eliminación de la tiranía y el prelado (obispos). En esencia, fue un acuerdo para unir fuerzas contra el rey Carlos I de Inglaterra, que estaba en guerra con el Parlamento en ese momento. El impacto de La Liga y Pacto Solemnes en la Guerra Civil Inglesa fue significativo. La alianza entre el Parlamento inglés y Escocia fortaleció la posición del Parlamento en la guerra contra el rey Carlos I. Los escoceses

Así, se comprometieron ambas naciones a unirse para la reforma de la religión según la Palabra de Dios y el ejemplo de las mejores Iglesias reformadas.

Había muchos en Inglaterra dispuestos a modificar o incluso eliminar la episcopacia, pero también había quienes favorecían la independencia congregacional, que sería reprimida con la misma rigurosidad bajo el sistema escocés como lo había sido bajo los obispos. Además, había pocos dispuestos a introducir en Inglaterra la jurisdicción inquisitorial ejercida por los tribunales eclesiásticos en Escocia. Sin embargo, la necesidad era apremiante, y la ayuda militar solo podía obtenerse bajo las condiciones ofrecidas.

Una vez aprobado por ambas Cámaras, los Comunes y la Asamblea de Divinos juraron la Liga y el pacto solemnes el 25 de septiembre. Más tarde, los pocos lores que aún permanecían en Westminster también lo juraron. En febrero siguiente, se impuso a todos los ingleses mayores de dieciocho años y se registraron formalmente los nombres de quienes se negaron a jurarlo.

La Asamblea General en Edimburgo determinó que no habría esperanza de unidad en la religión hasta que existiera una única forma de gobierno eclesiástico. Por ello, el 19 de agosto de 1645 se aprobó una ordenanza parlamentaria para establecer el gobierno presbiteriano como la forma nacional de religión.

---

proporcionaron apoyo militar crucial, lo que ayudó al Parlamento a ganar la guerra. Además, el pacto también tuvo un impacto a largo plazo en la religión en Inglaterra y Escocia, ya que estableció la base para la reforma religiosa en ambos países. Sin embargo, las tensiones entre los firmantes del pacto eventualmente llevaron a la Guerra Civil Escocesa y a la invasión de Escocia por parte de Oliver Cromwell y su Nuevo Ejército Modelo. Aunque el pacto inicialmente ayudó a fortalecer la posición del Parlamento, también sembró las semillas para futuros conflictos.

Las iglesias parroquiales de Londres, que sumaban 137, se organizarían en 12 clases, mientras que la Capilla de los Rolls, los dos Serjeants' Inns y los cuatro Inns of Court conformarían la decimotercera clase. Para el país en general, los comités de los condados debían delinear distritos clásicos, y las diversas clases, una vez aprobadas por el Parlamento, tendrían el poder de constituir presbiterios congregacionales.

Estos presbiterios, equivalentes a la sesión de la Iglesia escocesa, debían reunirse semanalmente, las clases, equivalentes al presbiterio, mensualmente, el sínodo provincial dos veces al año y la Asamblea Nacional se convocaría según lo dispuesto por el Parlamento y no de otra forma. A través de una segunda ordenanza parlamentaria con fecha del 14 de marzo de 1646, se ordenó la elección inmediata de ancianos en todo el reino de Inglaterra y el dominio de Gales, en sus respectivas iglesias y capillas. Así, en términos de legislación, pero no más allá, el nuevo sistema presbiteriano estaba listo para convertirse en una realidad efectiva en la vida nacional.

El sistema de gobierno eclesiástico establecido por la ordenanza del Parlamento era bastante estricto. Su base era, por supuesto, parroquial. Se requería que cada feligrés que residiera dentro de un área específica ocupara su lugar en la organización parroquial y se sometiera a las autoridades parroquiales. Cada congregación parroquial debía elegir a su representante para que se sentara en la Asamblea Provincial o Nacional, y no se permitiría la existencia de ninguna comunidad eclesiástica, excepto la parroquial. Esto resultó demasiado restrictivo para algunos que habían estado luchando por la libertad en contra del Rey y el prelado.

Oliver Cromwell obtuvo una Orden de la Cámara para que se exploraran formas de permitir que las "conciencias sensibles que no pueden someterse en todo a la regla común que se establecerá, puedan ser toleradas de acuerdo con la Palabra y en la medida en que sea compatible con la paz pública".[4]

Baillie, uno de los comisionados escoceses, escribe: "Esta orden nos alertó de inmediato. Vimos que era una tolerancia a los independientes por ley del Parlamento antes de que se estableciera el presbiterio". No obstante, cuando el tema resurgió en el informe del comité, la propuesta de Cromwell para considerar las conciencias sensibles fue rechazada sin división. Esto ocurrió el 6 de enero de 1645, y el 13, la Cámara dio su consentimiento al sistema presbiteriano ordinario mediante una

---

[4] Oliver Cromwell (1599-1658) fue una figura política y militar prominente en la Inglaterra del siglo XVII. Nació en Huntingdon, Cambridgeshire, en una familia de la gentry de clase media. Cromwell es conocido principalmente por su papel en la Guerra Civil Inglesa, donde lideró las fuerzas parlamentarias contra el rey Carlos I. Al comienzo de la guerra, Cromwell era solo un miembro del Parlamento con poco o ningún experiencia militar. Sin embargo, demostró ser un líder militar hábil y ascendió rápidamente a través de las filas para convertirse en uno de los comandantes más importantes del ejército parlamentario, conocido como los "Roundheads". Cromwell ayudó a reorganizar el ejército parlamentario en la Nueva Modelo de Ejército, una fuerza disciplinada y eficaz que finalmente resultó ser crucial para la victoria de los Parlamentarios sobre las fuerzas realistas. La victoria en la batalla de Naseby en 1645 fue particularmente importante y efectivamente selló la suerte de Carlos I. Después de la ejecución de Carlos I en 1649, Cromwell se convirtió en la figura dominante en Inglaterra. En 1653, se convirtió en Lord Protector de la Mancomunidad de Inglaterra, Escocia e Irlanda, una posición que ocupó hasta su muerte en 1658. Como Lord Protector, Cromwell gobernó efectivamente como un monarca no coronado.

Cromwell es una figura muy debatida en la historia británica. Para algunos, es un héroe republicano y defensor de la libertad parlamentaria contra la tiranía monárquica. Para otros, es un dictador militar y un fanático religioso responsable de graves abusos contra los derechos humanos, especialmente en Irlanda. Después de su muerte, la monarquía fue restaurada en 1660 y Cromwell fue postumamente juzgado y simbólicamente ejecutado. Sin embargo, su legado como líder militar y político y su impacto en la evolución de la democracia parlamentaria en Inglaterra permanecen hasta el día de hoy.

resolución que establecía que las congregaciones parroquiales deberían agruparse bajo presbiterios.

Los independientes continuaron abogando por un sistema más libre, y Jeremiah Burroughs, uno de ellos, expresó sus sentimientos en un sermón predicado ante los Lores en la Abadía de Westminster. Le entristecía el corazón, dijo, que aquellos que no hace mucho tiempo estaban clamando al cielo por liberación, ahora se levantaran para oponerse a una indulgencia de sus hermanos que, junto con ellos, amaban a Jesucristo y estaban de acuerdo con ellos en la sustancia del culto y la parte doctrinal de la religión.

Los votos en el Parlamento pueden tener su valor, pero el poder que influye adecuadamente en la conciencia es la luz de la Palabra.

Usar la fuerza sobre las personas antes de que tengan medios para enseñarles, es buscar clavar el clavo de la autoridad sin hacer camino con la broca de la instrucción. Si tienen que lidiar con madera podrida o húmeda, el martillo solo puede hacer que el clavo entre de inmediato, pero si se encuentran con madera sólida, con corazón de roble, aunque el martillo y la mano que golpean sean fuertes, el clavo difícilmente entrará. Se torcerá o se romperá... Considere que tienen que lidiar con las conciencias inglesas; no hay país tan famoso por sus firmes y fuertes robles como Inglaterra. Descubrirán que las conciencias inglesas son así.

Estas palabras eran claras y fuertes, y fueron respaldadas de inmediato por hechos contundentes. Pues el 15 de junio de 1646, la batalla de Naseby fue librada y ganada por los independientes, por Cromwell y el Nuevo ejército Modelo, el ejército que él había reorganizado llenando sus filas con hombres de principios piadosos y propósitos fervientes.[5] Y cuando ganaron esa victoria decisiva, sostuvo en su nombre que tenían derecho a los frutos de la victoria en forma de libertad religiosa. Escribiendo al Presidente de la Cámara de los Comunes desde el campo de batalla, para anunciar la gran noticia del día, Cromwell dijo:

---

[5] El Nuevo Ejército Modelo (New Model Army) fue una fuerza militar que se formó en 1645 durante la Guerra Civil Inglesa. Fue una reorganización radical de las fuerzas parlamentarias liderada por Oliver Cromwell y otros líderes parlamentarios. El Nuevo Ejército Modelo fue revolucionario en varios aspectos:

Profesionalismo: A diferencia de los ejércitos anteriores, que a menudo se componían de tropas de milicias reclutadas localmente, el Nuevo Ejército Modelo fue un ejército profesional. Los soldados eran reclutados y pagados por el estado y se esperaba que sirvieran por períodos de tiempo indefinidos.

Meritocracia: El rango en el Nuevo Ejército Modelo se basaba en la habilidad y la competencia, no en la clase social o la riqueza. Esto fue un gran cambio en comparación con los ejércitos anteriores, donde los oficiales a menudo eran nombrados debido a su estatus social.

Disciplina: Cromwell y sus colegas impusieron una disciplina estricta en el Nuevo Ejército Modelo. Los soldados eran entrenados regularmente y se esperaba que siguieran un código de conducta estricto.

Religiosidad: El Nuevo Ejército Modelo tenía un fuerte componente religioso. Muchos de los soldados y oficiales eran puritanos devotos y veían su lucha como una causa religiosa. Cromwell y otros líderes a menudo usaban el lenguaje religioso para motivar a sus tropas.

El impacto del Nuevo Ejército Modelo en la Guerra Civil Inglesa fue profundo. Después de su formación, las fuerzas parlamentarias comenzaron a ganar una serie de victorias decisivas contra los realistas, lo que finalmente llevó a la captura y ejecución del rey Carlos I. El Nuevo Ejército Modelo también tuvo un impacto significativo más allá de la guerra. Después de la ejecución de Carlos I, el Nuevo Ejército Modelo se convirtió en la principal fuerza política en Inglaterra. Desempeñó un papel importante en el establecimiento del gobierno republicano bajo Oliver Cromwell y fue instrumental en la supresión de varios levantamientos realistas durante la década de 1650. Después de la restauración de la monarquía en 1660, el Nuevo Ejército Modelo fue disuelto. Sin embargo, su legado perdura en la forma del ejército británico moderno, que conserva muchas de las innovaciones introducidas por el Nuevo Ejército Modelo, incluyendo el profesionalismo, la meritocracia y la disciplina.

Hombres honestos les sirvieron fielmente en esta acción. Señor, son dignos de confianza; les ruego en nombre de Dios que no los desanimen. Aquel que arriesga su vida por la libertad de su país, deseo que confíe en Dios por la libertad de su conciencia y en usted por la libertad por la que lucha.

Sin embargo, el momento de una mayor libertad religiosa aún no había llegado. La batalla de Naseby se libró el 15 de junio de 1646 y el 22 de mayo de 1647, una multitud de Londres se reunió alrededor de un fuego encendido frente a la Royal Exchange, para ver a los alguaciles de Londres y Middlesex quemar una petición que había sido circulada en la ciudad para ser firmada y había ofendido mucho al Parlamento.

Era una petición a favor de la libertad religiosa, que deseaba que ningún hombre fuera castigado o perseguido como herético por jueces que no son infalibles, por predicar o publicar sus opiniones de manera pacífica. Pues, bajo el pretexto de suprimir errores, sectas y cismas, las verdades más necesarias y las sinceras profesiones de ellas pueden ser suprimidas. Esta petición, al ser llevada a la atención de la Cámara de los Comunes, fue ordenada por resolución a ser quemada, y algunos de los que la habían firmado fueron enviados a prisión.

Claramente no había esperanza de una mayor libertad por parte del Parlamento, pues los hombres que se oponían a la tolerancia religiosa estaban ganando terreno constantemente. "Permitir que los hombres sirvan a Dios según la persuasión de sus propias conciencias", escribió un clérigo presbiteriano, "era expulsar a un demonio para que entraran siete peores". "Detestamos y aborrecemos la tan ansiada tolerancia", declaró una reunión de los ministros de Londres.

El 2 de septiembre de 1646, se presentó al Parlamento una ordenanza para la supresión de la blasfemia y la herejía, que en realidad llegó a proponer que cualquier negación de las doctrinas de la Trinidad y la Encarnación fuera castigada con la muerte, mientras que la negación de otras doctrinas menos importantes, como las relacionadas con el gobierno presbiteriano y el bautismo infantil, serían castigadas con prisión perpetua. Esta terrible ordenanza fue leída dos veces en la Cámara de los Comunes sin una división y enviada a un comité de toda la Cámara, y los Diarios de la Cámara permanecen para atestiguar el hecho [C.J. IV. 659].

Los Lores también redactaron una ordenanza que prohibía a todos los que no fueran ministros ordenados "predicar o exponer las Escrituras en cualquier iglesia o capilla, o en cualquier otro lugar". El 31 de diciembre de 1646, esta ordenanza fue enviada a los Comunes. Los independientes, sabiendo que no había esperanza de que lograran rechazar la medida, buscaron simplemente enmendarla, al menos para permitir que los laicos expusieran las Escrituras. Fue largo y tormentoso el debate que siguió, y cuando llegó la división, con Cromwell actuando como uno de los contadores, él y su partido fueron derrotados por 105 a 57. Una moción adicional para restringir la prohibición a lugares "designados para el culto público" fue derrotada sin una división.

3. La lucha por la libertad religiosa en la era de Cromwell

Es en este punto de la historia donde encontramos la línea de división entre los presbiterianos y los independientes. El ejército escocés, al darse cuenta de que el Rey nunca tuvo la verdadera intención de aceptar el presbiterianismo, se preparó para abandonar el país. Para el 11 de febrero, todas las guarniciones habían sido entregadas, cada soldado escocés había vuelto a cruzar el río Tweed, y la persona del Rey había quedado a cargo de los Comisionados Parlamentarios y una guardia de caballería en la Casa de Holmby.

Aun así, antes de su llegada allí, varios lores presbiterianos habían acordado con él aceptar ciertas concesiones que estaba dispuesto a hacer como base de un acuerdo, al final del cual Carlos sería restaurado a la Corona y al Reino. Fue el comienzo de una alianza entre los presbiterianos y los realistas que trece años después llevaría a la Restauración de la Monarquía y la Iglesia.

También marcó el ensanchamiento de la brecha entre presbiterianos e independientes, ya que si se aceptaban las concesiones propuestas, implicaría el abandono de todo por lo que los independientes habían luchado desde el inicio de la guerra. Sin embargo, ahora, con el ejército desmovilizado, no podían resistir. Pues todos los oficiales generales del "Nuevo Ejército Modelo", a excepción de Fairfax, serían despedidos; y ningún miembro del Parlamento podría tener un cargo en el nuevo ejército, ni ningún oficial ser empleado, que no cumpliera con la disciplina presbiteriana.[6] Mientras tanto, se llevaban a

---

[6] Thomas Fairfax, también conocido como el tercer Lord Fairfax de Cameron (1612-1671), fue una figura militar y política clave durante la Guerra Civil Inglesa. Nacido en una familia noble en Yorkshire, Fairfax demostró ser un líder militar competente desde el principio de la guerra. Comenzó como comandante de un regimiento de caballería en 1642 y rápidamente ascendió a través de las filas debido a su habilidad en el campo de batalla. Fairfax es quizás mejor conocido como el comandante en jefe del Nuevo Ejército Modelo. En esta posición, fue responsable de liderar las fuerzas parlamentarias contra el rey Carlos I y sus partidarios realistas. Aunque Oliver Cromwell es a menudo más asociado con el Nuevo

cabo grandes cambios y el ejército ya no estaba en pie de guerra; 4000 soldados del "Nuevo Ejercito Modelo" permanecieron en Inglaterra, con sus cuarteles en Saffron Walden. En ese momento, estos soldados se volvieron inquietos y desafiantes, y cuando Cornet Joyce, con 500 soldados montados, cabalgó hasta la Casa de Holmby y tomó posesión de la persona del Rey, la situación cambió drásticamente.

Lo que sucedió después solo puede resumirse brevemente. La ejecución del Rey en 1649 fue seguida por una declaración del Parlamento de que "Inglaterra de aquí en adelante será gobernada como una Mancomunidad o Estado Libre, por una autoridad suprema de esta nación, los representantes del pueblo en el Parlamento". Sin embargo, al asumir el poder supremo, el Parlamento realmente había dejado de ser representativo de la voluntad nacional.

Por la expulsión de miembros realistas durante la guerra y de presbiterianos en 1648, como dijo Cromwell, había sido "aventado, tamizado y reducido a un puñado". Cuando fue elegido por primera vez en 1640, contaba con 490 miembros; en enero de 1649, no quedaban más de noventa. Cuatro condados,

---

Ejército Modelo, fue Fairfax quien realmente dirigió el ejército durante la mayoría de sus campañas más importantes.

Fairfax jugó un papel crucial en varias victorias parlamentarias, incluyendo las batallas de Marston Moor en 1644 y Naseby en 1645. Estas victorias fueron decisivas en la derrota final de las fuerzas realistas y ayudaron a asegurar el control parlamentario de Inglaterra. A pesar de su éxito militar, Fairfax a menudo estaba en desacuerdo con otros líderes parlamentarios sobre cuestiones políticas. Se opuso al juicio y ejecución de Carlos I y finalmente renunció a su comando en 1650, en parte debido a sus desacuerdos con Cromwell. Después de la restauración de la monarquía en 1660, Fairfax se retiró a su tierra natal en Yorkshire, donde vivió el resto de su vida en relativo anonimato. Aunque no es tan conocido como Cromwell, su contribución a la victoria parlamentaria en la Guerra Civil Inglesa fue significativa.

siendo Lancashire uno de ellos, no tenían representantes; Gales tenía solo tres y Londres uno. A pesar de ser solo un remanente de lo que había sido, este Parlamento continuó sesionando durante todo el año; además, por una ley aprobada en 1641, no podía ser aplazado, prorrogado o disuelto excepto por su propio consentimiento.

En 1653, se debatía un proyecto de ley que preveía la continuidad del Parlamento y mantener en sus manos tanto el poder legislativo como el ejecutivo. Fue entonces cuando Cromwell se apresuró a entrar en la Cámara y, mediante un acto de violencia revolucionaria, disolvió lo que se describió como el Parlamento más poderoso jamás conocido en Inglaterra.

La pregunta urgente era qué debía ocupar su lugar. Después de muchas discusiones y desacuerdos, Cromwell y el consejo del ejército decidieron convocar un Parlamento de destacados puritanos, invitando a las iglesias congregacionales de los distintos condados a enviar nombres de personas aptas para ser miembros, de los cuales se podría hacer una selección. Finalmente, la lista incluyó a 160 personas.

No había ninguna pretensión de elección, y la asamblea así formada llegó a ser conocida como el Pequeño Parlamento de 1653 y, a veces, en tono de burla, como el Parlamento de Barebone, debido al nombre de uno de sus miembros. A pesar de ser objeto de burla por parte de los caballeros, contenía a varios hombres distinguidos y capaces y realizó un trabajo bastante útil. Abolió la Corte de Chancillería, donde 23,000 casos de entre cinco y treinta años de antigüedad estaban sin resolver.

Estableció matrimonios civiles y dispuso el registro de nacimientos, matrimonios y entierros; también se nombró un comité para codificar la ley. Pero las reformas, como estos hombres descubrieron muy pronto, crean enemigos, y aunque tenían derecho a permanecer hasta 1654, a fines de 1653 renunciaron a sus cargos y entregaron sus poderes a Cromwell como Protector de la Mancomunidad.[7]

Tras ser solemnemente instalado el 16 de diciembre de 1653, de acuerdo con el "Instrumento de Gobierno", él y su consejo tenían facultades para emitir ordenanzas con fuerza de ley "hasta que el Parlamento tome medidas al respecto". El primer Parlamento trienal se reuniría en septiembre de 1654.

Cromwell aprovechó al máximo esta oportunidad, y los nueve meses en que fue prácticamente absoluto se han descrito como el período realmente creativo de su gobierno. Emitió

---

[7] La Mancomunidad de Inglaterra (Commonwealth of England) fue el sistema de gobierno republicano que existió en Inglaterra (junto con Escocia e Irlanda) desde 1649 hasta 1660. Este período, conocido como el Interregno, siguió a la Guerra Civil Inglesa y la ejecución de Carlos I, y precedió a la Restauración de la monarquía bajo Carlos II. Cuando el rey Carlos I fue ejecutado en 1649, Inglaterra se convirtió en una república por primera vez en su historia. La monarquía fue abolida, al igual que la Cámara de los Lores, y el poder quedó en manos del Parlamento y de un Consejo de Estado. El período de la Mancomunidad fue muy turbulento. Aunque en teoría era una república, el poder efectivo estaba en manos de los militares y, en particular, de Oliver Cromwell, uno de los líderes de la Guerra Civil Inglesa. En 1653, después de una serie de conflictos políticos y disputas constitucionales, Cromwell se convirtió en Lord Protector de la Mancomunidad. Durante su tiempo como Lord Protector, Cromwell gobernó en muchos aspectos como un monarca no coronado. Tuvo el poder de disolver el Parlamento y gobernó por decreto. También llevó a cabo una serie de campañas militares en Irlanda y Escocia para consolidar el control de la Mancomunidad.

La Mancomunidad de Inglaterra terminó después de la muerte de Cromwell en 1658. Su hijo, Richard Cromwell, sucedió a su padre como Lord Protector, pero carecía del apoyo militar y político de su padre y se vio obligado a renunciar en 1659. En 1660, la monarquía fue restaurada y Carlos II, el hijo de Carlos I, fue invitado a regresar a Inglaterra para convertirse en rey. A pesar de su brevedad, la Mancomunidad tuvo un impacto duradero en la historia de Inglaterra. Introdujo la idea de que un rey podía ser juzgado y ejecutado por el pueblo, y sentó las bases para el desarrollo posterior de la democracia parlamentaria en Inglaterra.

ochenta y dos ordenanzas, casi todas las cuales fueron confirmadas en 1656 por su segundo Parlamento. Las más características de su política interna son las tres divisiones que se refieren a la reforma de la ley, la reformación de las costumbres y la reorganización de la Iglesia Nacional. Su propósito era, como dijo, hacer que las leyes del hombre sean "conformes a las leyes justas y rectas de Dios". Algunas leyes inglesas, dijo al Parlamento, eran "leyes perversas y abominables", y protestó contra colgar a un hombre por seis y ocho peniques: "ver a hombres perder la vida por asuntos insignificantes es algo que Dios tendrá en cuenta".

En la reformación de las costumbres, el Parlamento avanzó más rápido de lo que llevó consigo la opinión pública; y los mayores generales de Cromwell, por su dureza perentoria, hicieron que la legislación puritana fuera calificada de tiranía puritana. La observancia del sábado, por ejemplo, se aplicó no solo al cierre de tiendas y la paralización de la manufactura, sino también a poner fin a todo viaje en ese día, excepto en casos de necesidad atestiguados por un certificado de un juez de paz; y las personas que "caminaran vanamente y profanamente en el día antes mencionado" serían castigadas.

Estos mayores generales, mientras velaban por el mantenimiento del orden, debían controlar a las autoridades locales, acabar con las carreras de caballos, las peleas de osos y gallos, expulsar a vagabundos, cerrar tabernas innecesarias, asegurar que la embriaguez fuera debidamente castigada e incluso denunciar ante el consejo a todos los jueces que fueran negligentes en el cumplimiento de las obligaciones de su cargo.

Se registró que se cerraron cientos de tabernas y se detuvo a mendigos, holgazanes y personas depravadas en tal cantidad que las autoridades no sabían dónde encarcelarlos, y pidieron su transporte masivo. Hicieron muchas cosas en interés de la moral y el orden público, pero, desafortunadamente, a menudo lo hicieron de manera que generaron un gran descontento y provocaron una fuerte oposición.

Sin embargo, no hay que olvidar que, mientras intentaba reformar la moral de la nación mediante procesos legales, Cromwell realmente ponía más énfasis en la influencia de la educación y la religión. Al otorgar una subvención educativa para Escocia, declaró que era "un deber no solo establecer el Evangelio, sino también erigir y mantener escuelas para niños". Milton también abogaba por la fundación de escuelas en todas partes de la nación; y Harrington, en su Oceana (1656), afirmó que la formación de futuros ciudadanos mediante un sistema de escuelas gratuitas era uno de los principales deberes de una república. En 1651, Cromwell instó fuertemente a la dotación en el norte de una escuela o universidad para todas las ciencias y la literatura a partir de la propiedad del decano y el capítulo de Durham.

4. La caída de la mancomunidad y el resurgimiento de la monarquía

No hace falta decir que también estaba tan preocupado por la religión de la nación como por la educación de sus ciudadanos. Estos no eran para él dos temas distintos, sino solo dos aspectos de una misma cuestión: la elevación del pueblo. Al abordar esto, se consideró necesario reorganizar el sistema de la Iglesia Nacional. Aunque la disciplina presbiteriana había sido establecida por el Parlamento, la situación eclesiástica estaba lejos de funcionar sin problemas. Se descubrió entonces, no por primera ni última vez, que es una cosa crear una constitución mediante el Parlamento y otra muy distinta hacerla parte vital de la vida de la nación.

Los registros de las asambleas provinciales dejan en claro que una forma de gobierno eclesiástico, aceptada bajo coacción y a regañadientes, avanzaba con dificultades. Hubo oposición y, lo que quizás fue peor, indiferencia por parte de un gran sector de la población laica. En enero de 1648, el sínodo de Londres informó que cuatro de las doce clases designadas por el Parlamento aún no se habían formado y, por lo tanto, no habían enviado delegados. E incluso cuatro años después, en 1652, en un llamamiento realizado por la asamblea provincial, se expresaron temores de "la disolución total del gobierno presbiteriano". Hubo aún más dificultades con las juntas parroquiales de ancianos. Se informó desde San Mateo, Friday Street, que "el ministro ha intentado conseguir que se elijan ancianos, pero no puede convencer a sus feligreses"; y desde San Pedro, Paul's Wharf, también "que no se puede inducir a la gente a elegir ancianos ni a tener un ministro que pueda actuar con el Gobierno". En muchos otros lugares del país también había iglesias que se negaban a elegir ancianos e instaurar disciplina.

En Lancashire, el sistema presbiteriano se extendió más ampliamente que en otros lugares, pero incluso allí, su funcionamiento eficiente se vio obstaculizado en muchos lugares debido a la indiferencia u hostilidad abierta. Adam Martindale nos cuenta que en su propia parroquia de Gorton, el sistema no pudo funcionar porque algunos estaban en contra de los ancianos gobernantes por considerarlos anti-bíblicos y extraños en la antigüedad, mientras que otros estaban decididamente a favor del camino congregacional, y otros aún no querían estar bajo el poder de los ancianos gobernantes que podrían haber sido elegidos en algún lugar a diez millas de distancia.

Ante este panorama, Cromwell enfrentó en 1654 una tarea difícil cuando él y su consejo intentaron reorganizar el sistema de la Iglesia Nacional. Personajes como Milton y Sir Harry Vane se oponían completamente a una Iglesia Estatal.[8] Milton argumentaba que los magistrados no tenían poder coercitivo en asuntos religiosos. No era su función "establecer la religión", utilizando la expresión de la época, "mediante la designación de lo que debemos creer en cosas divinas o practicar en religión". Por otro lado, los creadores del "Instrumento de Gobierno" se oponían firmemente al sistema voluntario.

Así, todo lo que Cromwell y su consejo pudieron hacer con respecto a la organización eclesiástica fue determinar cómo debían ser nombrados o destituidos los ministros de la Iglesia Nacional, hasta qué punto debían ser limitados en su enseñanza y de qué fuentes debían recibir sus pagos. Entonces, el Estado no

---

[8] Sir Harry (o Henry) Vane (1613-1662) fue una figura política importante en Inglaterra y en la colonia de Massachusetts durante el siglo XVII. Nacido en una familia noble en Inglaterra, Vane se convirtió al puritanismo en su juventud. En 1635, emigró a la colonia de Massachusetts en Norteamérica, donde fue elegido gobernador a la temprana edad de 24 años. Sin embargo, su tiempo como gobernador fue controvertido debido a su apoyo a las opiniones religiosas radicales, y solo duró un año en el cargo.

Vane regresó a Inglaterra en 1637 y se convirtió en una figura prominente en la política inglesa. Fue miembro del Parlamento de Largo (Long Parliament) y fue uno de los líderes de la oposición a Carlos I en el período previo a la Guerra Civil Inglesa. Durante la guerra, Vane sirvió en el Consejo de Estado y fue uno de los principales defensores de la creación del Nuevo Ejército Modelo.

A pesar de su papel en la guerra, Vane se opuso a la ejecución de Carlos I y se distanció del gobierno de Oliver Cromwell durante el Interregno. Después de la muerte de Cromwell, Vane se convirtió en un líder de la oposición republicana a la Restauración de la monarquía.

Cuando Carlos II fue restaurado al trono en 1660, Vane fue arrestado y juzgado por traición. A pesar de su defensa apasionada, fue condenado y ejecutado en 1662. Vane es recordado hoy tanto por sus contribuciones a la política inglesa como por su defensa de la libertad religiosa.

tenía injerencia sobre las formas de ordenación, o incluso si debía haber ordenación en absoluto.

Lo único que le importaba cuando un ministro se presentaba ante ellos era si tenía derecho a recibir mantenimiento, según las condiciones establecidas por la ley. Esto debía ser determinado por un grupo de comisionados, conocidos como Triers, compuestos por ministros y laicos que podrían conformarse con requerir el certificado de tres personas que testificaran sobre la santa y buena conducta de la persona a ser admitida al beneficio. El derecho del patrono a presentar al beneficio permanecía intacto e incuestionable.

Todo lo que los Triers podían hacer era asegurarse de que no presentara a una persona no apta. En el sistema de la Iglesia Estatal, así reconstruido en 1654, no había una única forma reconocida de organización eclesiástica, y por lo tanto, no se mencionaban por su nombre ni el episcopado, el presbiterianismo o la independencia. No había tribunales eclesiásticos, asambleas eclesiásticas, leyes u ordenanzas eclesiásticas. Nada se decía acerca de ritos y ceremonias, ni siquiera acerca de los sacramentos.

La forma de administrar la Cena del Señor y el bautismo se dejó como una cuestión abierta, a ser determinada por cada congregación por sí misma. Además, se estipuló que si había iglesias que preferían adorar fuera del sistema nacional en su totalidad, tenían la libertad de hacerlo. Los Artículos de Gobierno declararon que tales personas "no serán restringidas, sino protegidas en la profesión de la fe y el ejercicio de su religión, siempre que no abusen de su libertad para causar daño civil a otros, y para perturbar realmente la paz pública por su parte".

Claro está, se debe admitir que la libertad "no se extendería al papismo o al prelado"; pero en este punto, el Dr. Rawson Gardiner, un historiador imparcialmente justo, dice lo siguiente: "Con la excepción de la condena del uso del Libro de Oración Común, el plan era en el sentido más amplio, amplio y generoso; y es bueno recordar que aquellos que se esforzaron por reservar el uso del Libro de Oración Común eran un partido político y eclesiástico, y que el peso y la actividad de ese partido, excepto en la medida en que apelaba a los indiferentes en religión, estaban fuera de toda proporción con su número".

En su establecimiento de la Iglesia Nacional, Cromwell parece haber tenido como objetivo sinceramente lograr una verdadera unión de tolerancia y comprensión. Hasta qué punto su experimento podría haber tenido éxito si se le hubiera otorgado más tiempo, solo puede dejarse a la conjetura. Pero las condiciones requeridas dependían de la continuidad de su propia vida. Él era el hombre fuerte en la nación, el único capaz de controlar y combinar los elementos conflictivos de la época, y no se le permitió continuar. Pródigo de su gran alma, había gastado en exceso su fuerza vital en los altos puestos de la guerra y en el arduo trabajo de gobierno, hasta que, envejecido antes de tiempo, falleció el 3 de septiembre de 1658.

Cuando Cromwell cayó, el gobierno de los puritanos cayó con él. El cetro de la soberanía, habiendo pasado a manos más débiles, las fuerzas conflictivas, tanto religiosas como políticas, que habían sido controladas, ahora se levantaron en tumulto y reinó la confusión suprema. Pero aunque la hostilidad hacia el puritanismo por parte de algunas personas fue una de las fuerzas que provocaron la caída de la Mancomunidad, no fue la única, ni la más fuerte.

Sir Henry Vane atacó la validez del título de Richard Cromwell y se alió con el ejército en su contra, sin embargo, no había puritano más ferviente que Sir Henry Vane. Los presbiterianos, por otro lado, constituían el gran cuerpo del partido puritano; superaban en número a los independientes y fue por su acción, y solo la de ellos, que la Liga Solemne y el Pacto se impusieron al pueblo inglés; sin embargo, la restauración de la monarquía fue llevada a cabo principalmente por los presbiterianos.

Suponían que Carlos II decía en serio cuando en su declaración de Breda prometió que se aseguraría la libertad de conciencia; y, con una credulidad que solo puede causar asombro, creían en 1659, como lo habían creído en 1649, que podrían obtener su consentimiento para el establecimiento nacional del sistema presbiteriano de gobierno eclesiástico. Siempre habían sido partidarios de la monarquía, y el Parlamento de la Convención, que sucedió al Parlamento Largo y mediante el cual se restauró al Rey, era en su mitad presbiteriano.[9]

---

[9] La Declaración de Breda fue un documento pronunciado por Carlos II de Inglaterra en 1660 en la ciudad de Breda, en los Países Bajos, antes de su restauración como rey. La declaración fue una promesa de un gobierno tolerante y misericordioso bajo su reino, que se produjo después de un período de gobierno republicano en Inglaterra conocido como la Mancomunidad o el Interregno. Después de la ejecución de Carlos I durante la Guerra Civil Inglesa, Inglaterra fue gobernada como una república bajo Oliver Cromwell, quien era un puritano estricto. Cuando Cromwell murió y su hijo Richard fue incapaz de mantener el control, hubo un movimiento para restaurar la monarquía. La Declaración de Breda fue un intento de Carlos II de asegurar su restauración al trono. En la declaración, prometió un espíritu de tolerancia y perdón, incluyendo la amnistía general para aquellos que habían actuado contra su padre y la monarquía durante la Guerra Civil, a excepción de aquellos que lo habían condenado directamente a muerte. También prometió libertad de conciencia y tolerancia religiosa, en un intento de apaciguar a los puritanos y otros disidentes religiosos. La importancia de la Declaración de Breda en el contexto del puritanismo radica en su intento de mitigar las tensiones

No fue solo, ni principalmente, el disgusto por el puritanismo lo que provocó la contrarrevolución de 1660. Existía el cansancio resultante del cambio constante e incertidumbre; había un amor arraigado por el gobierno monárquico en el corazón del pueblo inglés; estaba la conmoción causada por la decapitación del rey Carlos I, ya que puede decirse con verdad que la ejecución del rey trajo de vuelta al rey, hizo que los hombres olvidaran sus fechorías y lo invistieran con la santidad de un mártir; estas y otras fuerzas de tipo político se combinaron para derribar la Mancomunidad. Cuando esta cayó, el puritanismo, que había perdido el poder cuando se desmanteló el ejército, cayó con ella.

En cuanto a su influencia en el Estado, una influencia que alguna vez fue primordial, su caída fue tan repentina, completa y abrumadora como su triunfo había sido rápido y sorprendente. Cuando asumió el control del gobierno, logró que los gobernantes de Europa no solo respetaran a Inglaterra, sino que también la temieran. Y luego, la situación cambió por completo. Aquellos líderes que lograron escapar de la muerte, el exilio y el encarcelamiento tuvieron que enfrentar la proscripción y cayeron en el olvido.

Hombres que habían sido pilares del Estado, victoriosos en la guerra y destacados a los ojos del mundo civilizado, fueron privados de los derechos más elementales de ciudadanía. Los puritanos triunfantes se convirtieron en inconformistas impotentes y perseguidos. El puritanismo experimentó más de un cuarto de siglo de cruel opresión y sufrimiento, pero a menudo

---

religiosas que habían sido una fuente significativa de conflicto durante la Guerra Civil y el Interregno. Sin embargo, a pesar de la promesa de Carlos II de tolerancia religiosa, los puritanos y otros grupos disidentes fueron perseguidos bajo su reinado y la Iglesia de Inglaterra fue restablecida como la iglesia oficial del país.

hay un aspecto positivo en las cosas negativas, y ese tiempo de persecución implacable creó tradiciones sagradas que han dado lugar a vidas consagradas.

5. El legado del puritanismo en la formación de la sociedad inglesa

El puritanismo, visto correctamente, no es algo exclusivo de una época, sino para todos los tiempos. Representa la supremacía de la voluntad divina frente a las pasiones y clamores terrenales. Su defecto ha sido con frecuencia que dio una interpretación demasiado estrecha de lo que realmente es la voluntad divina. Los principios en su corazón, obediencia y justicia, son las fuerzas vinculantes sin las cuales la sociedad se desmoronaría; pero al reconocer el valor de estos, no logró, al menos muchos de sus seguidores no lo lograron, reconocer también el valor de los elementos más graciosos y geniales de la vida humana, sin los cuales su gloria y bendición no son completas.

Aunque esto se puede admitir, al mismo tiempo se debe argumentar que los hombres de la Mancomunidad no eran, de ninguna manera, los fanáticos severos y de mentalidad estrecha que despreciaban todo lo hermoso y agradable en la vida, como los escritores realistas han intentado hacerles parecer. Cromwell, ciertamente, no condenó los placeres inocentes.

El propio Cromwell disfrutaba de la caza, la cetrería y los juegos de su época, al igual que los caballeros realistas que eran sus vecinos, y compartía su amor por un buen caballo. Un contemporáneo nos cuenta que era "un gran amante de la música y mantenía en su nómina y familia a expertos en esa ciencia", y que cuando ofreció un banquete a embajadores extranjeros, "la rara música, tanto instrumental como vocal" era una de las características del evento.

En cuanto al arte, hay que recordar que salvó los cartones de Rafael y el "Triunfo" de Mantegna para la nación, mientras que en años posteriores, Carlos II intentó venderlos al Rey de Francia.[10] Milton, su secretario latino, no puede ser considerado un fanático de mente estrecha, sino un hombre de genialidad sublime cuya "alma era como una estrella y moraba aparte", un poeta con una voz "cuyo sonido era como el mar: puro como los cielos despejados, majestuoso, libre".

Más allá de Cromwell y Milton, podemos recordar la imagen del coronel Hutchinson, gobernador del Castillo de Nottingham, descrita por su esposa puritana. Aunque "su fe estaba arraigada en la verdad y estaba lleno de amor por Dios y todos Sus santos", al igual que sus vecinos realistas, estaba dotado de las habilidades comunes de la vida, "tenía destrezas en

---

[10] Carlos II de Inglaterra nació el 29 de mayo de 1630 y murió el 6 de febrero de 1685. Fue rey de Inglaterra, Escocia e Irlanda desde 1660 hasta su muerte. Era hijo de Carlos I de Inglaterra, quien fue ejecutado durante la Guerra Civil Inglesa, un conflicto que enfrentó a los partidarios de la monarquía contra los del Parlamento. Después de la ejecución de su padre en 1649, Carlos II intentó recuperar el trono, pero fue derrotado en la Batalla de Worcester en 1651. Pasó los siguientes nueve años en el exilio en Francia y los Países Bajos. En 1660, tras la muerte de Oliver Cromwell y el fracaso del gobierno de su hijo Richard, Carlos fue invitado a regresar a Inglaterra y restaurar la monarquía en un evento conocido como la Restauración. Antes de su regreso, emitió la Declaración de Breda, en la que prometía amnistía, libertad religiosa y un gobierno justo y equitativo.

El reinado de Carlos II es conocido por su amor por las artes y la ciencia. Patrocinó la Royal Society, una organización dedicada a la promoción de las ciencias, y su corte fue famosa por su opulencia. También se le conoce como el "Rey Alegre" debido a su estilo de vida hedonista y su fama de mujeriego. A pesar de su promesa de tolerancia religiosa, durante su reinado se promulgaron varias leyes que restringían los derechos de los disidentes religiosos, lo que llevó a un aumento de la tensión religiosa en Inglaterra. Carlos no tuvo hijos legítimos, pero reconoció a varios hijos ilegítimos. A su muerte en 1685, fue sucedido por su hermano, Jacobo II.

esgrima propias de un caballero, gran amor por la música, tocando magistralmente el viol, y tenía un gran juicio en pintura, grabados, esculturas y todas las artes liberales, y poseía muchas curiosidades de todo tipo".

Es cierto que los puritanos se oponían a las representaciones teatrales y eran hostiles al teatro. La razón de esto nos la proporciona Kingsley. Nos muestra que, con la excepción de Shakespeare, era habitual en las comedias del siglo XVII introducir el adulterio como motivo de risa y, a menudo, como base de toda la trama, permitiendo que el seductor fuera considerado un "caballero apuesto" y que el esposo agraviado fuera objeto de todo tipo de desprecio y burla. Kingsley opina que la mayoría de la gente hoy en día probablemente "coincidirá con los puritanos en que el adulterio no es un tema para la comedia. Puede serlo para la tragedia, pero para la comedia, jamás".

En relación con el tema del puritanismo, como en muchos otros casos, existen dos perspectivas: una seria y otra de parodia y distorsión. El tiempo pone a prueba ambas. Las instituciones puritanas en el siglo XVII cayeron junto con Cromwell, pero las ideas puritanas no sucumbieron junto con las instituciones donde se habían materializado. Estas ideas realizaron un trabajo importante y duradero en la noble causa de la libertad. Los puritanos frenaron el crecimiento del gobierno absoluto en Inglaterra, que había avanzado rápidamente bajo el gobierno personal de los Tudor y que continuó de manera fatal bajo los reyes Estuardo que les siguieron.

Lo que lo hacía aún más peligroso era que había tenido éxito en otras naciones de Europa. Como hemos visto, las monarquías absolutas habían surgido en todas partes sobre las ruinas de las libertades nacionales, hasta tal punto que un hombre podía levantarse en el Parlamento en 1625 y declarar que los ingleses eran el último pueblo de la Cristiandad que mantenía sus derechos.

¿Por cuánto tiempo podrían afirmar que estaban haciendo eso? Fue el momento crítico del destino nacional, y fue el puritanismo el que acudió al rescate. La situación requería que el entusiasmo religioso se uniera al amor por la libertad para resistir las imposiciones del príncipe. Se ha dicho acertadamente que el celo puritano inclinó la balanza en el conflicto entre el derecho divino y la autoridad parlamentaria.

Así que, si el puritanismo cayó, cayó en el momento de la victoria. Los reyes Estuardo regresaron, pero no volvieron con ellos la Cámara de las Estrellas, ni el Tribunal de la Alta Comisión, ni el impuesto de los barcos, ni los préstamos forzosos y las benevolencias. La batalla por la libertad constitucional había sido librada y ganada.

Bibliografía

- Anónimo. *A Parte of a Register, The State of the Church of England Laid Open in a Conference.* Lugar de publicación y editorial desconocidos.
- Anónimo. *A Survey of the Pretended Holy Discipline.* Londres: Imprenta desconocida, 1593.
- Anónimo. *Dangerous Positions Published and Practised within This Hand of Brytaine under Pretence of Reformation.* Londres: Imprenta desconocida, 1593.
- Anónimo. *State Papers, Domestic, Elizabeth, James I ... Charles I.* Lugar de publicación y editorial desconocidos.
- Anónimo. *The Presbyterian Movement in the Reign of Queen Elizabeth as Illustrated by the Minute Book of the Dedham Classes, 1582–1589.* R. Hist. Soc., 1905.
- Anónimo. *Zurich Letters, 1558–1579; Second Series, 1558–1602.* Cambridge: The Parker Society.

- Bilson, Thomas. *The Perpetual Government of Christes Church*. Londres: Deputies of Christopher Barker, 1593.
- Carlyle, Thomas. *Letters and Speeches of Oliver Cromwell*. Londres: Chapman and Hall, 1904.
- Child, Gilbert W. *Church and State under the Tudors*. Oxford: Exeter College, 1890.
- D'Ewes, Sir Simonds. *Journal of Parliament in the Reign of Queen Elizabeth*. Londres: Imprenta desconocida, 1693.
- Dixon, R. W. *History of the Church of England*. Londres: John Murray, 1878–1902.
- Firth, Charles, M.A. *Oliver Cromwell and the Rule of the Puritans in England*. Oxford: Clarendon Press, 1903.
- Gee, Henry, and W. J. Harding, eds. *Documents Illustrative of English Church History*. Londres: Macmillan, 1896.
- Marsden, J. B. *History of the Early Puritans*. Londres: Hamilton, Adams, 1854. Marsden, J. B. *History of the Later Puritans*. Londres: Hamilton, Adams, 1854.
- Mullinger, J. Bass. *History of the University of Cambridge*. Londres: Longmans, Green, and Co., 1888.
- Neal, Daniel. *The History of the Puritans*. Londres: Printed for J. Buckland, J. F. and C. Rivington, T. Longman, and T. Cadell, 1732–1738.
- Paget, Francis, D.D. *Introduction to the Fifth Book of Hooker's Ecclesiastical Polity—the Puritan Position*. Oxford: Clarendon Press, 1899.
- Paule, Sir George. *Life of John Whitgift*. Londres: Printed by George Bishop, Ralph Newberie, and Robert Barker, 1599.
- Pierce, W. *The Martin Marprelate Tracts*. Lugar de publicación y editorial desconocidos, 1909.
- Powicke, Fred. J., Ph.D. *Henry Barrow, Separatist (1550?–1593)*. Lugar de publicación y editorial desconocidos, 1900.
- Shaw, W. A., Litt.D. *History of the English Church during the Civil Wars and under the Commonwealth, 1640–1660*. Londres: Longmans, Green, and Co., 1900.
- Strype, John. *Annals*. Oxford: Clarendon Press, 1735.
- Strype, John. *The Life and Acts of Matthew Parker*. Oxford: Clarendon Press, 1711. Strype, John. *The Life and Acts of Edmund Grindal*. Oxford: Clarendon Press, 1710. Strype, John. *The Life and Acts of John Whitgift*. Oxford: Clarendon Press, 1718.
- Tayler, J. J. *A Retrospect of Religious Life in England*. Lugar de publicación y editorial desconocidos, 1853.

London :   Printed for *John Smith*. 1 6 4 *h*.

"El mundo de cabeza",
panfleto publicado en 1647 por John Smith describiendo los
cambios radicales y repentinos que tuvieron lugar durante la
guerra civil en la década de 1640.

APÉNDICE: LA GUERRA CIVIL INGLESA Y EL PURITANISMO

Nick Needham

La ascensión de Carlos I

Cuando Carlos I (1625-49) ascendió al trono en 1625, tras la muerte de su padre Jacobo, introdujo dos elementos que provocaron una enorme conmoción en la sociedad inglesa: la hostilidad hacia los parlamentos y el rechazo al calvinismo.[1] En primer lugar, Carlos había heredado de su padre la creencia en el "derecho divino de los reyes", es decir, la idea de que los monarcas solo deben rendir cuentas ante Dios y no ante sus súbditos representados en cualquier forma de parlamento. Sin embargo, a diferencia de Jacobo, Carlos no entendió el valor práctico de colaborar con el parlamento inglés y pronto dejó de intentarlo.

---

[1] El siguiente texto ha sido adaptado de: Nick Needham, *2000 Years of Christ's Power: The Age of Religious Conflict*, vol. 4 (Ross-shire, Scotland: Christian Focus, 2016), 227–234.

Desde 1629 hasta 1640, gobernó sin convocar ningún parlamento, empleando métodos que sus adversarios consideraban ilegales o perjudiciales para la constitución inglesa. Este período fue denominado "la Tiranía de los Once Años" por sus oponentes, mientras que los historiadores modernos lo llaman de manera más imparcial el período de su gobierno personal.

Quizás esto no habría sido tan relevante si Carlos no hubiera empleado esos años con determinación para promover el movimiento de la Alta Iglesia en el seno de la Iglesia nacional inglesa. Este ataque iba más allá del típico embate monárquico al puritanismo, pues representaba un desafío mucho más amplio a la fe reformada, la cual contaba con un amplio respaldo entre el clero y los laicos anglicanos que iba mucho más allá del puritanismo.

Para muchos, parecía que Carlos estaba atacando el propio protestantismo, debilitando o incluso deshaciendo el trabajo de la Reforma Inglesa. Esta percepción encendió contra él un fervor religioso que, combinado con su incapacidad para colaborar con las clases gobernantes inglesas representadas en el parlamento, finalmente lo llevaría a perder el trono.

La Iglesia Alta arminiana y el arzobispo Laud

Las creencias de la Alta Iglesia de Carlos eran genuinas, no un instrumento para alcanzar objetivos políticos. Admiraba a teólogos de la Alta Iglesia como Richard Montagu y John Cosin por su erudición y dedicación a la Iglesia de Inglaterra. No obstante, el miembro de la Alta Iglesia con el que Carlos estableció el vínculo más cercano y fatídico fue William Laud (1573-1645). Nacido en Reading, Berkshire, y formado en el

Saint John's College, Oxford, la carrera eclesiástica de Laud fue variada: presidente del Saint John's College (1611); Decano de Gloucester (1616); Obispo de Saint Davids (1621), de Bath y Wells (1626) y de Londres (1628); y finalmente Arzobispo de Canterbury en 1633.

A lo largo de su trayectoria, Laud fue impulsado por un sentido de misión para moldear el anglicanismo según los ideales de la Alta Iglesia. Una vez que adquirió poder en el centro del establecimiento político y religioso de Inglaterra, como obispo de Londres y luego arzobispo de Canterbury, empleó todos los recursos legales disponibles para forzar a una Iglesia reacia a adoptar su visión. Algunas políticas de Laud solo ofendían a los puritanos, como exigir el uso correcto del Libro de Oración Anglicano en la adoración, donde ningún ministro debía omitir partes ni agregar propias.

La estricta conformidad o la deposición eran el mensaje de Laud al clero anglicano. El anterior arzobispo de Canterbury, George Abbot (nacido en 1562; arzobispo 1611-33), había sido fuertemente reformado e inclinado a conceder a su clero cierta libertad en cómo observaban el Libro de Oración, siempre que predicaran de manera sólida. Sin embargo, el calvinismo de Abbot hizo que cayera en desgracia ante el rey Carlos y perdiera influencia. Laud, como obispo de Londres y confidente del rey, tenía mucho más poder que Abbot y era la elección lógica de Carlos para suceder a un Abbot debilitado en Canterbury cuando falleció en 1633.

La desgracia del calvinista Abbot evidenció que la teología de la Alta Iglesia había adoptado una postura arminiana en cuanto a la salvación. No había una conexión inevitable entre ambas. Las creencias de la Alta Iglesia podían mantenerse junto a una interpretación rigurosa de la gracia en la tradición agustiniana, como en el caso de los jansenistas (ver Capítulo 6, sección 4). Por otro lado, no había elementos de la Alta Iglesia en el arminianismo evangélico de Jacob Arminius y sus discípulos holandeses (ver Capítulo 2, sección 2). Sin embargo, la combinación de doctrina de la Alta Iglesia y arminianismo resultó ser especialmente explosiva en la Inglaterra del siglo XVII.

El arminianismo holandés ciertamente influyó en algunos miembros de la Alta Iglesia inglesa; por ejemplo, John Cosin, el prebendario erudito de la Alta Iglesia en la catedral de Durham, se comunicaba con el destacado arminiano holandés Hugo Grotius y se sabe que tenía algunos escritos de Arminius en su biblioteca. Pero el arminianismo anglicano era bastante distinto, asociado con la Iglesia visible como el vehículo místico de la gracia. En el pensamiento de Laud y sus colegas, la voluntad humana debía colaborar con la gracia que fluía a través de la jerarquía episcopal y sus sacramentos.

Así, el grupo de la Alta Iglesia, con su arminianismo sacramental, no veía al puritanismo como el único adversario, sino a todas las formas de calvinismo, independientemente de cuán conformistas pudieran ser en asuntos de gobierno y adoración eclesiástica. La idea reformada de la total esclavitud de la voluntad y la soberanía de la gracia, algo mucho más amplio que el puritanismo, era considerada peligrosa por el arzobispo Laud y sus aliados arminianos de la Alta Iglesia. Fue bajo el mandato de Laud que todos los calvinistas comenzaron a ser etiquetados como "puritanos", una distorsión grotesca de toda la historia previa en los períodos isabelino y jacobino. El obispo calvinista John Davenant (1572-1641) protestó enfáticamente:

¿Por qué ahora se consideraría doctrina puritana lo que aquellos sostenían que han prestado el mayor servicio a nuestra Iglesia al derrotar al puritanismo, o por qué los hombres deberían abstenerse de enseñar esa doctrina en adelante, que hasta ahora se ha mantenido en general y públicamente, hombres más sabios tal vez, pero yo no puedo entenderlo?

Davenant tenía buenas razones para estar descontento. La política de Laud fue demasiado exitosa al colocar a los arminianos de la Alta Iglesia en el poder en todo el establishment anglicano, en detrimento del calvinismo. En palabras de una broma popular de la época, "Pregunta: ¿qué sostienen los arminianos? Respuesta: ¡todos los mejores obispados y decanatos de Inglaterra!"

Había otros aspectos de los ideales de la Alta Iglesia de Laud que ofendían no solo a los puritanos y calvinistas, sino a la gran mayoría de los anglicanos, que no tenían celo por el puritanismo y quizás no tenían un gran entendimiento teológico del calvinismo, pero que se entendían a sí mismos y a su Iglesia como protestantes.

El anticatolicismo había penetrado profundamente en el alma inglesa después de varias generaciones de propaganda gubernamental ininterrumpida. Entonces, cuando Laud comenzó a aplicar cambios en la Iglesia que parecían fundamentalmente en desacuerdo con el protestantismo, la sensación de indignación se extendió mucho más allá del electorado puritano. Dos de estos cambios fueron especialmente controvertidos.

Primero, la mesa de comunión se transformó en un altar. Esto fue parte de la campaña más amplia de Laud para reparar el tejido y restaurar la belleza de las iglesias inglesas. Pero este acto arquitectónico en particular estaba cargado de una teología

188 EDICIÓN AMPLIADA Y REVISADA

conflictiva. Laud ordenó a todas las iglesias colocar sus mesas de comunión en el extremo este del edificio y cerrarlas con una baranda.

El extremo este de una iglesia tenía un significado simbólico en el cristianismo medieval: el sol sale por el este, por lo que el extremo este se asociaba con la segunda venida de Cristo. Por esta razón, el altar medieval se ubicaba tradicionalmente en el extremo este de una iglesia. En la Reforma, los altares anglicanos fueron generalmente destruidos y reemplazados por mesas en la nave (la parte central de la iglesia).

Desplazar la mesa de comunión a su ubicación medieval en el extremo este parecía preocupante a los ojos protestantes. Surgía la pregunta: ¿se intentaba llevar a la Iglesia inglesa de regreso a la Edad Media en términos espirituales y doctrinales? Laud también ordenó que los adoradores se acercaran a las barandillas del altar para recibir la comunión arrodillados. Cuando fue Decano de la catedral de Gloucester, exigió que todos los que entraran se inclinaran ante el altar. Estas prácticas eran ajenas a la Iglesia anglicana reformada; en la mentalidad popular, esto evocaba la transubstanciación, la misa y el romanismo. Si el arzobispo tenía esta perspectiva, el rey seguramente la compartiría. Así, la ansiedad y hostilidad provocadas por Laud también afectaron a Carlos.

En segundo lugar, Laud adoptó medidas extremas para silenciar cualquier predicación que le desagradara (principalmente calvinista). En este aspecto, no solo contó con el total apoyo de Carlos, sino que siguió su ejemplo. Ya en 1626, Carlos había prohibido, en su calidad de gobernador supremo de la Iglesia inglesa, que los predicadores discutieran la predestinación en sus sermones.

Cuando alguien tan importante como John Davenant, obispo de Salisbury y principal representante de Jacobo I en el Sínodo de Dort, desobedeció esta orden en 1630, fue convocado ante el Consejo Privado del rey y reprendido oficialmente por el arzobispo arminiano de York, Samuel Harsnett (1561-1631). Carlos y Laud fueron particularmente severos con los "lectores", es decir, clérigos que no conseguían una parroquia, pero eran nombrados como lectores (predicadores bajo otro nombre) mediante suscripciones voluntarias.

Los mecenas laicos del puritanismo solían utilizar este método para encontrar empleo para predicadores que no podían obtener una iglesia parroquial o que habían sido privados de ella por una autoridad superior. En 1629, Carlos impuso una nueva ley muy restrictiva sobre los lectores que los ataba estrechamente al Libro de Oración Común y a las estructuras disciplinarias de la jerarquía episcopal. Esto hacía casi imposible que cualquier lector con conciencia puritana pudiera ejercer su función.

El arzobispo Laud también eliminó una destacada organización puritana, los "Feoffees for Impropriations" (Feoffees para Impropriaciones). Este grupo compraba "impropriaciones" (ganancias de la venta de propiedades eclesiásticas, que luego se transformaban en una especie de fondo controlado por laicos individuales o una corporación) y las utilizaba para adquirir "patronatos" (derechos legales para nombrar a un ministro en un cargo específico dentro de la Iglesia anglicana). Los Feoffees, por supuesto, se aseguraban de que se nombraran ministros puritanos. La organización fue llevada a juicio y disuelta en 1632, y todos sus bienes fueron confiscados por la corona.

Cuando la gente presenció esta represión contra la predicación reformada al mismo tiempo que Laud transformaba las mesas de comunión en altares, muchos dedujeron que había una conspiración para deshacer la Reforma y convertir al clero en sacerdotes sacrificadores en lugar de maestros de las Escrituras. Es importante recordar que la predicación era extremadamente popular en esa época; un buen predicador podía generar el mismo entusiasmo y apoyo multitudinario que quizás solo las estrellas del pop y las celebridades mediáticas pueden lograr hoy en día. Silenciar a tantos "predicadores piadosos" provocó e incitó a la opinión pública, especialmente en las ciudades, de una manera peligrosa.

Los arminianos de la Iglesia Alta también establecieron una fuerte alianza, no solo con el rey Carlos personalmente, sino con su visión de la monarquía absoluta sin el control de los parlamentos u otras instituciones. Uno de los eclesiásticos más francos, Richard Montagu, prometió a Carlos: "defiéndeme con la espada y yo te defenderé con mi pluma". Esto ayuda a explicar la oposición política al arminianismo de la Iglesia Alta. Aquellos comprometidos con el papel del parlamento se veían prácticamente obligados a oponerse al partido de la Iglesia Alta por su respaldo al absolutismo del rey.

El temor de que Carlos y Laud estuvieran romanizando la Iglesia inglesa encontró aparente justificación en el matrimonio de Carlos en 1625 con una princesa católica francesa, Henrietta Maria (1609-1669), hermana del rey francés Luis XIII. El matrimonio tenía una intención política: formaba parte de una fase anglo-francesa en la política exterior del gobierno inglés. Sin embargo, esto significaba que la Inglaterra protestante ahora tenía una reina católica y que sus sirvientes y amigos católicos (incluido su confesor, el sacerdote católico escocés Robert Phillip) eran tolerados en la corte inglesa.

Henrietta Maria era apasionada y ostentosa en cuanto a su religión, escandalizando a la opinión protestante al hacer cosas como rezar en público por los mártires católicos ingleses, aquellos a quienes el gobierno inglés había ejecutado desde el reinado de Isabel por presunta traición. La gente común empezó a llamar a Henrietta Maria "Reina María", relacionándola así con María Tudor, la principal perseguidora de los protestantes en Inglaterra, que había reinado de 1553 a 1558. Sin duda también recordaban el más reciente "Complot de la Pólvora" de 1605, cuando conspiradores católicos ingleses (siendo Guy Fawkes el más famoso) habían planeado volar al rey Jacobo, la Cámara de los Lores y la Cámara de los Comunes en la apertura del parlamento el 5 de noviembre, y tomar el control del país en nombre de un catolicismo restaurado.

El complot fue, por supuesto, frustrado, pero más que cualquier otro evento único, ayudó a crear un miedo nacional al catolicismo como violento y sedicioso. La mayoría de los católicos ingleses, de hecho, eran perfectamente leales a Inglaterra y su monarquía; pero a los ojos de los protestantes, enrojecidos de miedo, se convirtieron en los temidos terroristas de la época, siempre a punto de repetir las atrocidades de María Tudor o del 5 de noviembre.

Mirando hacia atrás, resulta fácil ver que el rey Carlos y el arzobispo Laud se dirigían hacia un desastre. Sin embargo, tanto el monarca como el obispo permanecieron sorprendentemente ciegos. Ninguno de los dos hombres tenía comprensión alguna de aquellos que diferían de ellos; ambos eran de mentalidad estrecha y pedantes. Laud, sin embargo, fue el mayor infractor y atrajo un grado extraordinario de odio popular.

No ayudó que a menudo se hiciera a sí mismo y a su causa parecer pomposos y ridículos. En un servicio de adoración, el coro cantó el himno del Salmo 24:9, "Alzad, oh puertas, vuestras cabezas, y alzaos vosotras, puertas eternas, y entrará el Rey de la gloria". En ese momento se abrieron las puertas de la iglesia, y entró apresuradamente Laud. Era un hombre pequeño, y el bufón del rey Carlos captó el ánimo público cuando bromeó: "¡Dad grandes alabanzas a Dios y poco laud al diablo!"

Durante los once años del gobierno personal del rey Carlos, muchos arminianos de la Iglesia Alta ocuparon obispados: Laud en Canterbury (desde 1633 en adelante), Richard Montagu en Chichester (1628) y luego Norwich (1638), Richard Neile en York (1631), Francis White en Ely (1631), William Juxon en Londres (1633) y Matthew Wren en Hereford (1634), Norwich (1635) y luego Ely (1638).

Cabe preguntarse si había obispos calvinistas, y si es así, qué estaban haciendo. La respuesta es que ciertamente había calvinistas en el episcopado. En Inglaterra encontramos a John Davenant de Salisbury, Joseph Hall (1574-1656) de Exeter (siempre famoso por sus ricos escritos devocionales, especialmente sus Contemplaciones) y Thomas Morton (1564-1659) de Durham. En Irlanda, en ese momento totalmente gobernada por Gran Bretaña, y con la Iglesia nacional irlandesa formando parte del sistema anglicano, estaba el estimado arzobispo erudito James Ussher (1581-1656) de Armagh (famoso por datar la creación en el 4004 a.C.) y William Bedell (1571-1642) de Kilmore.

Quizás de manera extraña, sin embargo, estos obispos calvinistas no hicieron nada para oponerse a las políticas arminianizantes de la Iglesia Alta de Carlos o Laud. Tal vez habían sido intimidados en silencio, recordamos la reprimenda a Davenant por atreverse a predicar sobre la predestinación. Tal vez su reverencia por la monarquía les dificultó resistirse a

Carlos. Sea cual sea la razón, no sería de los obispos calvinistas, sino de una Cámara de los Comunes calvinista, de donde finalmente surgiría un desafío efectivo a Carlos y Laud.

Divididos por la espada: la Guerra Civil y sus consecuencias

El movimiento Pactista en Escocia destruyó la autoridad de Carlos sobre su reino del norte.[2] Cuando los Pactistas Escoceses invadieron Inglaterra y ocuparon Newcastle y Durham, Carlos tuvo que convocar un parlamento inglés. No solo necesitaba dinero y recursos para enfrentar la crisis del norte, que sólo podía obtener mediante la cooperación parlamentaria, sino que los Pactistas Escoceses también habían establecido que no aceptarían ningún tratado de Carlos a menos que fuera ratificado por un parlamento inglés.

El primero de estos parlamentos, el Parlamento Corto, se reunió durante apenas tres semanas (abril-mayo 1640) antes de que Carlos lo disolviera nuevamente debido a su ánimo rebelde. Sin embargo, esto no sirvió de nada; el rey no pudo hacer nada para resolver la crisis sin la ayuda parlamentaria. En noviembre de 1640, se reunió el Parlamento Largo, el más largo en la historia de Inglaterra hasta ese momento, ya que no se disolvió oficialmente hasta 20 años después (El Parlamento de los Caballeros de 1661-79 fue en realidad aún más largo, ya que no sufrió el golpe de estado militar que purgó al Parlamento Largo a un "retazo" de diputados republicanos en 1648, y la larga

---

[2] El siguiente texto ha sido adaptado de: Nick Needham, *2000 Years of Christ's Power: The Age of Religious Conflict*, vol. 4 (Ross-shire, Scotland: Christian Focus, 2016), 240–251.

interrupción que suspendió este parlamento por completo entre 1653 y 1659).

Carlos se encontró nuevamente con un parlamento en un estado de ánimo rebelde. La gran mayoría de los diputados no deseaba discutir la crisis escocesa. De hecho, algunos de los principales diputados habían estado en correspondencia con los Pactistas Escoceses, tratándolos como aliados en contra de Carlos. Lo que los diputados querían hacer era impedir que Carlos o cualquier rey volviera a gobernar sin el parlamento. Así, la reforma constitucional dominó la agenda. Un humillado Carlos tuvo que presenciar cómo el parlamento le quitaba sus prerrogativas una por una: por ejemplo, la Ley Trienal de febrero de 1641 estableció que un parlamento debía ser convocado cada tres años, en lugar de cuando el monarca lo deseara.

En esta primera etapa, no había división de opiniones entre los diputados en "realista" y "parlamentario". El acto más melodramático del parlamento unido fue llevar a juicio a Thomas Wentworth, conde de Strafford (1593-1641), el principal ministro de Carlos, con el propio parlamento actuando como tribunal. Strafford había aplicado de manera efectiva y despiadada la voluntad del rey en Irlanda; los parlamentarios temían que pudiera hacer lo mismo en Inglaterra, quizás utilizando tropas irlandesas. Aunque Carlos había prometido lealtad absoluta a Strafford, cuando la turba londinense se amotinó, clamando por su sangre, el rey cedió por temor a su familia.

Carlos firmó la orden de ejecución parlamentaria para su gran ministro, quien fue debidamente ejecutado el 12 de mayo de 1641. La ejecución del conde perseguiría a ambos bandos en el conflicto. Carlos nunca pudo librarse de la sensación de culpa por haber entregado a Strafford a los lobos. El parlamento, por su parte, había "jugado sucio" al negarle a Strafford un juicio adecuado y simplemente votarlo a muerte (temían que fuera absuelto en un juicio legal).

El arzobispo Laud también fue arrestado, pero dejado languideciendo en prisión durante varios años. Pocos derramaron lágrimas por él. En 1645, el parlamento finalmente se deshizo de él como lo había hecho con Strafford, votándolo al cadalso sin un juicio adecuado. Es difícil ver qué crimen digno de muerte había cometido el arzobispo de 72 años, pero la multitud londinense lo odiaba con pasión y no quería verlo perdonado. Laud logró morir con dignidad, y los hombres de la Alta Iglesia lo consideraron un mártir del fanatismo puritano.

Una vez que los diputados redujeron al rey a su tamaño con reformas políticas, su unidad desapareció. La religión cobró protagonismo, y la Cámara de los Comunes se dividió más o menos a lo largo de la antigua línea de falla entre reformadores puritanos y establecimiento anglicano. Para entonces, el puritanismo de un tipo u otro había logrado ganar la lealtad de una sólida proporción de abogados y caballeros rurales de Inglaterra (aquellos que se sentaban como diputados).

La mayoría de los diputados de mentalidad puritana favorecían algún tipo de sistema de gobierno eclesiástico presbiteriano o cuasi presbiteriano, posiblemente con obispos que no serían más que superintendentes de diferentes regiones en lugar de glorificados servidores reales. Parece plausible que un buen número de la clase gobernante firmemente protestante haya sido impulsado a adoptar una posición más puritana como reacción contra las políticas de la Alta Iglesia de Carlos y el arzobispo Laud.

Puede que hayan sentido que la única manera de preservar el carácter protestante de la Iglesia inglesa era sacándola de las manos del rey y los obispos, y poniéndola bajo control parlamentario, en alianza con la "hermandad piadosa" de predicadores puritanos, quienes siempre habían mirado al parlamento y lo habían exaltado como la mejor esperanza de una mayor reforma.

Sin embargo, muchos diputados tenían un sincero apego al Libro de Oración Anglicano, al que los puritanos eran hostiles, y estos diputados del "Libro de Oración" no estaban dispuestos a ver la rica y exaltada prosa del arzobispo Cranmer reemplazada por alguna liturgia reformada mundana como el Libro de Orden Común de Escocia. Con la armonía del parlamento desmoronándose, Carlos comenzó a cultivar el apoyo de los tradicionalistas anglicanos. Se volvió cada vez más claro para ellos que su única garantía real para el culto que apreciaban era una alianza con el rey.

Casi ninguno de estos diputados quería devolverle a Carlos el poder político que le habían quitado; en ese sentido, todavía eran parlamentarios. Sin embargo, estaban dispuestos a unirse al rey en un frente religioso común, defendiendo un anglicanismo más histórico contra los experimentos propuestos por los reformadores puritanos.

La guerra civil probablemente se volvió inevitable en octubre de 1641 debido a una masiva insurgencia católica en Irlanda. En ese momento de su historia, Irlanda era una nación en gran parte católica gobernada por un establecimiento protestante británico. El rey Carlos ya había estado jugueteando con la idea de levantar un ejército realista católico para someter a sus rebeldes reinos inglés y escocés. Esto, a su vez, había llevado a los parlamentarios ingleses y a los Pactistas Escoceses escoceses a comenzar a hablar de invadir Irlanda y aplastar a sus católicos aún más a fondo.

El pánico se apoderó de las filas de los terratenientes católicos irlandeses, quienes planearon un levantamiento preventivo. Encabezado por el noble católico irlandés Phelim O'Neill (m.1653), la insurgencia se convirtió rápidamente en una revuelta popular de dimensiones apocalípticas, ya que la población campesina católica desató su ira contenida durante mucho tiempo sobre sus gobernantes protestantes. Los historiadores discuten sobre el número de protestantes asesinados; una estimación modesta aceptada por muchos académicos modernos sitúa la cifra en 12,000.

Un contra-pánico ahora barrió Inglaterra. La gente temblaba ante la idea de hordas de católicos asesinos cruzando el mar de Irlanda y arrasando los condados ingleses. Claramente, se debía levantar un ejército inglés para sofocar la insurgencia irlandesa. Pero, ¿quién debería controlar este ejército? Tradicionalmente, ese derecho pertenecía al rey; sin embargo, los diputados parlamentarios no estaban de humor para confiarle a Carlos un ejército. Podría usarlo en su contra. Entonces exigieron el control del ejército: un acto revolucionario sin precedentes en la constitución inglesa o en la historia de Inglaterra.

Esto ayudó a profundizar la división en la Cámara de los Comunes, ya que los diputados realistas comenzaron a percibir a la oposición parlamentaria como radicales sin ley que no se detendrían ante nada para derrocar las tradiciones de su país y erigir su propio poder sobre sus ruinas.

Para fortalecer el apoyo debilitado a su causa, el líder parlamentario y devoto puritano John Pym (1584-1643), diputado por Tavistock, Devon, presentó una "Gran Exposición" en la Cámara de los Comunes el 22 de noviembre de 1641. La Exposición enumeró todas las supuestas fallas del régimen de Carlos desde su ascenso al trono y, en contraste, destacó las reformas parlamentarias logradas durante el último año. Propuso dos medidas importantes: crear una asamblea de teólogos para asistir al parlamento en la reforma de la Iglesia y someter la selección de los ministros del rey al control parlamentario.

La estrategia de Pym era conseguir apoyo para la parte revolucionaria de su programa (la segunda propuesta importante) envolviéndola en un recordatorio elocuente de la falta de confiabilidad de Carlos y la posibilidad de que todas las recientes reformas parlamentarias pudieran revertirse si un rey tan poco confiable tuviera el control personal de un ejército.

La Gran Exposición generó un intenso debate que se extendió hasta las primeras horas del día siguiente. Al final, los diputados votaron a favor de la Exposición por un margen muy ajustado: 159 votos a favor y 148 en contra. Los diputados realistas intentaron protestar por el resultado de la votación, pero surgió una discusión acalorada y casi se desenvainaron espadas. Incluso en ese momento, había una pequeña posibilidad de evitar la guerra civil. Pero todo se derrumbó el 4 de enero de 1642, cuando Carlos irrumpió en la Cámara de los Comunes con 400 hombres armados detrás de él, para arrestar a los cinco diputados que consideraba líderes de la facción parlamentaria.

Esta invasión de los Comunes por parte del rey fue una violación sorprendente de los privilegios del parlamento consagrados por el tiempo. Ahora parecía que era Carlos quien pisoteaba la constitución y actuaba como un revolucionario sin ley. Afortunadamente para los cinco diputados, el complot real había sido filtrado y ya se encontraban escondidos. Carlos se marchó sin éxito. Londres estaba lleno de hostilidad hacia él, y en una semana, el rey había abandonado la capital, dejándola en manos de ciudadanos exultantes que eran abiertamente parlamentarios. Carlos no volvería a ver Londres hasta que lo trajeran de vuelta como prisionero para ser juzgado y ejecutado siete años después.

No pretendemos analizar en detalle los acontecimientos políticos que tuvieron lugar durante los seis meses siguientes, culminando con el rey "levantando su estandarte" en Nottingham en agosto, lo cual esencialmente significó declarar la guerra al parlamento. Para entonces, los diputados realistas ya habían abandonado la Cámara de los Comunes y establecido su propio parlamento en Oxford.

Por otro lado, el parlamento de Londres había creado un "Comité de Seguridad" para supervisar el enfrentamiento con Carlos, se había dedicado a formar un ejército parlamentario y había designado a Robert Devereux, conde de Essex (1591-1646), como comandante de sus tropas. Los parlamentarios comenzaron a llamar a los realistas "Cavaliers", un término que sugería bravucones ostentosos y libertinos (literalmente solo significa jinetes). No obstante, los realistas reinterpretaron la palabra para referirse a un hombre valiente y honorable, leal al rey por razones de conciencia.

El apodo que los realistas tenían para los parlamentarios era "Roundheads" (Cabezas Redondas). Algunos han pensado que esto hacía referencia a la costumbre puritana masculina de llevar el cabello corto, pero esto no se sostiene con la evidencia de los retratos; muchos puritanos evidentemente tenían el cabello largo. Parece más probable que el término proviniera de los aprendices de Londres, quienes constituían una gran parte de la multitud parlamentaria que aterrorizaba a los realistas en la capital. Los aprendices típicamente llevaban el cabello corto.

La primera gran batalla de la Guerra Civil Inglesa tuvo lugar en Edgehill, en Warwickshire, el 23 de octubre de 1642. Sin embargo, no describiremos el desarrollo militar de la guerra, excepto cuando influyó o ilustró eventos religiosos.

La Asamblea de Westminster y su labor

La asamblea de teólogos propuesta en la Gran Exposición para ayudar al parlamento en la reforma de la Iglesia comenzó sus reuniones regulares en julio de 1643. El parlamento eligió a dos teólogos de cada una de las universidades de Oxford y Cambridge, cuatro de Londres, dos de cada condado inglés, uno de cada condado galés y otros trece. Esta fue la famosa Asamblea de Westminster (nombrada así por la Cámara de Jerusalén de la Abadía de Westminster, donde se llevaban a cabo las reuniones). El rey Carlos prohibió enérgicamente la asistencia, lo cual disuadió a la mayoría de los anglicanos episcopales de participar.

No obstante, el historiador realista contemporáneo Edward Hyde, conde de Clarendon, nos informa que 20 de los teólogos de Westminster tenían inclinaciones episcopales. Sabemos que el parlamento convocó a nueve teólogos episcopales como delegados, incluido el arzobispo James Ussher, muy valorado como teólogo reformado (él se negó a asistir). Esto es relevante; demuestra que el parlamento buscaba crear una Asamblea de amplia base, no una comprometida de antemano con el dogmatismo presbiteriano.

El presidente de la Asamblea fue William Twisse (1578-1646), un moderado que deseaba ver una Episcopalia reformada y reducida, aunque su calvinismo doctrinal era del más alto nivel (un supralapsario). La debilidad física de Twisse hacía que su vicepresidente, el destacado predicador presbiteriano Cornelius

Burges (o Burgess) (c.1589-1665), a menudo lo sustituyera. La Asamblea adquirió una nueva dimensión cuando se unió a una delegación de teólogos Pactistas: Alexander Henderson, Samuel Rutherford, George Gillespie y Robert Baillie, quienes llegaron en septiembre.

La llegada de los teólogos escoceses fue resultado de una nueva alianza militar entre el parlamento y los Pactistas Escoceses, formalizada en la Solemne Liga y Pacto, firmada el 25 de septiembre de 1643. La Guerra Civil había sido complicada para los parlamentarios; el último acto de su líder agonizante, John Pym, consistió en cambiar el rumbo del conflicto a favor de los parlamentarios atrayendo a los Pactistas Escoceses a luchar junto al parlamento.

Pym tuvo un éxito rotundo; la presencia de un ejército Pactista en territorio inglés, combatiendo junto a las fuerzas del parlamento, resultó ser una combinación irresistible que acabaría con el rey Carlos y su causa. La Solemne Liga y el pacto solemnestambién tenía un aspecto religioso, que comprometía a escoceses e ingleses a adoptar la uniformidad de doctrina y gobierno eclesiástico, "según la Palabra de Dios y el ejemplo de las mejores iglesias reformadas". Los escoceses confiaban en que esto implicaba el presbiterianismo en el gobierno de la iglesia, pero los ingleses no estaban tan convencidos.

La Asamblea de Westminster fue un encuentro de un talento teológico impresionante. Richard Baxter, quien no era miembro y tenía una mente teológicamente independiente poco dispuesta a someterse ante nadie o nada, dijo sobre la Asamblea:

> Los teólogos allí reunidos eran hombres de destacado aprendizaje, piedad, habilidades ministeriales y fidelidad; y al no ser digno de ser uno de ellos, puedo hablar con más libertad

la verdad, incluso frente a la malicia y la envidia. Según mi criterio, basándome en toda la historia de ese tipo y cualquier otra evidencia que nos quede, el mundo cristiano, desde los días de los apóstoles, nunca tuvo un sínodo con teólogos más excelentes (tomando todo en cuenta) que éste y el Sínodo de Dort.

No es sorprendente que los documentos producidos por la Asamblea hayan sido ampliamente apreciados y valorados a lo largo del tiempo. Estos incluyen su confesión de fe (la Confesión de Westminster), sus dos catecismos (el Catecismo Mayor y el Catecismo Menor), su manual de adoración (el Directorio para la Adoración Pública de Dios) y, en menor medida, su Forma de Gobierno Eclesiástico Presbiteriano.

La Asamblea no fue teológicamente uniforme. Contó con la presencia de presbiterianos, independientes, episcopales moderados y erastianos (aquellos que creían que la máxima autoridad eclesiástica residía en el estado).

Los presbiterianos, quienes conformaban la mayoría, se dividían en un grupo de ius divinum (derecho divino), que sostenía que las Escrituras establecían una forma específica y detallada de gobierno eclesiástico presbiteriano vinculante para todos los tiempos, y un grupo de ius humanum (derecho humano), que argumentaba que el presbiterianismo estaba en general de acuerdo con las Escrituras en principio, pero que ciertos detalles podrían variar según las necesidades y circunstancias. (Los documentos de Westminster reflejan la opinión del ius divinum).

Los independientes eran claramente una minoría, con unos diez o doce miembros, pero compensaban su escasez en número con agudeza teológica, elocuencia y perseverancia. Su influencia superaba ampliamente su representación numérica.

Los episcopales moderados también eran pocos en número y ejercían poca o ninguna influencia en los debates, en parte debido a su asistencia irregular; la prohibición del rey sobre la Asamblea había debilitado enormemente su entusiasmo. El único miembro episcopal que sabemos con certeza que asistió regularmente fue Daniel Featley, rector del Chelsea College de Londres, fundado en 1609 para producir polémicas anticatólicas. Defendió la Episcopalia en la Asamblea, pero al final incluso Featley se retiró por órdenes directas del rey Carlos.

Los erastianos eran un grupo aún más pequeño, conformado por dos miembros: Thomas Coleman (1598-1647) y John Lightfoot (1602-75). Al igual que los independientes, compensaron su escasez numérica con su formidable erudición y elocuencia. Los teólogos erastianos contaron con el fuerte apoyo de los delegados laicos parlamentarios (20 de la Cámara de los Comunes y 10 de los Lores), especialmente John Selden (1584-1654), miembro del Parlamento por Oxford, un erudito legal y teológico que era más que capaz de derrotar al teólogo más docto en un debate. Selden también fue inusual por ser arminiano (de la variedad evangélica en lugar de la Iglesia Alta).

Había otras diferencias entre los miembros de la Asamblea no relacionadas con el gobierno de la iglesia. Por ejemplo, el delegado escocés Robert Baillie lamentó la influencia que Amyraut y el amiraldianismo tuvieron en los teólogos ingleses: "Lamentablemente, las ideas de Amyraut se introdujeron en nuestra Asamblea. Aquí, muchos más aprecian sus fantasías de lo que yo esperaba... El tratado de Amyraut pasa de mano en mano en nuestra Asamblea."

La Confesión de Westminster fue el mayor logro de la Asamblea. Completada en noviembre de 1646, fue un majestuoso monumento a la Ortodoxia Reformada (ver Capítulo 2, sección 1), abarcando su marco característico posterior de la teología del pacto. La principal fuente de la Confesión fueron los Artículos Irlandeses de 1615, una confesión de fe redactada por el arzobispo Ussher para la Iglesia establecida de Irlanda; los Artículos Irlandeses eran más plenamente y explícitamente reformados que los 39 Artículos de la Iglesia de Inglaterra. La Confesión de Westminster sigue en gran medida los Artículos Irlandeses en cuanto al orden de los temas, los títulos de los capítulos y la fraseología.

La Confesión fue adoptada por los Pactistas Escoceses como la nueva confesión de la Iglesia escocesa en la asamblea general en agosto de 1647. Entre las Iglesias Presbiterianas conservadoras de origen angloescocés, la Confesión de Westminster aún conserva su lugar como estándar doctrinal, con algunas modificaciones en ciertas Iglesias. Sin embargo, en Inglaterra no logró funcionar como la nueva confesión para la Iglesia establecida debido al colapso de la autoridad del parlamento. A pesar de esto, la influencia de la Confesión se extendió más allá de su grupo original presbiteriano. En una forma ligeramente modificada, fue adoptada como la Declaración de Savoy por los Independientes o Congregacionalistas ingleses en su reunión en el Savoy, Londres, en 1658.

Los Independientes ajustaron la teología reformada de la Confesión, por ejemplo, haciendo una distinción más clara entre la obediencia activa y pasiva de Cristo que en Westminster. También añadieron un apéndice completamente nuevo sobre el gobierno eclesiástico congregacional.

La Confesión de Westminster también fue adoptada por los Bautistas Calvinistas ingleses, modificada para enseñar su visión distintiva del bautismo y el gobierno de la iglesia, y con algunas adiciones de su anterior Confesión de 1644. La Confesión Bautista se presentó por primera vez en 1677, pero se conoce generalmente como la Confesión Bautista de 1689, ya que en ese año, en una reunión de 107 iglesias bautistas calvinistas, sus delegados afiliaron sus nombres a la Confesión.

Tanto los Independientes como los Bautistas Calvinistas afirmaron que adoptaron la Confesión de Westminster (aunque en forma ligeramente adaptada) para demostrar su unidad esencial con sus hermanos reformados en todos los temas principales de teología. De esta manera, Westminster se convirtió en un ejercicio de ecumenismo reformado.

El Directorio para la Adoración Pública de Dios se diseñó para abarcar todas las perspectivas puritanas y Pactistas sobre la adoración. Esto fue particularmente cierto en su enfoque hacia la oración. El Directorio no impuso ni prohibió la oración litúrgica. A muchos puritanos les gustaba la idea de una liturgia, pero no querían obligar a todos los ministros a un formato único. Otros, especialmente los Independientes, se oponían a cualquier oración litúrgica, llegando incluso a rechazar la Oración del Señor como una reliquia subcristiana del Antiguo Testamento.

Por lo tanto, los teólogos elaboraron pautas para la oración, que un ministro podría seguir usando una liturgia regular o componiendo sus propias oraciones. Sin embargo, es importante señalar que ningún puritano creía en la oración "extemporánea"; los críticos más fervientes de la liturgia insistían en que todas las oraciones públicas debían prepararse cuidadosamente con anticipación.

Lo que defendían era la libertad de cada ministro individual para preparar sus propias oraciones, en lugar de que todos los ministros estuvieran obligados a usar un único libro de oraciones. El líder independiente, Philip Nye, declaró en un discurso en la Asamblea sobre la oración litúrgica y extemporánea: "No defiendo ninguna de las dos, sino las oraciones estudiadas". El resto del Directorio siguió el mismo enfoque: un conjunto de pautas sobre cómo construir y llevar a cabo un servicio de adoración, en lugar de un conjunto de formas específicas que debían seguirse al pie de la letra.

Además de la Confesión, los otros documentos de la Asamblea, como los Catecismos Mayor y Menor, el Directorio para la Adoración Pública de Dios y la Forma de Gobierno Eclesiástico Presbiteriano, fueron adoptados por la Iglesia Escocesa. El Directorio reemplazó la liturgia de John Knox. El Catecismo Menor fue adoptado mucho más allá de las fronteras del presbiterianismo en una forma modificada; por ejemplo, los bautistas calvinistas lo adoptaron como el Catecismo de Keach. Su respuesta inicial se convirtió en la más famosa de cualquier catecismo: "El fin principal del hombre es glorificar a Dios y disfrutar de Él para siempre."

La Asamblea también se dedicó a proporcionar una nueva traducción del salterio para la adoración congregacional. Ya existían salterios en inglés en uso. El más popular era el salterio de Sternhold y Hopkins (1562), generalmente encuadernado junto al Libro de Oración Anglicano y la Biblia de Ginebra. También estaba el más reciente Bay Psalm Book (1640), producido por colonos americanos de orientación puritana/separatista.

La Asamblea de Westminster revisó un salterio existente del Congregacionalista Francis Rous (1579-1659), miembro del parlamento por Truro en Devonshire. Publicado por primera vez en 1638, la Asamblea trabajó en la segunda edición de 1643 de Rous. El salterio de Rous revisado fue revisado nuevamente por la asamblea general de la Iglesia Escocesa, y el resultado en 1650 fue la versión comúnmente llamada salterio escocés métrico. Autorizado por la asamblea general, se convirtió en el salterio escocés, consagrado rápidamente por el uso y objeto de profunda devoción afectiva que ha perdurado hasta el presente. Sin embargo, fue solo uno entre varios salterios utilizados por los ingleses y americanos. Sternhold y Hopkins, por ejemplo, continuaron en uso hasta finales del siglo XVIII, mientras que los estadounidenses cantaron a partir del Bay Psalm Book durante cien años.

El Parlamento y su Ejército se enfrentan

Aunque la alianza entre parlamentarios y Pactistas Escoceses había derrotado a las fuerzas del Rey Carlos en las batallas de Marston Moor (julio de 1644) y Naseby (junio de 1645), no había llevado al triunfo parlamentario deseado. Esto se debió a que una tercera fuerza emergió para desafiar tanto al rey como al parlamento: el ejército parlamentario.[3]

Ante derrotas previas y problemas de coordinación estratégica, el parlamento reorganizó su infantería y caballería en una fuerza más centralizada y optimizada en enero de 1645, conocida como el Nuevo Modelo de Ejército. Mediante la "Ordenanza de abnegación", también despidieron a todos los miembros de la Cámara de los Comunes y la Cámara de los Lores

---

[3] El siguiente texto ha sido adaptado de: Nick Needham, *2000 Years of Christ's Power: The Age of Religious Conflict*, vol. 4 (Ross-shire, Scotland: Christian Focus, 2016), 253–267.

del mando militar; este Ejército estaría dirigido por soldados profesionales de tiempo completo.

Su comandante en jefe fue Sir Thomas Fairfax (1612-71), pero la figura dominante fue su segundo al mando, el brillante líder de la caballería Oliver Cromwell (1599-1658). Aunque Cromwell era miembro del Parlamento en la Cámara de los Comunes, se le eximió de la Ordenanza de abnegación debido a su excepcional habilidad militar. Cromwell era un ferviente puritano de inclinación independiente, cuya dramática conversión espiritual en su juventud lo llevó a la primera línea de los laicos puritanos.

Una vez que el Long Parliament estuvo en sesión, Cromwell, como diputado por Cambridge, fue un entusiasta partidario de John Pym, uniéndose al ataque a las prerrogativas del Rey Carlos y las estructuras episcopales de la Iglesia Anglicana. Cuando se debatió el Gran Memorial en noviembre de 1641 y se aprobó por poco, Cromwell comentó: "Si el Memorial hubiera sido rechazado, habría vendido todo lo que tenía a la mañana siguiente y nunca habría vuelto a ver Inglaterra".

Aunque Cromwell era un apasionado político, la religión era la fuerza impulsora en su vida y personalidad. Poseía un fuerte misticismo, sintiendo que estaba en contacto directo con Dios y buscando orientación que a menudo llegaba mediante providencias extraordinarias. Durante la Guerra Civil, no solo mostró un talento increíble en la guerra de caballería, sino también un júbilo en el campo de batalla, haciendo que sus victorias y sus hombres parecieran encarnaciones de la voluntad de Dios en la tierra. Como exclamó en medio del triunfo en la batalla de Langport en julio de 1645: "¿Ver esto, no es ver el rostro de Dios?".

El enfoque radical de Cromwell en el entrenamiento militar debilitó el control del parlamento sobre sus propias tropas. Insistió en reclutar soldados motivados religiosa y políticamente, dispuestos a luchar por la victoria absoluta sin verse obstaculizados por el respeto social hacia la aristocracia y la monarquía, que hacía que otros fueran más cautelosos al enfrentarse a los realistas en el campo de batalla.

En consecuencia, los hombres de Cromwell (la base del Nuevo Modelo de Ejército) eran en su mayoría Independientes y Bautistas en religión, mientras que los presbiterianos eran más conservadores socialmente. Además, el Nuevo Modelo de Ejército ya no luchaba realmente por el mismo objetivo que sus amos parlamentarios.

El parlamento, dominado por presbiterianos, quería una única Iglesia establecida, presbiteriana en estructura y teología, sin espacio para la disidencia; aquellos que no se ajustaran serían castigados por el "magistrado piadoso". Los soldados del Nuevo Modelo de Ejército, por otro lado, luchaban por la libertad de conciencia: la libertad para que todos los protestantes practicaran su fe sin interferencias ni coerción por parte del rey, obispos, parlamentos o presbíteros.

Cromwell simpatizaba completamente con sus hombres; también luchaba por la libertad religiosa. Estos ideales de libertad y tolerancia fueron expresados con más fuerza por el separatista Roger Williams (c.1603-83), quien emigró a América pero regresó brevemente a Inglaterra en 1643 para obtener estatus legal para su nueva colonia, Rhode Island. Horrorizado por la intolerancia presbiteriana que encontró en el parlamento y la Asamblea de Westminster, Williams produjo su tratado clásico, El sanguinario principio de la persecución por causa de conciencia, publicado en Londres en 1644.

Para la mayoría de los diputados, la propuesta de Williams era una receta para la anarquía, y su libro fue quemado públicamente. Los presbiterianos se escandalizaron por la variedad de opiniones religiosas que florecían en el Ejército: Independientes, Bautistas, Arminianos, Antinomianos, Quintos Monarquistas, Buscadores, Niveladores y (parecía) todo lo que se encontrara entre A y Z en la enciclopedia teológica. Como mencionó Richard Baxter, entonces capellán militar del Ejército:

La independencia y el anabautismo prevalecían;
El antinomianismo y el arminianismo distribuidos por igual.

Así, los Independientes y Bautistas eran los defensores más fervientes de la tolerancia religiosa, mientras que los presbiterianos rechazaban la idea. La brecha abierta sobre la libertad de culto coincidía aproximadamente con las divisiones sobre el gobierno de la iglesia y, a su vez, con la división entre el Ejército y el parlamento.

El Nuevo Modelo de Ejército tenía algunos aliados en el parlamento: los llamados diputados independientes (no necesariamente congregacionalistas, pero comprometidos con una agenda más radical en lo político y religioso). Sin embargo, eran una minoría.

Una vez que los combates terminaron en 1646, el parlamento intentó disolver el Nuevo Modelo de Ejército sin pagar los atrasos considerables que debía a los soldados. El Ejército se negó a disolverse, apoyado por sus líderes, Fairfax y Cromwell, quienes estaban indignados por el trato despectivo que creían que recibían sus hombres curtidos en la batalla.

El parlamento también debatió una severa Ordenanza de Blasfemia, que prescribía la pena de muerte para todos los que negaran la Trinidad o la encarnación, y cadena perpetua para todos los que sostuvieran el bautismo de creyentes, arminianismo, antinomianismo, sueño del alma, antisabatarianismo, rechazaran el gobierno presbiteriano de la iglesia, o negaran que las iglesias parroquiales fueran verdaderas iglesias de Cristo. (La Ordenanza fue promulgada como ley en mayo de 1648.)

Dado que todas estas opiniones eran comunes en el Ejército, la mayoría de los soldados habrían terminado muertos o en prisión. Con un parlamento tan hostil a la libertad religiosa, parecía que los guerreros de Cromwell habían luchado en vano.

Entonces, una lucha de poder en tres frentes se apoderó de Inglaterra, mientras el rey Carlos, el parlamento presbiteriano y el Nuevo Modelo de Ejército competían por su posición. Carlos se había rendido al ejército escocés de los Pactistas Escoceses, pero al encontrarlo obstinadamente reacio a firmar los Pactos, finalmente lo entregaron al parlamento inglés en 1647 en Holmby House, en Northamptonshire. No obstante, el Nuevo Modelo de Ejército tomó a Carlos como su "invitado".

Carlos exasperó a todos enfrentando al Ejército contra el parlamento y haciendo promesas contradictorias; parece haber creído que bajo coacción, una persona podría prometer cualquier cosa a cualquiera sin obligaciones. Al final, traicionó tanto al Ejército como al parlamento al llegar a un acuerdo secreto con una facción de los Pactistas Escoceses; invadieron Inglaterra en julio de 1648 para restaurar al rey, quien había prometido imponer el presbiterianismo en su reino del sur durante un período de prueba de tres años. Los realistas también se levantaron en una serie de insurrecciones en toda Inglaterra y Gales.

El Nuevo Modelo de Ejército demostró ser superior a todos estos desafíos. Los diversos levantamientos realistas fueron aplastados; Cromwell aniquiló al ejército de los Pactistas Escoceses en una batalla de tres días en Preston, del 17 al 19 de agosto. Luego llegó el día del ajuste de cuentas para Carlos. El victorioso Ejército, lleno de ira por la renovada matanza, decidió que el rey debía pagar por toda la sangre derramada.

Sin embargo, el parlamento presbiteriano reabrió las negociaciones con Carlos. Esto fue la gota que colmó el vaso. El Ejército marchó sobre Londres y el 6 de diciembre depuró al parlamento de todos los diputados presbiterianos. El golpe militar fue conocido como la "Purga de Pride", porque el coronel Thomas Pride estaba a cargo de la acción.

Se situó en la parte superior de la escalera que conducía a la Cámara de los Comunes con una lista de diputados presbiterianos; el aristócrata radical, Lord Grey de Groby (hijo del conde de Stamford), señaló a los diputados a medida que llegaban, y las tropas de Pride los arrestaron. Cuando Pride terminó su trabajo, 45 diputados estaban arrestados y otros 96 habían sido excluidos. La muy reducida Cámara de los Comunes ahora tenía solo alrededor de 80 diputados, todos independientes y de acuerdo con los propósitos del Ejército. El parlamento remanente obtuvo el apodo despectivo de "el Rump". Procedieron hacia el objetivo implacable del Nuevo Modelo de Ejército: la ejecución del rey.

Es importante mencionar que Cromwell no participó en este golpe militar. No estaba en Londres cuando comenzó la purga, sino en camino desde el sitio del castillo de Pontefract. El golpe no fue planeado por Cromwell, sino por otros oficiales del Ejército y los diputados independientes. A pesar de ello, Cromwell llegó la noche de la purga y aceptó lo sucedido. A partir de entonces, se lanzó con toda la fuerza de su titánica personalidad hacia la necesidad de destruir, no solo al rey Carlos, sino a la monarquía de los Estuardo en sí misma: "¡Les digo, cortaremos su cabeza con la corona puesta!"

La República Inglesa

La ejecución de Carlos ocurrió con una rapidez casi indecorosa. Fue, por supuesto, completamente ilegal. No había ninguna corte que pudiera juzgar al monarca; el monarca era la misma autoridad que las cortes representaban, de quien derivaban su existencia y legitimidad. Además, la corte que juzgó a Carlos no era realmente una corte en absoluto, sino simplemente un grupo de hombres nominados por el Ejército y el Rump. Aun así, los radicales del Ejército siguieron adelante; estaban decididos a que el rey debía morir, en parte por razones religiosas.

Un coronel, el republicano bautista calvinista Edmund Ludlow (c.1617-92), citó Números 35:33: "la sangre contamina la tierra: y la tierra no puede ser limpiada de la sangre que se derrama en ella, excepto por la sangre de aquel que la derramó". En otras palabras, muchos consideraron a Carlos culpable del derramamiento de sangre que había "contaminado la tierra", especialmente en la Segunda Guerra Civil de 1648. Debía morir para expiar la profanación.

No obstante, la decisión de juzgar al rey en público resultó ser contraproducente. Carlos pudo haber sido un rey desastroso, pero fue un mártir sorprendentemente efectivo. El afecto de la multitud de Londres fue capturado por su porte calmado y digno. Incluso su tartamudeo habitual había desaparecido milagrosamente. Cuando fue decapitado el 30 de enero de 1649, no hubo vítores de los espectadores, solo un largo y sobrenatural gemido. Carlos había destruido prácticamente la monarquía con su vida políticamente imprudente; con su muerte heroica, la santificó con la sangre del martirio real.

El nuevo régimen nunca se recuperaría del golpe que el rey derrotado le asestó al morir tan bien el 30 de enero. No ayudó al Parlamento Rump o al Ejército que apenas 10 días después de la ejecución de Carlos, se publicara un libro titulado Eikon Basilike ("imagen del rey"), que afirmaba ser los propios pensamientos de Carlos sobre su reinado y su inminente martirio. El libro era un retrato profundamente conmovedor de un rey cristiano sufriente, y fue un éxito rotundo, con 36 ediciones en su primer año. Los estudiosos aún debaten hasta qué punto Eikon Basilike realmente fue escrito por Carlos. No cabe duda de que fue un gran triunfo propagandístico para el realismo.

Después de deshacerse de Carlos, el Rump abolió tanto la monarquía como la Cámara de los Lores y declaró a Inglaterra una república (por primera y última vez en su historia). Sin embargo, la nueva República Inglesa tenía muchos enemigos. Los realistas y presbiterianos la denunciaron en casa; este eje realista-presbiteriano sería responsable, 10 años después, de restaurar la monarquía. Los realistas denunciaron la República por razones obvias; los presbiterianos la denunciaron porque percibían la muerte de Carlos como una violación de la Solemne Liga y Pacto, que había comprometido a los diputados y oficiales del Ejército a "preservar y defender la persona y autoridad de su majestad el rey".

Los realistas ingleses y presbiterianos, sin embargo, no representaban una amenaza militar. En cambio, los realistas irlandeses y los Pactistas Escoceses sí lo eran. Con una eficiencia impresionante, el Nuevo Ejército Modelo enfrentó ambas amenazas. Cromwell ahora era el comandante en jefe del

Ejército, ya que Sir Thomas Fairfax había renunciado (se oponía a la ejecución de Carlos). En Irlanda, muchos colonos ingleses y escoceses se habían unido a los católicos nativos para rechazar la República Inglesa y proclamar al hijo de Carlos, el Príncipe de Gales, como rey (el futuro Carlos II).

Cromwell aplastó por completo a los irlandeses y los sometió en una campaña que se extendió desde agosto de 1649 hasta mayo de 1652. Los protestantes ingleses ahora eran los amos todopoderosos de Irlanda. Cromwell regresó de Irlanda en mayo de 1650 para enfrentar la amenaza escocesa; sus lugartenientes completaron la conquista irlandesa. Los Pactistas Escoceses también habían proclamado al Príncipe de Gales como su rey.

Sin embargo, durante el siguiente año, Cromwell destrozó a los Pactistas Escoceses en el campo de batalla en Dunbar y Worcester, destruyendo su poder militar y político para siempre. Escocia se convirtió en una provincia inglesa, gobernada por soldados y jueces ingleses.

En 1653, Cromwell disolvió el Parlamento Rump, indignado por sus planes de perpetuar su poder sin elecciones significativas. Los últimos vestigios de gobierno constitucional habían desaparecido; el único poder real que quedaba en el país era Cromwell y el Ejército. Cromwell terminó gobernando Gran Bretaña como el "Lord Protector" bajo una constitución escrita elaborada por los principales oficiales del Ejército.

Nuevamente, no contaremos la compleja historia política, sino que nos centraremos en los desarrollos religiosos en la década de 1650. Pues, después del Acta de Tolerancia del Rump en septiembre de 1650, que abolía cualquier requisito legal para asistir a la iglesia parroquial, este fue un período de libertad sin precedentes e intoxicante en la historia de Inglaterra para que la gente experimentara con la religión.

Religión bajo Cromwell

No obstante, debemos comenzar señalando que fue un momento sombrío para los anglicanos tradicionales. Las estructuras parroquiales del anglicanismo permanecieron intactas, pero antes de la Purga de Pride y el derrocamiento de la monarquía, el Parlamente Largo había establecido comités religiosos que expulsaron a alrededor de 2,000 clérigos anglicanos (aproximadamente el 20-25% del número total) de sus parroquias, ya sea por la teología de la Alta Iglesia, el realismo político o la moral escandalosa.

El Parlamento también abolió el Libro de Oración Común, reemplazándolo con el Directorio de Westminster para el Culto Público. Además, prohibió la celebración de la Pascua, la Navidad y otros festivales tradicionales en la adoración anglicana. La Guerra Civil, por lo tanto, pudo haber traído libertad religiosa para los puritanos y separatistas (y cualquier persona que no deseara asistir a su iglesia parroquial), pero trajo represión legal para los anglicanos tradicionales y dificultades físicas para muchos clérigos. Algunos anglicanos desafiaron abiertamente al Parlamento y continuaron usando el Libro de Oración; otros llevaron a cabo el culto del Libro de Oración en secreto en las casas de la nobleza y aristocracia leales a las viejas costumbres.

Los planes del Parlamente Largo para reformar la Iglesia nacional a través de la Asamblea de Westminster fracasaron debido a la pérdida progresiva de poder del parlamento frente al Ejército. La prevista "Iglesia Presbiteriana de Inglaterra" nunca se materializó a nivel nacional, aunque la gran ciudad capital de Londres y el condado de Lancashire sí tuvieron un sistema presbiteriano completamente funcional.

A pesar del fracaso en establecer una Iglesia presbiteriana nacional, sin embargo, muchos ilustres pastores y predicadores presbiterianos estuvieron activos en este período: William Gouge (1578-1653), Stephen Marshall (c.1594-1655), Richard Vines (1600-56), Edmund Calamy (1600-66), Obadiah Sedgwick (c.1600-58), Thomas Manton (1620-77), Thomas Watson (c.1620-86) y Lazarus Seaman (fallecido en 1675), nombres que tendrían que aparecer en cualquier lista de los héroes puritanos de la fe.

Mientras tanto, fuera de los límites del anglicanismo o presbiterianismo, florecieron una variedad de otros grupos. Este fue el apogeo de los Independientes, ya que muchos oficiales del Ejército tenían convicciones independientes y Cromwell estaba más asociado con esto que con cualquier otro partido. Los Independientes ahora podían formar iglesias y adorar en público sin temor a la persecución, y lo hicieron en muchas partes del país.

Cuando se reunieron en la asamblea de Savoy en 1658, había más de cien congregaciones. Grandes pastores y predicadores independientes de la época incluyeron a Philip Nye (c.1595-1672), Hugh Peters (1598-1660), William Bridge (1600-70), Thomas Goodwin (1600-80), Joseph Caryl (1602-73), Thomas Brooks (1608-80), Peter Sterry (1613-72) y John Owen, quien recibirá un tratamiento separado (ver más abajo).

Todos ellos eran calvinistas; los escritos de Bridge, Goodwin, Caryl, Brooks y Owen continúan edificando a los creyentes hoy en día. El destacado pastor independiente arminiano fue John Goodwin (1594-1665), con sede en Londres, un partidario radical del Ejército. Algunos de estos teólogos independientes desempeñaron papeles destacados en la política cromwelliana.

Los bautistas también prosperaron. Los bautistas arminianos se volvieron numerosos, y en 1651 treinta de sus iglesias se reunieron en Midlands, probablemente en Leicester, y adoptaron una confesión de fe. En 1654 celebraron una asamblea nacional en Londres y comenzaron a funcionar como una "denominación". Para cuando la monarquía fue restaurada en 1660, había alrededor de 115 iglesias bautistas arminianas. Importantes pastores y teólogos bautistas arminianos de este período fueron Henry Denne (c.1605-66), William Jeffrey (o Jeffery/Jeffreys) (nacido alrededor de 1616, murió después de 1660), Thomas Lambe (murió en la década de 1660), Edward Barber (murió c.1674) y Thomas Grantham (murió 1692).

Los bautistas calvinistas mostraron menos entusiasmo en convertirse en una denominación, ya que estaban más enfocados en la autonomía de cada congregación individual. Sin embargo, también aumentaron en número, formando asociaciones locales en Londres, Midlands y Gales. Durante la década de 1650, estas asociaciones se reunían e intercambiaban información entre ellas. Para 1660, había aproximadamente 130 iglesias bautistas calvinistas. Entre los destacados pastores y teólogos bautistas calvinistas de la época se encontraban Hanserd Knollys (c.1598-1691), Henry Jessey (1601-63), John Tombes (c.1603-76), Christopher Blackwood (c.1607-70), William Kiffin (1616-1701) y John Bunyan, a quien se le dedicará un análisis separado.

También surgieron otros grupos. Los Quintomonarquistas esperaban el inminente establecimiento del reino de Cristo en la tierra, posiblemente utilizando al Ejército como instrumento. Los Ranters eran un movimiento anarquista que abogaba por el panteísmo y el antinomianismo, y solían recurrir a la desnudez como forma de protesta social y religiosa. Los Buscadores no eran un cuerpo organizado, sino un movimiento bastante difundido que se retiró de la participación activa en la iglesia para buscar una verdad más plena mediante la búsqueda personal. A nivel local, sin embargo, los Buscadores solían reunirse, a menudo esperando en silencio hasta que alguien se sintiera inspirado para hablar. Pero el grupo alternativo más duradero fue el de los cuáqueros.

Los cuáqueros probablemente surgieron de los Buscadores. Su figura clave fue George Fox (1624-91) de Drayton-in-the-Clay en Leicestershire, una región de fuerte presencia puritana. Siendo un joven profundamente angustiado, Fox dejó su trabajo como pastor y recorrió el país en busca de una verdad que no pudo encontrar ni en el puritanismo ni en ninguna otra propuesta. No había nadie que pudiera "hablar a su condición", como él lo expresó. Su salvación llegó a través de una experiencia mística alrededor de 1646: "Escuché una voz que decía: 'Hay uno, incluso Cristo Jesús, que puede hablar a tu condición'; y cuando lo escuché, mi corazón saltó de alegría". A partir de entonces, Fox se convirtió en el centro de un nuevo movimiento, compuesto en gran parte al principio por Buscadores (cuyo estilo de adoración se integró al cuaquerismo).

El apodo "cuáquero" se originó en un incidente en 1650 en Derby, donde Fox estaba siendo juzgado por supuesta blasfemia. Un juez se burló de su exhortación a "temblar ante la palabra del Señor", llamando a Fox y a sus seguidores "cuáqueros" (tembladores). Sin embargo, primero se llamaron "Hijos de la Luz" y luego "Amigos de la Verdad". Finalmente, Fox eligió "Amigos" como nombre para su movimiento.

La enseñanza central de Fox afirmaba que "cada hombre había recibido del Señor una medida de luz que, si la seguía, lo llevaría a la Luz de la Vida". Esta exaltación de la "luz interior" como revelación suprema provocó numerosos conflictos entre cuáqueros y protestantes ortodoxos, quienes sostenían que las Escrituras eran supremas. Tampoco ayudó que los cuáqueros tuvieran tendencia a interrumpir de manera disruptiva el culto no cuáquero.

La espiritualidad cuáquera se basaba en la práctica de los Buscadores: sin sacramentos, sin exposición de la Biblia y, de hecho, sin estructura formal más que el silencio de la reunión congregada, interrumpido solo cuando alguien se sintiera movido a compartir alguna idea. El misticismo cuáquero también se asoció con el radicalismo social, defendiendo un mensaje de igualdad absoluta entre clases y géneros y exigiendo justicia de manera vehemente, lo cual a menudo generaba hostilidad por parte de personas adineradas y propietarias.

Además de Fox, el cuáquero más destacado en los primeros años fue James Nayler (1618-60), conocido por su martirio virtual y su confesión de fe al morir. Nayler, una figura carismática y posiblemente excéntrica (incluso para los estándares cuáqueros), escandalizó a la opinión pública al recrear la entrada de Jesús en Jerusalén. En octubre de 1656, entró en Bristol a caballo mientras sus seguidores gritaban "¡Santo, santo, santo!" y extendían sus vestiduras en su camino.

Por esta aparente personificación de Jesús, Nayler fue arrestado, condenado por blasfemia y brutalmente castigado: azotado por las calles, con la frente marcada con hierro caliente y la lengua perforada. Incluso en la Inglaterra cromwelliana, la tolerancia religiosa tenía límites. Nayler quedó físicamente destrozado por su calvario. Sin embargo, el día antes de su muerte en octubre de 1660, escribió una confesión de fe que se ha convertido en un clásico muy valorado entre los cuáqueros:

Siento un espíritu que se deleita en no hacer mal ni vengarse de ningún agravio, sino que disfruta soportar todas las cosas, con la esperanza de disfrutar lo propio al final. Su esperanza es sobrevivir a toda ira y contienda, y agotar toda exaltación y crueldad, o cualquier cosa de naturaleza contraria a sí mismo. Este espíritu ve hasta el final de todas las tentaciones. Como no lleva mal en sí mismo, tampoco lo concibe en pensamientos para ningún otro. Si es traicionado, lo soporta, porque su base y manantial son las misericordias y el perdón de Dios.

Su corona es la mansedumbre, su vida es el amor eterno y sincero; toma su reino con súplica y no con contienda, y lo mantiene con humildad de mente. Solo en Dios puede regocijarse, aunque nadie más lo tenga en cuenta o pueda reconocer su vida. Es concebido en tristeza y nace sin que nadie lo compadezca, ni murmura ante el dolor y la opresión. Nunca se regocija sino a través del sufrimiento; porque con la alegría del mundo es asesinado. Lo encontré solo, siendo abandonado. Tengo comunión en ello con aquellos que vivieron en cuevas y lugares desolados de la tierra, quienes a través de la muerte obtuvieron esta resurrección y vida santa eterna.

Hacia 1660, había aproximadamente treinta o cuarenta mil cuáqueros en Inglaterra, Gales, Escocia e Irlanda. Era evidente que el movimiento se había convertido en una parte permanente del panorama religioso. George Fox, un apóstol enérgico, llevó su mensaje a Alemania, la República Holandesa y América. La colonia americana de Pensilvania fue fundada en 1681 por un cuáquero, William Penn (1644-1718), y proporcionó refugio a sus compañeros creyentes de la persecución que a menudo experimentaban en otros lugares, tanto por parte de episcopalianos como de puritanos.

El Diario de Fox (1694) se convirtió en un documento emblemático del cuaquerismo y el misticismo inglés; la teología del cuaquerismo, en la medida en que un movimiento tan subjetivo tenía una teología, fue dada en forma clásica por el cuáquero escocés Robert Barclay (1648-90) en su Una apología por la verdadera divinidad cristiana (1676).

La escena religiosa en la República Inglesa no fue exactamente el caos que la descripción anterior podría sugerir. A Cromwell le preocupaba proporcionar alimento espiritual al pueblo inglés y fomentar la cooperación entre los protestantes no realistas. El resultado fue un plan establecido en marzo de 1654, en el que Cromwell nombró una comisión de "Triers" y (más tarde) "Ejectores" ("Probadores" y "Expulsadores" respectivamente) para examinar a los candidatos al ministerio parroquial.[4]

---

[4] [Los "Triers" y los "Ejectors" fueron comités establecidos por el gobierno de Oliver Cromwell en la década de 1650, durante el período del Protectorado en Inglaterra, que siguió a la Guerra Civil Inglesa. Los "Triers" fueron instaurados en 1654 con el propósito de examinar y aprobar a todas las personas que buscaban convertirse en ministros de la iglesia. El comité estaba compuesto por treinta y ocho miembros, incluyendo clérigos y laicos. El objetivo era garantizar que los nuevos ministros fueran "dignos", tanto en términos de su moralidad personal como de su habilidad para predicar. Este comité fue parte del esfuerzo de Cromwell para reformar la Iglesia de Inglaterra y garantizar una mayor piedad y moralidad entre su clero. Los "Ejectors", por otro lado, fueron instaurados en 1654 con el propósito de investigar a los ministros y profesores que ya estaban en el cargo y, si se encontraba que eran moralmente o teológicamente inadecuados, podían ser "expulsados" de sus puestos. Había alrededor de cien comités de ejectors distribuidos por todo el país, cada uno compuesto por cinco miembros. Ambos grupos, los "Triers" y los "Ejectors", fueron un intento de Cromwell y su gobierno de imponer una mayor ortodoxia y piedad en la iglesia, y formaron parte de la amplia reorganización religiosa y política que ocurrió durante el Protectorado. Sin

Los Probadores eran un órgano central en Londres, que evaluaba a los posibles pastores, mientras que cada condado tenía su propio grupo de Expulsadores que examinaban a los pastores existentes. El comité de Londres de 38 Probadores estaba compuesto principalmente por independientes y presbiterianos. Casi la mitad eran independientes e incluían nombres famosos como Joseph Caryl, Thomas Goodwin, Philip Nye, John Owen y Hugh Peters.

Los presbiterianos, ligeramente menos numerosos, incluían a Thomas Manton, Stephen Marshall y Obadiah Sedgwick. Incluso algunos bautistas participaron, en particular Henry Jessey y John Tombes. Los Probadores y Expulsadores permitieron que muchos ministros anglicanos permanecieran en sus parroquias siempre que no fueran realistas activos políticamente, mostraran evidencia de piedad y prometieran abstenerse de usar el Libro de Oración Común. Si se nombraban presbiterianos o independientes en una parroquia, eran libres de modelarla siguiendo las líneas de sus propios ideales eclesiásticos. Richard Baxter, un oponente del plan, sin embargo, testificó en su beneficio:

> La verdad es que, aunque algunos independientes entre ellos fueron demasiado severos contra todos los arminianos y demasiado meticulosos al indagar evidencias de santificación en aquellos a quienes examinaban, y algo demasiado permisivos al admitir a hombres sin estudios y erróneos que favorecían el antinomianismo o el anabaptismo; sin embargo, para darles su mérito, hicieron mucho bien en la iglesia.

---

embargo, estos comités también fueron objeto de controversia y resistencia, ya que muchos vieron en ellos un intento de control religioso y una violación de la libertad de conciencia.]

Rescataron a muchas congregaciones de maestros ignorantes, impíos y ebrios, ese tipo de hombres que solo pretenden leer un sermón los domingos y pasar el resto de la semana con la gente en la taberna y endurecerlos en el pecado; y ese tipo de ministros que predicaban en contra de una vida santa o predicaban como hombres que nunca la conocieron. Estos solían ser rechazados y, en su lugar, admitían a cualquiera que fuera un predicador serio y capaz y llevara una vida piadosa, de cualquier opinión tolerable que tuvieran; de modo que, aunque muchos de ellos eran un poco parciales a favor de los independientes, separatistas, hombres de la Quinta Monarquía y anabaptistas, y en contra de los prelatistas [episcopalianos] y arminianos, el beneficio era tan grande por encima del daño que trajeron a la iglesia, que miles de almas bendecían a Dios por los ministros fieles que dejaron entrar y se lamentaban cuando los prelatistas los expulsaron de nuevo.

ÍNDICE DE NOMBRES